한국 대표 아동문학가 작가·작품론 II

박상재 평론집
한국 대표 아동문학가 작가·작품론 II

펴 낸 날   2025년 8월 30일
지 은 이   박상재
펴 낸 이   김수왕
펴 낸 곳   도서출판 초록달팽이
출판등록   제572-2021-000022호
주   소   28761 충북 청주시 상당구 호미로 168 (2층)
전자우편   dalpaeng-i@naver.com

ⓒ 박상재 2025
ISBN 979-11-93400-29-6

* 이 책 내용의 일부 또는 전부를 사용하려면 반드시 저작권자와 도서출판 초록달팽이 양측의 동의를 받아야 합니다.

박상재 평론집

한국 대표 아동문학가 작가·작품론 II

초록달팽이

책머리에

한국 아동문단의 빛나는 주역들

 필자는 50년 가까운 세월 동안 동화 창작과 아동문학평론 집필에 주력해왔다. 그동안 『한국 동화문학의 탐색과 조명』, 『한국 동화문학의 어제와 오늘』, 『한국 대표아동문학가 작가작품론』 등 세 권의 문학평론집을 상재했다.

 이제 서울문화재단의 지원으로 네 번째 문학평론집인 『한국 대표 아동문학가 작가·작품론Ⅱ』를 출간한다. 이 책에 수록된 평론들은 대부분 필자가 월간 《창조문예》 '한국 아동문학 산책' 코너에 연재한 작품들임을 밝혀둔다. 이 책에는 제1부 동요시, 동시, 동시조론으로 권태응, 목일신, 서덕출, 이태선, 이희철, 정완영, 최계락, 최순애 등 8인의 삶과 문학을 조명하고 있다. 제2부는 동화와 소설론으로 박성배, 박화목, 방기환, 서석규, 정진채, 정채봉, 한낙원 등 7인의 삶과 문학을 조명하고 있다.

 이 책의 전편에 해당하는 『한국 대표 아동문학가 작가·작품론』에서는 권순하, 권정생, 박경종, 박홍근, 백석, 유여촌, 윤복진, 이석현, 이원수, 이태준, 정지용, 조흔파, 주요섭, 최승렬, 최인욱, 한인현, 한정동, 현덕 등 18인의 아동문학가들의 삶과 작품을 조명하였다. 이들의 공통점은 한국아동문학계에 뚜렷한 족적을 남기고 작고한 문인들이라는 점이다.

문인은 가고 없어도 그들이 남긴 작품은 영원한 메아리로 남는다. 그 작품들이 공허한 메아리가 되지 않도록 탐색하고 조명하는 일은 평론가의 몫이다. 경제적 이득도 없고, 자료를 찾고 정리하느라 고생하는 작업이 평론 쓰기이다. 문인들의 족적을 더듬고 그들이 남긴 글맥을 짚어보는 일은 사명감이나 소명 의식 없이는 불가능하다.

문학평론이란 작가가 쓴 작품의 의미와 구조 및 가치, 작가의 세계관 등을 일정한 기준에 따라 판단하고 논평하는 일이다. 이 책의 서론에서는 작가론을 담았고 본론에서는 작품론을 담아 작가의 삶과 문학을 한꺼번에 탐색하도록 하였다. 이 책이 한국아동문학의 계보와 흐름을 파악하고 연구하려는 독자들에게 보탬이 된다면 필자로서는 더없는 보람이 되겠다. 끝으로 이 책의 필요성을 공감하고 선뜻 출판에 동의해 준 도서출판 초록달팽이에 깊은 고마움을 표한다.

2025년 8월
박상재

차례

004 **책머리에**

1부

011 동심 평화주의 민족시인-권태응 동요시론
035 한국 아동문학의 숨은 별-목일신 동요시론
057 새벽달이 부르는 희망의 노래-서덕출 동요시론
077 동심의 꽃밭을 일군 목자(牧者) 시인-이태선 동요시론
097 연하고질과 천석고황의 시인-이희철 동시론
115 꽃가지를 향한 그리움 엄마 목소리-정완영 동시조론
131 친자연적 서정성과 그리움의 미학-최계락 동시론
155 향토적 음악성과 한국인의 정서-최순애 동요시론

2부

177 환상의 추구와 사랑의 구현-박성배 동화론

195 작고 여린 것에 대한 노스텔지어-박화목 동화론

228 동화와 소설을 접목한 아동문학가-방기환 동화론

255 아동문학의 영원한 노스텔지어-서석규 동화론

284 동양적 세계관과 불교적 사유(思惟)-정진채 동화론

314 지순한 동심이 피워낸 그리움의 꽃-정채봉 동화론

340 한국 공상과학소설의 독보적 개척자-한낙원 동화론

제1부

동심 평화주의 민족시인
― 권태응 동요시론

Ⅰ. 들어가는 말

동천 권태응은 1918년 4월 20일 충청북도 충주시 칠금동(옷갓) 381번지[1]에서 아버지 권중희와 어머니 민병희 사이에 2남 중 장남으로 태어났다. 그는 8세까지 이 집에서 한학자인 할아버지로부터 한문을 배웠다. 그 후 1925년부터는 칠금동 362번지로 이주하여 살았다. 그의 집은 남한강과 탄금대가 가까운 칠금동 언덕 위[2]에 있었는데 주변에 감자밭이 있었다.

그는 어린 시절 신립 장군[3]의 원한이 서린 탄금대를 자주 찾았다.

---

1 중말2길 7 지번에 권태응 생가터가 있다. 그의 집은 기와였고 마을에서 둘째가는 지주였다.
2 남한강이 내려다보이고, 남한강의 지류 달천이 집 가까이 흐른다.
3 충장공 신립 장군은 권율 장군의 사위로 임진왜란 때 군사 8,000여 명을 거느리고 왜

927년 충주공립보통학교⁴에 입학하여 1932년 수석으로 졸업하고, 서울에 있는 제일고등보통학교⁵에 진학했다. 고등보통학교 시절, 학업 성적은 전 과목에 걸쳐 우수했던 것으로 알려졌다. 감수성이 높고 정의감이 투철했던 그는 문학과 음악 부문에서 탁월한 재능을 보였으며 운동에도 소질이 있어 학교 대표 정구팀 주장으로 전국대회에 출전하기도 했다.

권태응은 민족정신과 항일의식이 누구보다 투철한 학생이었다. 항상 우리글을 소중히 여기고, 우리 역사를 배우고 싶어했다. 그래서 조선어 시간만 되면 많은 질문으로 교사를 힘들게 하여 곤경에 빠뜨릴 정도였다고 한다. 그런가 하면 친일파의 아들인 동기생을 구타한 사건으로 종로 경찰서에 보름 동안 구금되기도 했다. 친일파 아들이 졸업앨범 편집위원이었는데, 앨범 속표지에 일본 황실을 상징하는 국화꽃 문양을 집어넣은 것이다. 이것을 보고 참지 못하여 7명의 학생이 합세해서 편집위원의 잘못을 추궁하며 구타했다. 그 때문에 구속될 지경에 이르렀으나⁶ 담임과 학교 측의 부단한 노력으로 학적부에 '요주의 인물'이라고

장 가토 기요마사(加藤淸正)와 고니시 유키나가(小西行長)의 군대를 맞아 탄금대에서 격전을 치렀다. 탄금대 북쪽 남한강 언덕의 열두대라고 하는 절벽은 신립 장군이 12번이나 오르내리며 활줄을 물에 적시어 쏘면서 병사들을 독려한 곳으로 유명하다. 전세가 불리하여 패하게 되자 신립 장군은 달천강에 투신하여 목숨을 끊었다.

4 현재 충주 교현초등학교이다.

5 현재 경기고등학교로 동천은 33회 졸업생인데, 최규하 대통령과 동기이다. 그의 아들 권영함은 1947년생으로 경기고 62회 졸업생이다.

6 수사 과정에서 또 다른 사진 한 장이 말썽이 되어 권태응은 더욱 궁지에 몰렸다. 그 사진은 상의를 벗은 권태응이 북악산 위에서 큰 돌을 번쩍 들어 올려 마치 총독부 건물을 내려다보고 쳐부수려는 듯한 자세를 찍은 것이다. 더구나 그 사진 제목을 '재건'이라고 붙인 것이 문제가 되었다. 과민한 일본 경찰은 '재건'은 곧 '독립'을 뜻하는 것이라며 문제 삼게 되었

기록하는 것으로 겨우 사건이 무마되었다.

　1937년 3월 제일고보를 졸업한 후 4월 일본의 와세다대학 전문부 정경학과에 입학했다. 1938년 3월 재학 시절에 독서회 사건으로 일본 경찰에 체포되었다. 고교 동창인 엄홍섭 등과 함께 독서회를 조직하여 정기적으로 모임을 갖고, 식민지가 되어 버린 조국의 참상을 바로 알고 지식인으로서 자신들이 해야 할 사회적 역할에 대하여 논의한 것이 일본 경찰에게 발각되었기 때문이다. 평소에도 그는 일본 제국주의에 의한 부당한 대우와 차별을 강력하게 항의했는데 이것도 체포 구금된 이유가 되었다. 일본 경찰은 권태응에게 '치안유지법 위반'과 '내란 음모 예비죄'를 덮어씌웠다. 1939년 5월, 징역 3년 형을 언도받고 토쿄 스가모 형무소에 구금되었다.

　권태응은 열악한 수감생활로 폐결핵에 감염되었다. 1년이 되지 않아 폐결핵 3기가 될 정도로 병세가 급속히 악화, 생명이 위태롭게 되자 1940년 6월에 병보석으로 출옥되었다. 하지만 재학 중인 와세다 대학에서도 그를 퇴학시켰다. 병든 몸으로 귀국하여 1941년 인천의 적십자 요양원에 입원했다. 그곳에서 간호사 박희진을 만나 극진한 간호를 받고 병세가 호전되기도 했다. 권태응은 1944년 박희진과 결혼한다.

　권태응은 충주로 돌아와서 요양생활을 계속한다. 1945년 농사를 짓다가 해방을 맞이하자, 1946년 야학을 연다. 동네 사람들에게 한글을 가르치고 소인극[7]을 공연하기도 한다. 그후 동천은 1947년에 육필 동

다. 결국 이 사건으로 15일 동안 종로 경찰서에 갇혀 조사를 받았다. (동기생인 이해곤 전 충주시 교육감의 증언)
7 극본을 손수 써서 추석 때 소인극 공연을 했는데, 동생 태윤(2007년 작고)도 배역을 맡아 출연한다.

시집 『송아지』, 『하늘과 바다』를 엮는다, 1947년 《소학생》 4월 호에 동요시 「어린 고기들」을 발표하면서 한 호도 거르지 않고 《소학생》에 동요시를 발표했다. 1948년에 육필 동시집 『우리 동무』를 내고, 1948년 12월 글벗집에서 첫 동요시집 『감자꽃』을 상재한다.

1950년 6·25 전쟁이 일어나자 아픈 몸을 이끌고 두 번이나 피란길에 올라야 했다. 전쟁 중이라 결핵 약을 구할 수 없었기 때문에 병세는 급격히 악화되었다. 1951년 3월 28일 "일어나서 많은 작품을 쓰고 싶다"는 유언을 남기고 33세의 젊은 나이로 숨을 거두었다.[8]

권태응은 마을이 내려다 보이는 광명산(팽고리산) 기슭에 묻혔다. 1968년 5월 5일 새싹회와 지역 문화인들의 노력으로 감자꽃 노래비가 탄금대에 세워졌다. 슬하에 남매를 두었지만 미국으로 이민하여 아들 권영함은 뉴욕에 거주하고 있다. 그의 항일 활동이 인정되어 2005년 독립운동가로 추서되었다. 충주중원문화재단에서는 동천 탄생 100주년을 맞아 2018년 권태응문학상을 제정하여 운영하고 있다.

Ⅱ. 권태응의 작품 세계

1. 연구사 검토

---

[8] 방위군에 지원했던 동생 권태윤이 마이신을 구하러 갔다가 약은 못 구하고 귤 몇 개를 구해왔다. 귤을 받아든 권태응은 귤을 쥔 채로 조용히 눈을 감았다.

이오덕은 『농사꾼 아이들의 노래』(소년한길, 2001)를 통해 권태응이 남긴 동요·동시를 모두 308편으로 파악했다. 1995년 창작과비평사에서 펴낸 『감자꽃』에는 94편이 실려 있다. 이것은 1948년 글벗집에서 펴낸 『감자꽃』에 실린 작품 30편과 그 이외의 작품을 수록한 것이다. 그의 작품 308편에서 창비 책에 실린 94편을 뺀 214편을 『농사꾼 아이들의 노래』에 수록한 것이다.

전병호는 『권태응 동시선집』(지식을만드는지식) 해설에서 "시인이 일제강점기 때 썼다고 추정되는 작품은 없는 것으로 보인다. 그러니까 그가 동요를 창작한 기간은 《소학생》에 「어린 고기들」을 발표한 1947년부터 1950년까지 4년에 지나지 않는다. 설령, 창작 기간을 넓게 잡아 해방 후부터 봐도 6년밖에 안 된다. 그 짧은 기간에 300편이 넘는 작품을 남기고 간 것이다."라고 밝혔다.

그런데 도서출판 창비에서는 2018년 권태응 탄생 100주년 기념 '권태응 전집' 발간을 준비하던 중, 미국에 거주하는 아들 권영함으로부터 미공개 원고를 전달받았다. 이 자료를 바탕으로 김제곤은 「동시인 권태응이 되기까지—새로 발견된 유작들을 중심으로(《창비어린이》, 2018, 봄.)」를 발표했다. 이에 따르면 이 유작들은 1944년 3월부터 1946년 6월 사이 쓰인 것으로 그 분량이 시조집 2권, 시집 3권, 소설 3편, 희곡 1편에 달한다고 했다. 또한 권태응 문학의 출발이 동시가 아니라 시조와 시였으며 시조에서 단시로, 단시에서 다시 동시로, 시세계를 심화하고 정련하고 초점화했다고 주장하였다.

2. 농촌 현실을 스케치한 사생시

권태응의 동시에는 농촌의 모습과 농부와 어린이들의 삶을 묘사한 작품이 많다. 농촌의 풍경과 농사짓는 모습, 농촌 아이들의 삶과 마음이 그대로 시에 반영되었다.

　　까마귀가 데려오는 치운 겨울/제비들은 겁이 나서 도망갔다.//없는 살림 우리들은 어찌하나/땔나무도 입을 옷도 변변찮고……//까옥 까옥 무서웁다 치운 겨울/피할 수도 숨을 수도 없고 보니./없는 살림 우리들은 큰 탈 났다/살림 걱정 없는 나란 왜 못 서나?
　　　　　　　　　　　　　　　　　　　　　　　－「치운 겨울」 전문

　이 동시는 척박한 농촌 현실과 농민들의 곤궁한 삶을 애잔하게 그리고 있다. 먹을 것이 없어 배가 고프면 더욱 춥게 느껴진다. 빈 들녘에는 까마귀의 울음소리만 공허하게 맴돈다. 그 때문에 화자는 추운 겨울을 까마귀가 데려온다고 표현했다. 겨울이 오기 전 남쪽 나라로 이사 간 제비들을 추운 겨울 날씨가 겁이 나서 도망갔다고 표현했다. 가난한 살림이라 땔감도 입을 옷도 변변찮은 현실이 암담하여 무섭고 큰 탈이 났다고 읊조린다. 혹독한 농촌 현실을 차가운 까마귀의 이미지를 끌어들여 한탄하고 있다.

　　여름날의 들밥은/나무 그늘 밑//매미 소리 들으면서/맛이 나고.//가을날의 들밥은/따슨 양지쪽//햇볕 쨍쨍 쪼이면서/맛이 나고.
　　　　　　　　　　　　　　　　　　　　　　　　　－「들밥」 전문

이 작품은 농번기의 농촌 풍경을 그렸다. 농업이 주산업이었던 해방 공간이 배경이다. 들에서 일을 하다 밥을 먹기 위해 집으로 오가는 시간을 절감하기 위해 일터로 밥을 내다 먹는 모습을 그렸다. 화자는 농사일로 바쁜 여름철 무더위를 피해 나무 그늘에서 점심을 먹는 풍경과 추수할 때 추위를 달래려 양지쪽에서 점심을 먹는 농부들의 일상을 노래하였다.

따악딱 채찍을 휘둘다 말고/나는 노래를 부릅니다./드높은 하늘엔 구름 가볍고/바람은 산들산들 시원합니다.//조 이삭 수수 이삭 늘어진 들판/나는 새떼를 쫓아 댑니다./멀리엔 저녁 기차 연기 보이고/석양에 허수아빈 춤을 춥니다.

- 「새보기」 전문

가을에는 부지깽이도 덤벙인다는 속담이 있다. 가을걷이 때에는 일이 많아서 누구나 바빠 나서서 거들게 됨을 비유적으로 이르는 말이다. 농번기가 되면 농촌 아이들은 할 일이 많아진다. 잘 여문 곡식을 새들에게 빼앗기지 않으려면 '새보기'를 해야 했다. 그 시절 참새 떼를 쫓는 새보기는 아이들의 몫이었다. 화자는 새보기를 하며 노래를 부르고, 춤추는 허수아비를 본다. 농사일을 즐겁게 돕는 아이의 긍정적인 면모를 엿볼 수 있는 작품이다.

송아지를 몰고 오다가/고삐를 놓쳤지요.//송아지가 다라오고/아해가 쫓아오고,/누가 먼점 집에 오나/뜀뛰기 내기하지요.//누가 이길까 껑충껑충/누가 이길까 타닥타닥.//송아지는 오다말고 풀을 뜯고/아해는 웃으면서 헐레벌떡.

- 「송아지와 아해」 전문

새보기와 함께 꼴베기는 시골 아이들이 하는 단골 메뉴이다. 그와 함께 풀밭에 매어놓은 염소나 송아지를 몰고 오는 일도 아이들의 몫이다. 가난하던 시절 송아지는 귀한 존재였다. 권태응은 일하는 아이의 마음을 긍정적으로 묘사하였다. 집안일을 즐겁게 돕는 아이일 뿐만 아니라 송아지와 동무가 되는 긍정적이고 친화적인 아이이다. 송아지를 몰고 오다 고삐를 놓쳐도 누가 먼저 집에 도착하나 내기를 하는 넉넉한 마음까지 그리고 있다.

장꾼이 메고 가는/다래기 속에/길쭉 내밀은/닭이 모가지.//어디를 가나 하고/궁금한 게지./가끔 있다 한 놈씩/불쑥 내미네.

- 「약병아리」 전문

약병아리란 병아리보다 조금 크고 살이 아직 무른 중간 크기 정도의 어린 닭을 일컫는 말이다. 흔히 영계, 중닭으로도 불리는데 삼계탕의 재료로 많이 사용한다. 장꾼이 장에 내다 팔기 위해 다래기 속에 약병아리를 넣어 메고 간다. 다래기는 짚으로 만든 바구니의 방언이다. 다래기 속에 들어 있는 닭은 바깥세상이 궁금하여 한 마리씩 번갈아 모가지를 내밀고 있다. 약병아리를 팔러 가는 다래기 멘 장꾼의 모습과 불쑥 모가지를 내미는 약병아리들의 모습이 수채화처럼 그려진 동시이다.

> 엄마는 또닥또닥 빨래하고/우리는 탈방탈방 헤엄치고.//엄마 등엔 햇살이 따끈따끈/우리 등엔 물살이 찰랑찰랑.
> ―「개울에서」 전문

바쁜 시골에서 보육은 언제나 엄마의 몫이었다. 엄마가 냇가 빨래터에 빨래 가면 아이는 엄마를 따라가 헤엄을 치고 논다. 엄마 등에는 햇살이 비쳐 따끈하고, 아이들의 등엔 물살이 찰랑거린다. 이렇게 아이는 엄마를 따라다니면서 스스로 자연을 배운다. 엄마가 일을 하면 아이는 혼자 놀며 자연과 친숙해지며 스스럼없이 동무가 된다. 아기는 예쁜 꽃을 보고 혼자만 즐기는 게 아니라 형에게도 주고 싶어지는 것이다.

> 키가 너머 놉흐면,/까마귀 떼 날너와 따먹을가바/키즉은 땅감나무 되엿답니다//키가 너머 놉흐면,/애기들 올너가다 떠러질까바/키즉은 땅감나무 되엿답니다
> ―「땅감나무」 전문

'땅감'은 토마토를 일컫는 말이다. 토마토의 모양이 감처럼 생겼는데 땅과 가까운 곳에서 열리므로 그렇게 불리었다. 토마토는 한해살이이므로 나무라고 쓰는 것은 오류이지만 감나무와 대비하기 위해 그렇게 부른 것이다. 감나무는 키가 너무 높아 까마귀가 떼 지어 날아와 따먹고 가고 아기들 올라가다 떨어지기도 하는 나무이다. 권태응은 이 작

품에서 '땅감나무'와 '감나무', '아기들'과 '까마귀 떼'를 대비시켜 의식을 투영하고 있다. '감나무'와 '까마귀 떼'가 이기적인 어른들의 세계를 나타낸다면, '땅감나무'와 '아기들'은 평화로운 동심의 세계를 상징하고 있다.

> 망월날 밤,/아기가 엄마 등에 업히여/달마지 나왔지요.//들에도 언덕에도 산에도/쥐불이 꽃밭 같었지요.//달은 이내 안떠 오르고,/'망월여 망월여' 소릴 드르며/아기는 그만 폭 잠들었지요.
> —「달마지」전문

'망월'은 음력 보름날 밤에 뜨는 둥근달을 가리키는 말로 만월(滿月) 또는 영월(盈月)이라고도 한다. '달맞이'는 '음력 정월 대보름날 또는 팔월 보름날 저녁에 산이나 들에 나가 달이 뜨기를 기다려 맞이하는 일'이며 '달마중, 영월(迎月)'이라고도 한다. '쥐불이 꽃밭같'았다는 표현으로 보아 정월 대보름날 달맞이를 노래하고 있는 것이다. 쥐불놀이는 논두렁과 밭두렁에 불을 질러서 마른 풀을 태우는 놀이이다. 예전에는 쥐불놀이에 쑥방망이를 사용했지만 최근까지는 바람구멍을 숭숭 뚫은 빈 깡통을 사용했다. 깡통에 작은 나뭇가지 따위를 넣고 불을 피워서 휙휙 돌리다가 논밭에 불을 지르는 것이다. 논과 밭 둘레의 마른 풀을 태우면 풀 속에 있는 해충 알들이 없어지고, 곡식을 훔쳐먹는 쥐도 얼씬거리지 못한다. 게다가 불에 탄 재는 좋은 거름이 되어 농사에 여러 가지로 도움이 되기 때문에 쥐불놀이를 했던 것이다.

> 엄마 따라 들밭에/갔다 온 아기,/내놓은 선물이 무엇일까요?//뒴박에 후다닥 메뚜기지요./한오쿰 향그런 들꽃이지요.//아기하고 들밭에/다녀온 엄마,/내놓은 선물이 무엇일까요?//다래끼 한가뜩 빨강 고추죠./보구미 한가뜩 하얀 목화죠.
>
> — 「들 선물」 전문

이 동요시는 문답법으로 이루어져 있다. 엄마 따라 들밭에 간 아기와 엄마를 대비시켜 재미있게 표현하고 있다. 아기는 메뚜기를 잡아 들꽃 향기와 함께 뒴박 속에 담아왔다. 뒴박은 뒤웅박의 방언이다. 뒤웅박은 쪼개지 않고, 꼭지 근처에 주먹만 한 구멍을 뚫고 속을 파내어 만든 바가지를 일컫는다. 엄마는 다래끼 가득 고추와 바구니 가득 하얀 목화를 담아왔다. 다래끼는 아가리가 좁고 바닥이 넓은 작은 바구니를 말한다. 대나 싸리, 칡덩굴 따위로 엮어서 만든다. 보구미는 바구니의 방언이다. 권태응은 토속적인 방언을 작품 속에 구사하여 향토적 친밀감을 높였다.

> 소북이 눈이 덮힌 동네 앞길을/발자국 옴폭옴폭 누가 갔나?//아무도 안 걸어간 하얀 눈길을/혼자서 다박다박 누가 갔나?//실 공장에 다니는 이웃집 누나/아마도 새벽 길을 갔나 보다.//꽁꽁 얼은 하늘의 별을 보면서/고요한 새벽 길을 갔나 보다.
>
> — 「누구 발자국」 전문

눈이 와서 쌓인 상태 그대로인 깨끗한 눈, 즉 아무도 가지 않은 길에 쌓여 있는 눈을 숫눈이라 한다. 화자는 그 숫눈길에 혼자 발자국을 낸 주인공을 궁금해 한다. 움푹움푹 파인 채 다박다박 난 발자국의 주인공을 헤아리다 이웃집 누나라는 생각을 한다. 실 공장에 다니는 그 누나는 꽁꽁 언 하늘의 별을 보며 고요한 새벽길을 홀로 갔을 것이다. 추위를 무릅쓰고 이른 새벽에 힘들게 일을 나가는 이웃집 누나를 생각하는 화자의 마음이 따뜻하게 녹아 있다.

3. 반전 평화사상과 통일의 노래

> 우리 동무 모두 모두 맨발동무./풀밭에도 모래밭도 맨발동무./손을 잡고 나란히 맨발동무.//우리 동무 모두 모두 맨발동무./강아지도 송아지도 맨발동무./걷고 뛰고 노래하고 맨발동무.
>
> - 「맨발동무」 전문

양말이나 신을 신지 않은 발을 맨발이라 한다. 가난하게 살던 일제강점기나 해방공간에서 추운 겨울에도 맨발을 한 아이들이 많았다. 맨발은 가난의 상징이기도 하지만 자유의 상징이기도 하다. 맨발을 한 동무들은 풀밭에서도 모래밭에서도 자유롭게 뛰어놀 수 있다. 맨발 동무를 바라보는 시인의 눈길은 사람에만 머무는 것이 아니다. 강아지와 송아지 같은 어린 동물들에게도 확산되고 있다. 풀밭과 모래밭에서는 신발보다는 맨발이 더 자유롭고, 부드러운 촉감도 느낄 수 있다. 어린 동무들은 강아지, 송아지들과 더불어 걷고 뛰고 노래할 수 있는 맨발 동무들인 것이다.

우리가 어서 자라/어른 되면은/지금 어른 부끄럽게/만들 터야요.//같은 형제 동포끼리/총칼질커녕/서로 모두 정다웁게/살아갈래요.

- 「우리가 어른 되면」 전문

이 동시는 동족상잔의 어리석음을 질타하고 있다. 사상과 이념의 차이로 남북이 분단되어 전쟁을 벌이는 현실을 고발한 작품이다. 전쟁의 비극을 어린이의 눈으로 조망하게 하여 같은 동포끼리 평화롭게 살아가겠다는 다짐을 새긴 동시이다. 시인은 동심의 눈을 빌어 총칼질로 목숨을 빼앗고 원수처럼 싸우는 어른들의 전쟁놀음을 비난하고 있다.

북쪽 동무들아/어찌 지내니?/겨울도 한 발 먼저/찾아왔겠지.//먹고 입는 걱정들은/하지 않니?/즐겁게 공부하고/잘들 노니?//너희들도 우리가/궁금할 테지./삼팔선 그놈 땜에/갑갑하구나.

- 「북쪽 동무들」 전문

이 동요시에서는 조국이 해방되었지만 외세에 의해 38선이 생기며 오갈 수 없는 현실을 한탄하고 있다. 북쪽은 남쪽보다 위도가 높아 추위도 빨리 찾아온다. 겨울이 되면 먹고 입을 걱정 하지 않고 공부도 잘하고 재미있게 노는지 안부를 묻고 있다. 삼팔선 때문에 오가지 못해 궁금할 수밖에 없는 현실이 갑갑할 수밖에 없다. 한민족의 통일을 갈망하는 노래이다. 이처럼 권태응은 평화주의자이고, 통일을 염원하는 동심주의 시인이었다.

피란들 가건 말건/총소리 나건 말건/도둑놈 오건 말건//아무치도 않은 꿀벌들/저 할 일만 하는 꿀벌들

― 「꿀벌」 전문

전쟁이 터지면 사람들은 난리를 피해 피난을 간다. 권태응 또한 6·25 전쟁이 나자 피난을 갔다. 공포스러운 총소리는 전쟁의 상징이다. 총소리가 나고, 적군이 도둑놈이 되어 오건 말건 꿀벌들은 부지런히 제 할 일만 하기 마련이다. 이 동시는 시인이 피난지에서 꿀벌을 보고 지은 작품이다. 동시의 제목이자 소재인 '꿀벌'은 평화를 상징한다. 총소리가 나도 묵묵히 제 할 일을 다 하는 꿀벌을 내세워 평화의 소중함을 역설하고 있다.

비행기도 총소리도/겁 안 난다./모두들 피란 가라/나는 일한다./어떤 놈이 내 귀를/뚤불까 보냐?

― 「귀머거리」 전문

이 동시 또한 「꿀벌」과 유사한 메시지를 전달하고 있다. 「귀머거리」는 농인의 속어이다. 장애인의 인권을 배려하지 못하던 시대에는 '귀머거리', '벙어리', '앉은뱅이', '절름발이' 같은 하대어들을 거리낌 없이 사용했다. 이 작품은 전쟁이 나자 겁이 난 사람들은 모두 피난을 떠나지만 귀머거리인 화자는 세상모르고 일을 한다는 내용이다. '유심소조(唯心所造)'라는 말이 있듯이 보지 않고 듣지 않으면 두렵거나 무서운 것이

없는 것이 인지상정인 것이다.

> 자주 꽃 핀 건 자주 감자,/파 보나 마나 자주 감자.//하얀 꽃 핀 건 하얀 감자,/파 보나 마나 하얀 감자.
>
> —「감자꽃」전문

초여름이 되면 감자밭의 감자에서는 하얗거나 자주색의 감자꽃이 핀다. 하얀 꽃이 핀 감자는 땅속에 숨어 있는 감자알도 하얀 감자가 분명하고 자주색 감자꽃의 뿌리에는 자주색 감자가 달려있다. 누구나 알고 있는 진리이지만 시로 표현한 이는 권태응이 최초이다. 랭보의 말대로 처음 발견하는 자가 곧 시인인 것이다. 권태응의 대표작이라고 할 수 있는「감자꽃」은 조선총독부에서 창씨개명(創氏改名)[9]에 대한 반항으로 쓴 시이다. "성과 이름을 바꾸더라도 백의민족의 뿌리는 변치 않는다"라는 말을 감자꽃에 비유한 것이다.

> 산 샘물이 흘러 넘쳐/산 도랑물//산 도랑물 무여 흘러/산 개울물//산 개울물 내려 흘러/들판 강물//들판 강물 굽이 흘러/넓은 바다
>
> —「산 샘물」전문

---

[9] 일제 말기인 1939년 말부터 실시된 이른바 창씨개명(創氏改名)(일본식 성명 강요) 제도라 할 수 있다. 창씨개명은 일제가 패망하고 1945년 9월부터 미군정이 개시되면서 1946년 10월 23일 법령 제122호로 조선성명복구령(朝鮮姓名復舊令)이 공포됨으로써 그 시작부터 무효가 되었다.

이 동요시는 초등학교 3학년 1학기 〈국어〉 교과서에 수록되었다. 이 작품에는 산에서 비롯된 샘물이 바닷물이 되기까지의 확장적 사고가 펼쳐진다. 친숙한 낱말과 쉬운 내용으로 자연 현상을 명료하게 펼쳐내고 있다. 깊은 산속 옹달샘 물이 산 도랑물이 되고, 도랑물이 모여 산 개울물이 되고, 산 개울물은 들판을 흐르는 강물이 되고, 강물은 바닷물이 되는 자연 현상을 담백하게 표현하였다. 예리한 관찰을 통해서 맑고 순수하지만 그 안에 우주의 섭리를 담아 자연의 순리를 인생에 대입하고 있음을 알 수 있다.

> 쪽 쪽 푸르른 보리밭 골./나란히 세 사람 호미를 들고/햇살 발끈 받으며 밭을 매지요.//하늘에선 종달새 노래를 부르고/아지랑인 아로롱 물결 지는데/쉬지 않고 세 사람 밭을 매지요.
>
> ― 「보리밭 매는 사람」 전문

시인이 살았던 시대에는 식량이 부족하여 보리농사를 많이 지었다. 보리 이삭이 팰 때쯤 양식이 떨어져 배를 곯게 될 때를 넘기 힘든 고개에 비유해 '보릿고개'라고 했다. 벼농사를 지을 때도 김을 매지만 보리농사를 지을 때에도 잡초를 뽑고 땅의 힘을 돋우기 위해 김을 매는 것이다. 이 동시에서는 세 사람의 아낙네가 나란히 호미를 들고 보리밭을 매는 풍경을 그림 그리듯 표현하고 있다. 3, 4월이 되어 아지랑이가 피어오르고 종달새들이 보리밭 위로 솟구치면 보리와 함께 자라는 잡초를 솎아 내기 위해 밭을 매는 것이다. '햇살 발끈 받으며', '아지랑이 아로롱 물결' 같은 표현에서 시인의 문학적 감수성을 엿볼 수 있다.

4. 친자연적 동심 사상

> 달 달 달팽이/뿔 넷 달린 달팽이//건드리면 옴추락/가만두면 내밀고.//달 달 달팽이/느림뱅이 달팽이//멀린 한 번 못 가고/밭에서만 놀고.
>
> -「달팽이」 전문

이 동요시는 연체동물의 하나인 달팽이의 생태를 잘 노래하고 있다. 달팽이는 느림의 미학을 상징하고 있다. 나사 모양의 얇은 석회질 껍데기로 둘러싸여 있으며, 기어갈 때는 몸이 나와 껍데기를 등에 지고 간다. 머리·몸·발의 세 부분으로 되어 있으며, 머리에는 늘어났다 줄어들었다 하는 두 쌍의 더듬이가 있다. 이 시에서 '뿔 넷 달린 달팽이'라고 한 것은 촉수가 두 쌍이 있음을 동심의 눈으로 표현한 말이다. 음수율을 맞추기 위하여 '달 달 달팽이'라고 표현한 것이 재미있다.

> 누에는 누에는/뭘 먹고 사-나.//새파란 뽕잎만/먹고서 살-지.//누에는 누에는/몇 번이나 자-나.//다 커 늙도록/꼭 네 번 자-지.//누에는 누에는/무엇이 되-나.//동그란 고치 짓고/번데기 되-지.
>
> -「누에」 전문

이 동요시는 누에의 한살이를 알기 쉽게 노래하고 있다. 누에는 뽕잎을 먹고 자란다. 누에치기는 옛날 농촌에서 많이 하던 산업이었다. 누에는 고치에서 실을 얻기 위하여 실내에서 인공적으로 기르는 누에나 방의 애벌레이다. 알에서 깰 때는 검고 털이 있으나 첫 번 허물을 벗으면 털이 없고 회색이 된다. 네 번 잠을 자며 잠을 잘 때마다 허물을 벗는다. 다 자라고 나면 입에서 실을 토하여 고치를 만들고 그 안에서 번데기가 된다. 이 고치로 명주실을 뽑아 비단 옷감을 짜게 된다. 이처럼 누에는 약 4주일 동안에 잠을 네 번 자며, 허물을 네 번 벗고 자라 고치를 짓는다.

> 함박눈이 퍼붑니다/펑펑펑/하늘 가득 쉴 새 없이/펄펄펄/산도 들도 안 뵈게/펄펄펄.//함박눈이 쌓입니다/푹푹푹,/지붕에도 마당에도/푹푹푹,/잠깐 새에 한두 치/푹푹푹.
>
> - 「함박눈」 전문

함박눈이 내리는 겨울 풍경을 노래하고 있다. 겨울의 정취는 함박눈이 내려야 제격이다. 1연은 함박눈의 특징을 노래하고 있다. 함박눈은 퍼부어야 존재감이 있고 매력이 있는 법이다. 함박눈이 하늘 가득 쉴 새 없이 쏟아지면 멀리 있는 산과 들의 경치도 뵈지 않는다. 2연은 함박눈의 특징인 '쌓임'을 노래하고 있다. 지붕에도 마당에도 잠깐 사이에 푹푹 쌓이는 함박눈 내린 풍경을 풍경화처럼 그리고 있다.

> 눈이 많이 오면은/좋은 건 누구?//하얀 이불 덮는/보리싹들과/동네마다 눈을 뜨는/눈사람들.//눈이 많이 오면은/나쁜 건 누구?//굴에 갇혀 굶주리는/산짐승들과/나뭇길이 막혀지는/나무 장수.
>
> - 「눈이 많이 오면은」 전문

문답법을 활용한 동요시이다. 문답법은 묻고 대답하는 형식으로 표현하는 수사법으로 비판적 사고의 과정을 이끌어주거나 뜻을 강조하기 위한 방법이다. 흔히 소크라테스식 대화법 또는 산파술이라고도 한다. 세상 모든 이치는 장단점이 있는 법이다. 해가 나면 나막신 장수가 좋아하고, 비가 오면 우산 장수가 좋아하기 마련이다. 눈이 많이 오면 좋아하는 이와 싫어하는 이가 있는 것은 당연하다. 눈이 많이 오면 포근한 이불을 덮을 수 있는 보리와 동네마다 아이들의 손에 의해 눈을 뜰 수 있는 눈사람이 좋아한다. 반면에 눈이 오면 싫어하는 이들로 굴에 갇혀 굶주리는 산짐승과 나뭇길이 막혀 나무를 못 하는 나무장수를 꼽고 있다. 이 동시 또한 동심의 프리즘으로 걸러낸 생명 존중 사상과 자연 합일 정신이 밑바탕이 되고 있다.

꽁꽁 얼음 밑/어린 고기들./해님도 달님도/한번 못 보고,/겨울동안 얼마나/가깝스럴까?//꽁꽁 얼음 밑/어린 고기들./뭣들하고 노는지/보고 싶구나./빨리빨리 따순 봄/찾아 오거라.
- 「어린 고기들」 전문

겨울이 되어 꽁꽁 언 얼음장 밑에서도 고기들은 숨을 쉬고 있다. 햇살도 달빛도 머물지 못하는 얼음장 밑의 고기들에 대한 동정을 동심의 눈으로 노래하고 있다. 화자가 주목하는 시적 대상은 얼음장 밑 물고기 중에서도 가련한 어린 물고기들이다. 갑갑한 얼음장 밑에 갇혀 놀고는 있는지 보고 싶은 따뜻한 마음이 담겨 있다. 화자는 빨리빨리 따뜻한 봄이 찾아오기를 기원하고 있다. 이 동시에도 생명 존중 사상과 자연 합일 정신이 투영되어 있다.

비가 촉촉 오네요./꽃모종들 합시다.//삿갓 쓰고 아기들/집집마다 다녀요.//장독 옆에 뜰 앞에/알록달록 각색 꽃//곱게 곱게 피면은/온 집안이 환해요.

-「꽃 모종」전문

비가 내리는 날 꽃모종을 하기에 안성맞춤이다. 굳었던 땅이 비에 젖어 모종을 심기에 안성맞춤이기 때문이다. 이 동시에 나오는 아기들은 초등학교 저학년 정도로 해석할 수 있다. 촉촉이 비가 내리는 날 어린이들이 삿갓을 쓰고 꽃모종을 다닌다. 장독 옆과 뜰 앞 등 집안에 여러 가지 꽃모종을 심는 장면을 그리고 있다. 어린이들이 심은 꽃모종이 자라나 꽃을 피우면 온 집안이 환해지리라는 희망의 메시지가 담겨 있다.

빨강빨강 앵두가/오볼조볼 왼 가지.//아기들을 부른다./정다웁게 모여라.//동골동골 앵두는/예쁜 예쁜 열매//아기들의 차질세,/달궁달궁 먹어라.

-「앵두」전문

앵두는 조그맣고 앙증맞은 것이 아기들을 닮았다. 앵두 열매는 6월경에 조그만 구슬처럼 빨갛게 익는다. 예로부터 앵두나무는 형제의 우애를 상징하는데, 앵두나무의 열매가 다닥다닥 열리는 것에서 유래한 것이다. 그래서 집집마다 앵두나무를 즐겨 심었다. 앵두나무는 키가 크지 않아 키 작은 아기들도 열매를 어렵지 않게 딸 수 있다. 아기의 작은 손에 쥐어져 있는 앵두 열매는 생각만 해도 귀엽고 예쁠 수밖에 없다. 아기의 귀여운 손에 쥐어져 있는 앵두 열매가 수채화처럼 그려진다. '오볼조볼', '달궁달궁' 같은 귀여운 시늉말들이 감칠맛을 더해준다. 오볼조볼은 작은 열매 따위가 많이 매달려 있는 모양을 나타내는 말이고, 달궁달궁은 아기에게 걸음마를 시키기 위해 시장질을 할 때 쓰는 말이다.

> 오롱종 메달린 도토리들/바람에 우루루 떨어진다.//머리가 깨지면 어쩔라고/모자를 벗고서 내려오나.//날마다 우루루 도토리들,/눈을 꼭 감고서 떨어진다.//아기네 동무와 놀고 싶어/무섭도 안 타고 내려온다.
>
> ―「도토리들」 전문

참나뭇과 열매인 도토리를 의인화하여 쓴 동시이다. 도토리는 참나무, 떡갈나무, 상수리나무, 갈참나무 등 참나뭇과의 열매를 두루 부르는 이름이다. 이런 참나뭇과 나무들은 우리나라 산에 가장 많은 활엽수이다. 도토리의 겉에는 단단하고 매끄러운 껍질이 있고 중간 정도까지 깍정이로 싸여 있어서 모자를 쓴 것처럼 느껴진다. 시인은 깍정이가 벗겨진 도토리의 머리가 깨지면 어쩌나 걱정하고 있다. 무서워서 눈을 꼭 감고 떨어진다고 한 표현이나 '오롱종', '우루루' 같은 시늉말들이 읽는 재미를 부추긴다.

멀리 떠나 보고야 알았습니다./어머니 품 가슴이 그리운 것을/멀리 떠나 보고야 알았습니다./오막살이 내 집이 그리운 것을/멀리 떠나 보고야 알았습니다./내 고향 옛 동무 그리운 것을

– 「떠나 보고야」 전문

코로나 팬데믹으로 마스크를 상용하게 되었을 때 자유롭게 활보할 수 있는 것이 얼마나 큰 기쁨인 줄 깨달았다. 심한 가뭄이 들어야 비의 소중함을 알고 장마가 져야 햇볕의 소중함을 깨닫는다. 집에 있을 때는 아무것도 느껴보지 못하다가 멀리 떠나보고서야 어머니의 품과 집과 동무들이 그리운 줄을 알게 된다. 타향 객지에 나가서 고생해 봐야 고향의 절실함을 깨닫게 되는 것이다. 시인이 유학 생활로 심신이 곤궁할 때 고향을 그리워하는 마음이 잘 그려져 있다.

Ⅲ. 나오는 말

충주를 흔히 충절의 고장이라고 일컫는다. 신립 장군이 이끄는 8,000명의 결사대가 남한강 배수진을 치고 왜적과 싸웠지만 끝내 순절한 곳이 탄금대이다. 신립 장군이 뜨거워진 활시위를 식히려고 열두 번을 강물에 다녀왔다는 전설의 열두대는 소년 권태응이 청주공립보통학교에 다닐 때 즐겨 올랐던 명소이다. 비록 패장이었지만 목숨 바쳐 순절한 신립은 행주대첩의 전설 권율 장군의 사위이고, 권태응은 그 권율

장군의 후손이다. 권태응은 열두 살 때 열두대에 올라 남한강을 굽어보며, 이항복의 장인이자 자신의 조상인 권율의 기개를 새기며 항일 의지를 가슴에 불태웠다.

권태응은 일제강점기에 수재들이 다니는 경기제일고보를 졸업하고, 일본 와세다 대학에 유학했지만 독서회 사건으로 토쿄 스가모 형무소에서 얻은 폐결핵으로 6·25 전쟁 중 요절하였다. 일제 강점기와 해방 공간, 한국전쟁이라는 역사의 소용돌이 속에 살다 33세의 젊은 나이에 요절한 동심 시인. 그는 지주의 손자로 유복하게 살았지만, 가난한 이웃을 생각하고 사회적 약자들과 어린이를 생각하는 마음도 지극했다.

권태응의 외육촌(外六寸) 동생인 한국 철학의 거두 김태길은 어린 시절을 다음과 같이 회상하였다.

> 내가 초등학교를 외가에서 다녔으므로, 우리는 어린 시절을 같은 마을에서 살았다. 그는 〈푸른 하늘 은하수〉와 〈학도야 학도야〉 등 창가를 나에게 가르쳐 주었고, 나는 "형, 형"하면서 그를 졸졸 따라다녔다.
> -중략-
> 권시인은 정이 많은 사람이다. 그는 우리 농촌을 사랑했고, 농촌의 자연과 인간, 특히 어린이들을 사랑했다. 그는 우리 민족을 사랑했고, 특히 가난한 사람들에 대해서는 죄책감 섞인 사랑을 느꼈다. 권태응 시인의 집은 그의 마을에서 둘째가는 지주였고, 그는 항상 소작농에 대해 미안하다는 생각을 가졌던 것으로 보인다.[10]

---

[10] 안병욱, 김형석과 더불어 한국의 3대 철학자로 불리며 서울대 교수를 지냈다. 김태길은 권태응보다 두 살 아래이다.

권태웅의 동시는 동심의 프리즘으로 걸러낸 생명 존중 사상과 자연 합일 정신이 밑바탕이 되고 있다. 그는 마을에 없어서는 안 될 마을 샘(洞泉)이었다. 마을 사람들에게 식수를 공급하는 마을 샘은 마을 주민들에게 꼭 필요한 대상이다. 마을은 국가라는 거대한 사회를 구성하는 기본적인 작은 단위이다. 잔물결인 소파(小波)가 32세로 요절하여 한국 어린이의 아버지인 대파(大波) 되었듯이, 동천(洞泉)은 33세에 요절하여 나라 샘인 국천(國泉)이 되었다. 그가 지은 '감자꽃'은 꽃 자체는 지극히 소박하지만 한국 사람이라면 모르는 이가 없는 국민 동시가 되었다. 충주 탄금대를 찾는 나그네들은 「감자꽃」 시비에 새겨진 시를 읊조리며 동천의 참 마음을 헤아린다.

　일제로부터 어렵게 되찾은 조국이 외세가 일방적으로 설정한 삼팔선이라는 불합리한 괴물선 때문에 오고 가지 못하는 현실을 안타까워하고, 민족 통일을 갈망하는 노래를 동시라는 그릇에 담았다. 권태웅의 작품을 살펴보면 동천이 전쟁을 비판하는 동심 평화주의자이고, 통일을 염원하는 민족주의 시인이었다는 것을 알 수 있다. 그런 시인이 6.25의 참상 속 고난의 피난길 소용돌이 속에서 요절했으니, 남한강은 그저 침묵하며 유유히 흐를 수밖에 없다.

한국 아동문학의 숨은 별
- 목일신 동요시론

Ⅰ. 들어가는 말

 1930년대의 한국 동요시단에 두각을 나타난 목일신(睦一信)은 고흥(高興)이 낳은[1] 불세출의 동요시인이다. 그가 나고 자란 '고흥'이란 이름 풀이는 한창 흥겹게 일어나는 흥을 일컫기도 한다. 그의 대표작「자전거」를 중얼거리면 흥이 절로 솟구친다. 남녘 반도의 끝자락 고흥은 21세기에 나로우주센터가 들어서며 주체할 수 없이 높은 흥이 우주로 솟구치고 있다. 그 높은 흥은 예술혼으로도 이어져 미술의 천경자, 문학의 목일신을 배출했으니 고흥이 낳은 예술자전거의 두 바퀴가 되었

---

[1] 굳이 고흥이 낳은 인물을 두엇 더 들라하면 박치기왕 김일과 자유당 독재에 맞서 대권에 도전했던 월파 서민호를 들 수 있다.

다.

　목일신(睦一信)은 1913년 1월 18일 전라남도 고흥군 고흥면 행정리[2]에서 장로교회 목사이며 독립운동가인 목홍석(일명 치숙)[3]과 신애은 사이에서 3남 2녀 중 장남으로 태어났다. 그의 호는 은성(隱星)인데 숨은 별이란 뜻이다. 필명으로 김부암(金富岩)·김소영·목옥순(睦玉順)을 쓰기도 했다.

　1921년 고흥흥양보통학교[4]에 입학하자 그의 부친은《아이생활》,《어린이》,《새벗》등을 사다 주며 문학적 재능의 싹을 자라게 했다. 그런 영향으로 초등교 5학년 때인 1928년《동아일보》에 동시「산시내」를 발표하였다. 1928년 3월 흥양보통학교를 졸업한 뒤 기독교 학교인 순천매산중학교에 입학했다. 그해 부친이 사망하자 1929년 4월 전주 신흥학교로 전학을 했다. 1929년 광주학생운동[5]이 일어나자 전단을 만들어

---

[2] 호적에는 서문리 425번지로 되어있지만, 행정리에서 출생하여 서문리 동정지 몰랑에서 살았던 것으로 추정된다.
[3] 1885년 2월 23일~ 1928년 4월 20일. 3남 2녀(일신, 옥봉, 원태, 원상, 옥순)을 두었다. 1919년 3월 3일 평양신학교 입학을 위해 서울로 상경했다가 서울에서 벌어진 3.1 운동에 참가한 뒤 기미독립선언서 1매를 가지고 고흥으로 돌아와 조선독립고흥단 이름으로 자체선언서 10여 매를 작성하여 고흥군수, 순천법원 지청장, 순천헌병분대 감독보조원 등에게 독립선언서를 발송했다가 일본 경찰에게 체포되어 옥고를 치렀다. 목치숙에 대한 대구복심법원 판결문. '군중과 함께 조선독립만세를 고창할 것을 기획하고 작성한 선언문에 조선혈족동맹태업이라고 쓰고 조선의 독립을 기하는 시위운동을 책동'(1919년 7월 25일)했다고 기록돼 있다. 그는 1919년 4월 7일 고흥 장날 오석주(제헌 국회의원·목사) 등 예수교인과 만세운동을 벌였다. 또 출옥 후 고흥YMCA 회장 등을 지내며 조선물산장려운동 등 항일운동을 멈추지 않았다. 목치숙은 보성읍교회, 고흥읍교회 등에서 사역했다. 1992년 건국훈장 애족장을 받았다.
[4] 오늘날의 고흥동초등학교이다.
[5] 1929년 광주 지역의 학생이 주도하여 일으킨 항일독립만세운동. 광주에서 폭발하여 전국

직접 뿌리고 태극기를 들고 만세를 부르다가 검거 되어 전주형무소에서 1930년 1월 28일부터 1개월 간 옥살이를 하였다.

1930년 《동아일보》 신춘현상에 동요시 「참새」가, 《조선일보》 신춘현상에 동요시 「시골」이 당선되었다. 이듬해 신춘현상에서도 《조선일보》에 동요시 「물네방아」가 2등에 당선되었다. 1930년 신흥학교 퇴학 후 고흥으로 귀향하여 글쓰기에 전념하였다. 1933년 상경하여 시인 김소운의 집에서 이상(李霜)과 거주하며 아동세계사에 함께 근무[6]한다. 1933년 일본 오사카의 간사이대학(關西大學) 법문학과에 입학하여 1938년 졸업한 뒤 《동아일보》 보성지국 기자로 잠시 근무하였다. 1941년 5월 조영옥(曺暎玉)과 혼인하였지만 슬하의 자녀는 없었다. 1943년 순천고등여학교, 1948년 목포여자중고등학교, 1954년 서울 이화여자고등학교, 1958년 배화여자중고등학교 교사로 부임하여 1978년 2월에 정년 퇴직하였다.

그는 목포여중 교사로 근무할 때 탁구부 코치로 위쌍숙 위순자 쌍둥이 자매를 지도하여 국가대표 선수로 길렀다. 1954년부터는 이화여중고 국어교사로 재직하며 위쌍숙, 위순자를 전학시키고, 정영희 등을 지도하여 전국고등학교 탁구대회에서 우승을 차지[7]하기도 했다. 또한 배화여중고[8] 연식정구부 감독을 지내기도 했다. 이처럼 그는 아동문학가 외에도 스포츠 지도자로도 활약하고, 탁구, 연식정구 선수로도 명성을

적으로 확산되었으며, 민족 차별 교육에서 발단하여 민족 독립 만세 운동으로 발전하였다.
6 이 때에 「누가 누가 잠자나」를 지었고, 박태현에 의해 작곡되었다.
7 1956년 4월 도쿄에서 열린 제23차 세계탁구선수권대회에서 위쌍숙이 단식 5위를 차지했다.
8 서울 배화여중고 제자 중에는 탤런트 김용림과 김자옥이 있다.

높였다. 그가 해방 이후 사실상 아동문학과 소원해진 이유는 탁구, 정구 등 스포츠 지도자로 변신한 것과 무관하지 않은 것으로 보인다.

1960년 이후 경기도 부천군 소사읍 범박리(지금의 부천시 소사구 범박동) 신앙촌으로 이주하였다. 1967년 3월 아내 조영옥이 사망하자 정경자(鄭慶子)와 재혼하여 1968년 장녀 민정이 태어나고, 1970년 차녀 수정, 1972년 장남 태상이 태어났다. 한국아동문학가협회 부회장과 한국음악저작권협회 이사를 역임하였다.

경기도 부천시 원미구 중동에 있는 부천중앙공원에 「자전거」 노래비가 세워졌고, 전라남도 고흥군에도 「누가 누가 잠자나」 노래비가 세워졌다. 2003년 부천 범박동에 그의 이름을 딴 일신초등학교 및 일신중학교를 개교하였다. 범박동에 자전거 노래비 조형물(2015)이 설치되었고, 심곡동 시민의 강에는 목일신교(2017)가 괴안동에는 목일신공원(2017)이 조성되었다. 2018년에는 사단법인 따르릉목일신문화사업회가 설립되었고 2019년 제1회 목일신아동문학상을 제정하여 운영되고 있다.

목일신은 1986년 10월 12일 소사읍 범박리 신앙촌연립주택에서 73세를 일기로 타계하여 경기도 시흥시 군자동 신앙촌공원묘지에서 영면하고 있다. 1987년 국민포장 문화장이 추서되었다

Ⅱ. 은성의 작품세계

1. 국민동요가 된 자전거

목일신의 대표작은 누가 뭐라 해도 「자전거」이다. 자전거는 유치원 원아부터 노인층에 이르기까지 애창되는 국민동요이다. 《아이생활》에 발표된 이 작품은 1년 후 김대현[9]이 작곡해 국민동요로 오늘날까지 널리 애창되고 있다.

> 찌르릉 찌르릉 빗켜나셔요./자전거가 갑니다 찌르르르릉/저기가는 저 영감 꼬부랑영감/어물어물 하다가는 큰일납니다.//찌르릉 찌르릉 빗켜나셔요./자전거가 갑니다 찌르르르릉/오불랑 꼬불랑 고개를넘어/비탈길을 스르륵 지나갑니다.//찌르릉 찌르릉 이자전거는/울아버지 사오신 자전거라오./머나먼 시골길을 돌아오실제/간들간들 타고오는 자전거라오

「자전거」는 목일신이 열세 살 되던 1926년[10]에 쓴 동요시인데, 1932년 《아이생활》 5월호에 발표되었다. 목일신이 「자전거」를 작사하게 된 동기는 다음과 같다.

---

9 함경남도 서호진에서 출생하였으며, 일본제국음악학교(日本帝國音樂學校) 수학 후 만주에서 윤용하 등과 함께 창작활동을 하였다. 광복 후 귀국하여 함흥 영생중학교 등에서 교편을 잡다가 6·25 때 월남하였다. 작품은 서정적인 경향을 중시하였고, 조성에 기반을 두었다. 특히, 「고향의 노래」 등 40여 편의 영화음악을 작곡하여 영화음악에도 많은 기여를 하였다. 만년에는 기독교에 귀의하여 성가곡 등을 작곡하였다. 그의 작품 가운데 「자장가」·「들국화」가 가장 많이 불린다.
10 오늘날의 초등학교 5학년에 해당된다.

내가 보통학교 5학년 때 미국 선교회에서 우리 아버지에게 아주 멋진 자전거 한 대를 기증하였다. 나의 아버지는 그 자전거로 각 처의 교회를 순회하시며 교역의 일을 보셨는데, 쉬는 날에는 나에게 양보해 주셔서 나는 시오리나 되는 보통학교를 그 자전거를 타고서 다니게 되었다. 하루는 그 자전거를 타고 학교에 갔다가 집으로 와서 지어 본 것이 동요 〈자전거〉이다. 그것을 〈아이생활〉에 발표했는데, 1년 후에 김대현 씨가 작곡하였다.[11]

- 김광묵, 「찌르릉 찌르릉 비켜나셔요」, 부천문화원, 2000.

그런데 《어린이》 1925년 11월호 59쪽에 "자전거"라는 같은 제목의 동요가 배종환(인천)이란 이름으로 발표되어 있다. 그 노랫말을 보면 목일신의 자전거와 유사하다. 배종환의 자전거는 「오빠 생각」(최순애 작)과 함께 《어린이》 잡지의 동요 입선작인데 목일신의 작품보다 6년 먼저 발표된 것이다. 두 작품은 비슷한 점도 있지만 전체적으로 살펴 때 표절이라고 볼 수는 없다.

쌔릉 쌔릉 쌔릉쌩/자전거 갑니다./압헤가는 어른들/빗켜주시요/쌔릉 쌔릉 쌔릉쌩/자전거 갑니다/압헤가는 인력거/비켜스시오/쌔릉 쌔릉 쌔릉쌩/자전거 갑니다/압헤노헌 구루마/치워노시오/쌔릉 쌔릉 쌔릉쌩/자전거감니다/속히갈이 모도다/따러오시요

- 배종환, 「자전거」(《어린이》, 1925.11)

---

11 김광묵,「찌르릉 찌르릉 비켜나셔요」, 부천문화원, 2000.

목일신이 타던 자전거는 1912년 무렵 미국남장로회 순천선교부가 시작되면서 선교회 측이 순회 목회용 자전거를 부친 목치숙에게 기증한 것으로 보인다. 요즘 물가로 치자면 자동차 한 대 값이었다. 목일신은 "나는 시오리나 되는 보통학교를 그 자전거를 타고 다니게 되었다. … 하루는 자전거를 타고 학교에 갔다가 집으로 와 지어 본 것이 동요 '자전거'다"[12]라고 술회하고 있다.

2. 1930년대 동요시단의 샛별

한국 현대 동시의 출발은 시적 속성보다는 요적 속성이 강한 동요로서 시작되었다. 한국 동시의 출발은 삼국시대의 '서동요'나 대한제국시대의 '녹두새요'와 같은 전래 동요와 재래 시가의 운율인 3·3조와 4·4조의 변조에 의한 7·5조, 8·5조의 창가의 형식적 전통을 동요시가 이어왔다. 그 후 1930년대 후반 동시가 그 뒤를 이어왔다.

성인 문학과 마찬가지로 현대 아동문학의 출발은 1920년대에서부터 비롯되었다. 특히 전래 동요의 서사성을 극복하고 묘사 시의 기법을 애용한 동요시들이 나타나게 되었다. 그리하여 독자적인 동요시 문학이 성립하게 되었고 따라서 1920년대를 동요시의 태동기라고 한다.

1923년 소파 방정환을 중심으로 한 최초의 본격 아동지 《어린이》의 창간, 최초의 아동 문화운동 단체인 〈색동회〉의 창립 등으로 전개된 일련의 아동문화 운동은 곧 현대아동문학의 본격적인 출발이었다. 이러한 현상은 《어린이》, 《신소년》, 《샛별》 등 아동 잡지 창간, 동아, 조선

---

12 목일신, 「나의 습작사대 회고담」(『배화』 68호, 1974.1.10.)

일보의 지면 할애 등과 같은 아동 전문의 발표 무대가 넓어짐에 따라 작품 발표도 빠르게 확산해 나갔다. 이러한 활동은 1926년을 전후한 이른바 동요시의 황금시대라는 이 시대의 특징적인 문학 현상으로까지 나타났다.

목일신이 처음 동시를 쓴 일제 치하의 1920년대는 '어린이'라는 존재가 새로운 희망의 상징으로 떠오르던 시기였다. 1923년 3월 방정환에 의해 《어린이》가 발간되었고, 10월 《신소년》, 11월 《샛별》[13] 1925년 5월 《신진소년》, 8월 《소년시대》, 11월 《새벗》, 1926년 3월 《아이생활》, 6월 《소년계》, 11월 《별나라》, 1928년 1월 《소년조선》, 1929년 1월 《소년세계》 3월 《학생》 등이 잇따라 창간[14]되었다.

목일신이 동요시를 쓰기 시작한 것도 이러한 잡지들을 접하고부터라고 할 수 있다. 그의 부친 목홍석은 아들에게 일본말이 아닌 우리말로 글을 쓰도록 손수 가르쳤다.[15] 목일신은 여러 편의 습작을 거쳐 마침내 1928년 《동아일보》에 「산시내」를 발표한다.

깊은 산 골짜기/흘러나오는/외줄기 기다란/산 시냇물은/언제나 고요히/흘러갑니다//잔잔히 흐르는/산 시냇물은/물 구경하러 온/사람 없

---

13 박홍근에 의해 개성에서 창간되었는데(후에 《幼年》으로 개칭) 현존하지 않는다.
14 이들 잡지 중 《어린이》, 《신소년》, 《새벗》, 《아이생활》을 빼고는 단명에 그쳤다.
15 당시 평양신학교에 재학중이시던 아버지께서 돌연 학업을 중지하시고 내려오셨는데 까닭인즉 그 때 기미년 3.1운동에 가담하시어 평양과 서울에서 목이 쉬도록 만세를 부르고 오셨던 것이다. -중략- 그리고 그때는 일본말로 대화를 시키는 것은 물론, 학교에서 작문까지도 일어로 짓게 되었으나 나의 아버지는 될 수 있는대로 우리말로 글을 지어 보라고 지도하여 주셨으므로 나는 때때로 우리말 작문이나 동요를 지오 보게 되었던 것이다. 목일신, 「나의 습작시대 회고담」, 《배화》 68호, 1974.

어서/고요한 꿈꾸며/흘러갑니다

- 「산시내」 전문 (《동아일보》, 1928. 8. 1.)

「산시내」는 인적 드문 깊은 산골짜기에서 흘러나오는 시냇물을 글감으로 하고 있다. 골이 깊기 때문에 시내의 줄기도 길다. 고요히 흘러가는 시냇물은 구경꾼들도 없어서 외롭다. 현실은 외롭지만 희망가를 부르며 흘러간다. 산시내의 고요한 꿈은 무엇일까? 목일신의 중학교 시절 행적으로 보아 조국 독립의 의지로 해석할 수 있다. 그의 호인 숨은 별처럼 간절한 꿈도 애써 숨긴 채 고요히 흘러가는 산시내를 응원하고 있다. 「산시내」는 이처럼 자라나는 미래 세대에게 꿈과 희망의 메시지를 전달하고 있다.

동쪽하날붉으레/밝아오면은/참새들이 짹짹짹/날새엿다고/옹기종기 나무에/모혀들안저/날새엿소날새여/일을하시요//서쪽하날붉으레/날이저물면/참새들이 짹짹짹/해가젓다고/오골오골숩속에/모혀들안저/해가젓소해가저/편히쉬시요

- 「참새」 전문 (《동아일보》, 1930. 1. 1.)

이 작품은 《동아일보》 신춘현상 당선작[16]으로 7·5조 운율을 가진 전형적인 동요시이다. 1920년대는 《어린이》를 중심으로 7·5조(혹은 6·5조, 8·5조)의 동요시가 주류를 이루었다. 윤극영의 「반달」(1924), 「설날」(1924), 방정환의 「늙은 잠자리」(1924), 유지영의 「고드름」

---

16 《아이생활》, 1931년 7월호에도 수록되었다.

(1924), 서덕출의 「봄편지」(1925), 최순애의 「오빠생각」(1925), 이원수의 「고향의 봄」(1926) 등은 이러한 율조의 작품들로서 모두가 공동체의 정감을 자신의 정서로 표출시킴으로써 동요시를 개척한 작품들이었다.

1연은 시골의 아침 풍경을 노래하고 있다. 아침이 되어 날이 밝자 참새떼가 나뭇가지에 모여 앉아 일을 하라고 알리는 내용이다. 2연은 시골의 저녁 풍경을 노래하고 있다. 해가 저물자 참새들이 숲속에 모여 앉아 편히 쉬라고 알리는 내용이다. 이 동요시는 시골에서 흔히 볼 수 있는 참새를 소재로 하루의 시작과 끝을 묘사한 시이다.

> 꼬불꼬불 험한길을 돌고돌면은/산밋헨 올망졸망 초가집들이/서로서로 마주대고 잠을 자지요//집집에서 울리는 방아의소리/엽집엔 달그락말각 배짜는소리//적적한 시골산에 해가지면은/일하러간 일군들 나무간머슴/차례차례 짐지고 도라오지요
>
> ―「시골」전문 (《조선일보》, 1930. 1. 4.)

이 동요시 또한 1930년 무렵 시골의 풍경을 묘사한 시이다. 산 아래 옹기종기 모여 있는 시골 초가집을 배경으로 밥을 짓기 위해 절구 방아를 찧는 소리, 아낙네들이 베 짜는 소리, 해가 지면 일터에서 돌아오는 일꾼과 나무꾼들의 모습을 스케치하듯 그려내고 있다. 따라서 이 동요시는 청각적 이미지와 시각적 이미지를 동시에 담고 있다.

3. 고향 산천을 노래한 서정미학

목일신은 "될 수 있는 대로 우리말로 글을 지어 보라"[17]는 부친의 가르침에 따라 일제치하에서도 우리말과 글로 아름다운 시어들을 빚어냈다. 그 때문에 목일신 동요시를 이루고 있는 소재는 고향 고흥의 산하가 자연스럽게 물들어 있다.

가을님이 아장아장 오기만하면/하늘부터 파-랏케 놉하가고요/산과들엔 단풍닙에 물이드러서/욹읏붉읏 꽃과가티 아름다워요//가을님이 살금살금 오기만 하면/나락부터 누-럿케 물이들고요/익어 가는 그 빗 치 보기조타고/참새들이 오락가락 나라감니다
- 「물드린가을」 전문 (《조선일보》, 1930. 10. 9.)

가을을 의인화하여 노래한 시이다. 무더운 여름이 지나고 서서히 오는 가을의 모습을 아기처럼 '아장아장', '살금살금'이라는 의태어로 표현하였다. 무더운 여름을 지나자니 선선한 가을이 기다려진다. 시인은 더디게 오는 가을을 아기의 발걸음으로 표현하였다. 서서히 물들어가는 가을을 '살금살금' 다가오는 것으로 표현하였다. 하늘이 파랗게 높고 온산에 단풍이 드는 아름다운 계절이기 때문에 '가을'을 존칭하고 있다. 들에는 벼가 익어가고 참새 떼가 날아드는 모습을 회화적으로 표현했다.

동글어운 보름달은 어엿븐달은/둥실둥실 동산우에 솟아오르네//동모

---

[17] 목일신, 「나의 습작시대 회고담」, 앞의 책.

들아 나오너라 달맞웅가자/깃븐노래 불며불며 달맞웅가자//밝고밝은 보름달은 정다운달은/둥글둥글 고흔얼굴 솟아오르네//동모들아 나오너라 달맞웅가자/즐거웁게 뛰며뛰며 달맞웅가자

-「보름달」 전문 (《동아일보》, 1930.10.)

윤석중의 「달맞이」와 비슷한 모티브이다. 윤석중은 불러내는 대상이 아기이고 목일신의 그것은 동무인 점이 다르다. 둥근 보름달이 동산 위에 솟아오르면 동무들과 함께 기쁜 노래를 부르며 달마중 가자는 내용이다. 마지막 연 내용도 동무들과 즐겁게 뛰며 달마중 가자는 진취적인 내용이다. 윤석중의 달맞이에 나오는 달은 보름달이라는 명시가 없지만 목일신은 제목부터 '보름달'로 명시되어 있다. 또한 함께 가고 싶은 대상이 윤석중은 아가와 검둥개인 반면 목일신은 동무들이다. 이 작품을 10월에 발표한 것으로 보아 보름달은 한가위 보름달을 지칭한 것으로 짐작할 수 있다.

돌-돌- 도라가는/물네방아는/보리방아쌀방아/꽁꽁찌어서/동네방네 굶주린/가연집집에/골고로 높아주면/조흘텐데요//아니아니물네방아/철을몰라서/하로종일방아를/꽁꽁찌어선/배불으고돈많은/부자집으로/퍼나려보내는게/얄미웁지요

-「물네방아」 전문 (《조선일보》, 1931.1.1.)

「시골」에 등장하는 방아가 집에서 쓰는 절구 방아라면 이 동요시에는 규모가 큰 물레방아를 소재로 하고 있다. 요즈음엔 전기가 풍부하여 물

레방아를 관상용으로나 볼 수 있다. 물레방아는 물이 떨어지는 힘으로 물레의 바퀴를 돌게 하여 방아를 찧는 원리이다. 물레바퀴를 가로지른 방아굴대 양쪽에 달린 눌림대가 바퀴가 돌아감에 따라 집안에 장치된 방아의 한쪽 끝인 살개목을 눌러 방아공이를 들어올리며 방아를 찧게 된다.

사람의 힘으로 방아를 찧는 디딜방아나 소의 힘을 빌려 찧는 연자방아보다 늦게 생긴 것이 물레방아이다. 물레방아는 자연의 힘을 이용한 방아이므로 디딜방아나 연자방아보다 진보한 것으로 1930년대에는 마을마다 한 곳은 존재했다. 목일신은 가난하던 시절 물레방아로 찧은 쌀과 보리를 굶주리고 가여운 집집에 골고루 나누어주기를 소망한다. 하지만 2연에 나타나듯이 배부르고 돈 많은 부잣집으로 가져가는 것을 얄밉게 느낀 것이다.

4. 아기들을 위한 발라드

> 넓고넓은 밤하늘엔 누가누가 잠자나/하늘나라 애기별이 깜박깜박 잠자지//깊고깊은 숲속에선 누가누가 잠자나/산새들새 모여 앉아 꼬박꼬박 잠자지//폭은폭은 엄마품엔 누가누가 잠자나/우리애기 예쁜애기 쎄근쎄근 잠자지
>
> — 「누가누가 잠자나」 전문 《신가정》, 1935. 7)

목일신의 대표 작품 중 하나인 이 작품에서도 애기별을 노래하고 있다. 묻고 대답하는 문답법을 사용하여 재미를 더해주고 있다. 이 작품

은 평화로운 정경을 노래하고 있다. "넓고 넓은 밤하늘"이나, "깊고 깊은 숲 속", 그리고 포근한 "엄마 품"은 아늑하고 조용하며 평화로운 곳이다. 1연에서는 시적 공간 배경을 밤하늘, 2연에서는 숲속, 3연에서는 엄마 품으로 설정했다. 잠자는 대상은 각각 아기별, 산새 들새, 아기를 배치하였다. 모두 귀엽고 사랑스러운 대상들이다.

이 시에서 시인이 정작 말하고자 하는 것은 3연이다. 1, 2연은 3연을 돋보이게 하기 위한 들러리인 셈이다. 포근한 엄마 품에 안겨 새근새근 잠자는 예쁜 아기를 노래하는 것이 이 동요시의 고갱이이다. 그런데 1963년에 개정된 2차 교육과정 4학년 국어 교과서[18]에는 정작 3연이 생략되었다.

아기 말소린 은구슬/엄마 말소린 금구슬//마듸마듸 아름다운/구슬이여라/방울방울 우슴띄운/구슬이여라//조롱조롱/은실에 꾀어-/금실에 꾀어-//햇빛에 반-짝 은구슬방울/달빛에 반-짝 금구슬방울//은구슬은 예쁜구슬/아가의마음/금구슬은 꽁은구슬/엄마의마음

- 「은구슬 금구슬」 전문 (《신가정》, 1935.5)

아기가 태어나서 가장 처음 하는 말은 '엄마'라는 낱말이다. 아기들은 엄마의 말소리를 듣고 옹알거리다 따라한다. 엄마의 말을 새겨들으며 따라 배우는 것이다. 목일신은 아기의 말소리를 은구슬, 엄마의 말소리는 금구슬에 비유하고 있다. 아기가 엄마를 바라보며 부르는 말소리나, 엄마가 아기를 바라보며 들려주는 말소리는 구슬처럼 예쁘고 아름답

---

18 「자전거」, 「비누방울」, 「우체통」도 수록되어 있다.

다. 아가의 말소리는 앳되고 밝아 햇빛에 반짝이는 은구슬이고, 엄마의 말소리는 생기 넘치고 맑아 달빛에 반짝이는 금구슬인 것이다.

> 잠자거라 귀여운아가야/구슬같은 눈을 감고/잠나라로 꿈나라로 구경하러 가거라/자장, 자-장.//잠자거라 어여쁜아가야/엄마품에 잠들어서/달나라로 별나라로 구경하고 오너라/자장, 자-장.//잠자거라 착한 아가야/복스러운 꿈을꾸며/어서자고 어서커서/큰일꾼이 되여라/자장, 자-장.
>
> ―「자장가」 전문 (《가정지우》, 1935. 9)

자장가는 어린아이를 재울 때 부르는 노래이다. 1936년 《아동문예》[19]에 발표했는데, 글 말미에 9월 9일 작이라고 명기되어 있다. 목일신은 이 동요시에서 아기를 통해 희망을 기원하고 있다. 잠나라 꿈나라로 구경가서 달나라 별나라인 우주로까지 희망의 지경을 넓히고 있다. 아기는 잠을 자며 큰다는 말이 있듯이 '어서자고 어서 커서' 장차 큰 일꾼이 되기를 기원하고 있다. 한 나라의 미래인 아기는 희망이고 보물일 것이다.

---

19 1936년 2월 손완윤(孫完允)에 의해 아동문예사(兒童文藝社)에서 창간한 잡지이다. 한글과 일문을 병용하여 국판으로 발행했으나 단명에 그쳤다. 같은 해 《동화》(최인화, 4·6판), 《카톨릭소년》(용정, 원형근, 국판)이 창간되었다. 《동화》 발행인 최인화는 1910년 평양에서 출생했다. 국민학교 교사와 조선주일학교연합회 간사로 다년간 일했고, 전국을 순회하면서 구연(口演)동화가로서도 활동했다. 《동화》의 편집고문은 정인섭(鄭寅燮)이었고, 평양 평안공업사 사장 김형진(金炯振)이 재정 지원을 했다. 창간호에는 이광수(李光洙)·전영택(田榮澤)·윤석중(尹石重)·김동인(金東仁) 등 저명한 작가의 글이 많이 실렸으나 37년 폐간된 것으로 보인다.

잠자거라 우리아가 귀여운아가/구슬같은 고운눈을 고요히감고/복스러운 엄마품에 고히잠들어/아름다운 꿈나라를 구경가거라//잠자거라 우리아가 어엽분아가/새근새근 엄마등에/곱게잠들어/아롱다롱 꿈나라로 우슴나라로/향기러운 꽃동산을 구경가거라//잠자거라 우리아가 귀여운아가/어서어서 잠잘자고 어서자라서/착한사람 되어라! 우리아가야 큰일꾼이 되어라! 우리아가야

－「자장가」 전문(《가정지우》, 1939. 9)

이 동요시는 《아동문예》에 발표한 작품을 수정하여 《가정지우》[20]에 발표한 작품이다. 창작일을 '을묘년 7월 1일 보성(寶城)에서'[21]라고 밝히고 있다. 《아동문예》에 발표한 작품보다 음수율을 8·5조로 더 정형

---

20 조선금융조합연합회에서 1936년 12월 1일에 창간한 농촌 여성잡지이다. 발행인은 일본인 고구치 히로(小口弘)이고 50쪽 내외이다. 1938년 3월호(통권 9호)까지『家庭之友』로 발행하다, 1938년 6월호(통권 11호)는『家庭의友』로 바뀌었다. 이 제호는 2회만 사용되고 1938년 8월호(통권 13호)부터는『家庭の友』(가데이노도모)로 다시 바뀌었다. 이후 1941년 3월호까지는 변화가 없다가 1941년 4월(통권 42호)에 이르러 다시『半島の光』으로 바뀌면서부터는 한글과 한자 혼용판(鮮文版)과 일본어판(和文版)의 두 가지 형태로 발행되었다. 이 잡지의 전반적인 내용을 살펴보면, 사회(시국, 법률, 역사 등 포함), 여성(요리, 양재, 위생, 육아, 어린이 등 포함), 문화(문학, 미술 등)으로 크게 나눌 수 있다. 1940년 동아, 조선 양대 신문의 폐간과 함께 많은 매체들이 사라진 상황이라 발표지면을 확보할 수 있었던 많은 문인들의 문학작품들이 이곳에 실려 있어 문학사적으로도 매우 중요한 자료가 되는 잡지이다.
21 그는 전남 보성에 거주하며 1938년 9월부터 동아일보 보성지국 기자로 활동하다 1943년부터 1948년 목포여중으로 옮길 때까지 순천고등여학교(현 순천여중고) 교사로 근무하였다.

화했다. 또한 '엄마 품' 외에 '엄마 등'을 추가하였고, 연마다 되풀이되는 '자장, 자-장'이라는 후렴구를 생략하였다. 이 동요시는 훗날 권길상[22]에 의해 작곡되어 초등학교 6학년 음악교과서[23]에 실렸다. 목일신의 자장가는 김동인(이흥렬작곡), 김영일(김대현 작곡)의 자장가와 함께 한국의 3대 자장가로 꼽힌다.

5. 감각적 시어를 통한 언어유희

은하수/강물가에/어린별들이//옹기종기/모혀안저/무엇을 하나//캄캄하고/무서운/깁흔이밤에//말업시/가만가만/숏곱질하나

— 「어린 별」 전문 (《아이생활》, 1931. 3)

밤하늘에 은가루를 뿌려 놓은 듯이 희미한 띠가 걸쳐 있는 모습이 보인다. 이러한 희미한 띠를 은하수라고 부른다. 우리 고유어로는 미리내, 한자로는 은한(銀漢), 운한(雲漢)이라고 한다. 밤하늘의 은빛 강물처럼 온 하늘을 한 바퀴 휘감고 있는 형태를 띤다. 여름철에 보이는

---

22 권길상(權吉相, 1927~2015)서울에서 태어나 서울대학교 음악대학을 졸업했다. 「스승의 은혜」, 「과꽃」, 「어린이 왈츠」, 「푸르다」, 「꽃밭에서」 등 약 150곡의 동요를 작곡하였다. 고등학교 교사로 재직하면서 작곡 활동을 하다, 35세 때인 1961년 미국으로 이주하여 동요 보급에 힘썼다.

23 이 노래는 음수율을 맞추기 위해 다음과 같이 개사되었다. 잠 자거라 우리 아가 귀여운 아가/구슬같은 고운 눈을 고요히 감고/복스러운 엄마품에 고이 잠들어/아름다운 꿈나라로 구경가거라//잠 자거라 우리 아가 어여쁜 아가/쌔근쌔근 엄마품에 곱게 잠들어/아롱다롱 꿈나라로 웃음나라로/향기로운 꽃동산을 구경가거라//잠자거라 우리 아가 귀여운 아가야/어서어서 잠잘자고 어서 자라서/착한 사람 되어라 우리 아가야/큰일꾼이 되어라 우리 아가야

은하수는 매우 밝고 아름답다. 목일신은 크게 보이는 별보다 작은 별들에 주목한다. 아기별이나 어린별들에 관심을 갖는다. 은하수의 작게 보이는 별들을 어린 별들이 모여 앉아 조용히 소꿉장난한다고 표현하였다. 7·5조의 정형률과 '옹기종기', '가만가만' 같은 시어를 통해 언어유희를 즐기고 있다.

> 아롱다롱 나비야/아롱다롱 꽃밭에/나풀나풀 오너라/붉은꽃이 웃는다/노랑꽃이 웃는다/앞뜰우에 홀로핀/복사꽃이 웃는다/너를보고 웃는다//아롱다롱 나비야/아롱다롱 꽃우에/삽분삽분 앉어라/송이송이 꽃속에/고히고히 잠들어 붉은꿈을 꾸어라/노랑꿈을 꾸어라 오색꿈을 꾸어라
>
> – 「아롱다롱 나비야」 전문 (《신가정》, 1935. 7)

이 동요시는 되풀이되는 감각적 시어를 통해 리듬감을 높이고 있다. '아롱다롱' '나풀나풀' '송이송이' '고히고히' 같이 반복되는 의태어를 배치하여 언어의 율동감을 한껏 살리고 있다. '아롱다롱'이란 여러 빛깔의 작은 점이나 무늬가 고르지 않고 촘촘하게 있는 모양을 나타내는 말이다. 나비의 날개와 꽃들이 모여 있는 꽃밭의 모습을 '아롱다롱'이라고 표현하였다. 요즘에는 흔히 쓰는 표현이지만 1930년대에 이런 낱말을 시어로 차용한 것은 언어 감각이 세련되어 있다는 방증이다.

이 시의 주체는 나비이다. 아롱다롱 예쁜 날개를 가진 나비에게 붉은꽃 노랑꽃 등 여러 꽃이 피어있는 꽃밭에 '나풀나풀' 날개짓하며 오라고 청유하고 있다. '나풀나풀'이란 작고 얇은 물체가 가볍고 탄력 있게

자꾸 움직이는 모양을 나타내는 말이다. '아롱다롱'이나 '나풀나풀'이나 작고 예쁜 모양을 나타내는 상징어이다. 나비는 어린 아기로 대체할 수 있다.

아기가 엄마 품에 고이 잠들듯이 나비가 꽃 위에 사뿐히 앉아 예쁜 꿈을 꾸기를 바라는 마음이 담겨 있다.

> 비누방울 날어라/바람 타고 동, 동, 동//구름까지 올러라/둥실둥실 두둥실//비누방울 날어라/집웅우에 동, 동, 동//하늘까지 올러라/둥실둥실 두둥실
>
> — 「비누방울」 전문 (《동아일보》, 1935. 10. 3.)

1930년대 중반은 한국 아동문학사에서 암울한 시기였다. 1934년 12월 《어린이》지(통권 122호)가 폐간되고, 1935년 8월에는 《아이동무》[24], 《아동세계》, 《신아동》[25] 등이 한꺼번에 폐간되었다. 그해 9월부터는 신사참배가 각 학교에서 강요되었다. 이런 어려운 현실에서도 목일신은 희망의 씨앗을 하늘 높이 날아올렸다. 방울은 동그란 모양과 움직이는 특성 때문에 아이들이 좋아하는 완구이다. 비누방울은 가볍고 투명하여 바람에 잘 날아간다. 목일신은 동심으로 만든 비누방울을 날리며, 바람타고 날아가는 비누방울이 구름까지 하늘까지 날아오르기를 염원하였다.

---

[24] 1933년 5월 15일자로 창간한 평양 아이동무사에서 발행하던 아동잡지로 발행인은 숭실전문학교 교장인 미국인 윤산온(尹山溫)이다. 제27호로 종간되었다.
[25] 1933년 김소운이 '조선아동교육회'를 설립한 후, 《아동세계(兒童世界)》・《신아동(新兒童)》・《목마(木馬)》 등의 아동잡지를 간행하였다.

Ⅲ. 나오는 말

　1930년대의 한국 동요시단을 풍미한 목일신은 1920년대 후반부터 1930년대 후반기까지 작품 활동을 활발히 하였다. 그는 독립운동가인 아버지 목홍석의 영향으로 동요시를 쓰게 되었다. 그는 15세 되던 해 봄 독립운동을 하다 고문을 당한 아버지를 여의었다. 목일신은 이 때의 상황과 심정을 「우리 아버지」라는 제목으로 써서 동아일보에 발표[26]했다.
　그의 초기 작품은 고향 고흥의 산과 들, 바다 등 자연을 노래한 작품이 많았다. 그의 첫 발표작 「산시내」를 비롯해서 「단풍의산ㅅ길」, 「물새」, 「어린새」, 「시냇물」, 「참새」, 「시골」, 「물오리」, 「눈오는날」, 「고향의 한울」, 「봄비」, 「사공의 아들」, 「개고리우는밤」, 「갑변에서」 등 대부분이 고향의 산천에서 소재를 얻은 작품들이었다.
　목일신이 작품을 발표한 무대는 주로 《조선일보》(64편)와 《동아일보》(40편) 양대 일간지와 《매일신보》(14편), 그리고 기독교계 문예지인 《아이생활》(27편)이었다. 이밖에 《아동문예》(6편) 《신소년》(5편), 《신가정》(3편), 《어린이》(2편) 등이다. 그는 1938년부터는 빈작이라 할만큼 작품 발표가 뜸했다. 1938년엔 2편, 1939년 4편, 1940년 《동

---

26 나를사랑하시든 아버지는요/작년삼월초하로 꽃피는봄날/우리형데오남매 남겨두고서/무정히한울나라 가섯답니다/나는나는누나와 목노아울며/어머니는동생들 쎠안고울제/동리동리사람들 모다차저와/애처러운눈물을 흘렷답니다 -하략-《동아일보》, 1929.10.20.

아일보》에 2편, 41년에 《매일신보》에 2편을 발표했다. 그리고 1950년대에 9편을 발표한 후 더 이상 동요시 쓰기를 하지 않았다.

일제 강점기에는 동요시인으로 활약하여 1930년대 대표아동문학가로 명성을 높였다. 그가 지은 동요시는 윤이상(4편), 안기영, 홍성유(10편), 김대현, 권길상, 이동수 등의 유명 작곡가에 의해 작곡되어 지금까지 많이 불려지고 있다. 그의 작품들 중에 「비누방울」이 초등학교 국어 교과서에 「자장가」, 「아롱다롱 나비야」, 「산비둘기」, 「참새」, 「시냇물」, 「물결은 출렁출렁」은 음악교과서에 실렸다.

목일신은 35년 동안 순천 매산고등학교, 목포여자중고등학교, 이화여자고등학교, 배화여자중고등학교에서 국어교사로서 후학을 양성하는데 평생을 바친 교육자였다. 그는 스포츠맨으로 탁구실력도 뛰어나 50년대에는 탁구 천재로 불리며 아시아를 제패한 위쌍숙·순자 자매를 지도하기도 했다.

해방 후에는 스포츠 지도자와 교육자의 길에 헌신하며 아동문학에는 주력하지 않았다. 해방 후에 발표한 작품을 보면 《새벗》에 「보슬비」(1952), 《동아일보》에 「새해가 떴다」(1955), 《전남일보》에 「시냇물」(1955) 「봄비」(1959), 《아이생활》에 「빗방울」(1955) 「달이 떴다」(1957) 등과 이동수 작곡집에 발표한 「별나라 꽃나라」 「꽃송이」(1954) 등 10여 편에 불과하다. 그밖에 이화여고 교지 《거울》과 배화여중고 교지 《배화》, 《새벗》, 《신문예》. 《자유문학》 등에 50여 편의 산문을 발표하였다.

그가 1960년부터 26년 동안 살다 타계한 경기도 부천에서는 그를 기리는 사업을 펼치고 있다. 〈따르릉 목일신 문화사업회〉가 발족되어

2019년 제1회 목일신아동문학상을 제정하여 시상하고 있다. 또한 그의 문학적 토양이 된 고향 고흥에서는 2010년부터 목일신동요제를 열어 그의 업적을 기리고 있다.

새벽달이 부르는 희망의 노래
- 서덕출 동요시론

Ⅰ. 시인이 걸어온 길

　신월(晨月) 서덕출(徐德出)은 1907년 2월 9일 경남 울산시 중구 교동에서 아버지 서형식(徐炯植, 1887~1958)과 어머니 박향초(朴香秒, 1885~1958) 사이에서 5남 4녀 가운데 둘째이자 장남으로 태어났다. 본명은 정출(正出)이고, 호적에는 덕줄(悳茁)로 되어 있다. 그는 여송(旅松), 심덕(沈德), 서추성(徐秋星) 같은 이명을 쓰기도 했다. 그의 호 신월은 새벽달이란 뜻이다.
　서덕출의 외조부는 경남 고성의 수령을 지냈다. 그의 아버지는《시대일보》기자를 지내고 당시 청년운동에도 관심을 가지고 참여했다. 한시집『일청집(一聽集)』이라는 문집까지 낸 것으로 보아 명망있는 지식인이었다고 볼 수 있다. 1912년, 서덕출이 여섯살 되던 해 그의 가족은 교동 큰댁에서 학산동으로 분가했다.

이 무렵 서덕출은 대청마루에서 놀다가 떨어져 왼쪽 다리를 다쳤다. 상처가 덧나고 염증이 척추에까지 번져 장애의 몸이 되고 말았다. 이 일로 해서 그의 아버지는 울산 복산동에 새집을 지어 이사한 것으로 기록되어 있다. 학교도 다닐 수 없어 어머니로부터 한글을 배웠다. 집에서 독서와 수예를 하며 혼자 공부하고 시를 썼다.

1925년 《어린이》지에 동요시 「봄편지」를 발표하여 호평을 얻었다. 이후 방정환, 윤석중 등과 교류하며 작품 활동을 했다. 작품 경향은, 초기에는 세상과 삶에 대한 애정, 자연과 민족에 대한 애정이 바탕이 되는, 순수하고 밝고 참신한 작품이 많았으나, 후기에 이르면 자신의 처지를 비관하여 다소 감상적이고 애상적인 경향이 나타나기도 한다.

1931년 어느 날, 서덕출은 그의 처지를 잘 아는 소설가 장덕조[1]로부터 청혼 편지를 받는다. 그는 설레였지만 자신의 신세가 괴로운 나머지 머슴의 등에 업혀 금강산 장안사로, 양산 통도사로 두 번씩이나 가출을 감행한다. 그의 부모는 서덕출이 결혼 문제로 더 이상 번민하지 않도록 하기 위해 결혼을 서둘렀다. 마침내 1934년 11월 1일 울산 병영동의 열일곱 살 규수 전필남(全必南)과 혼인[2]을 시켰다.

---

[1] 장덕조(張德祚, 1914~2003) 경산 출생. 배화여고보를 거쳐 1932년 이화여전 영문과를 중퇴했다. 개벽사 여기자로 입사한 후 창작에 몰두했다. 1932년 《제일선(第一線)》에 단편 「저회(低徊)」를 발표하며 등단했다. 《매일신보》에 장편 「은하수」를 비롯하여 단편 「어떤 여자」, 「해바라기」, 「아내」, 「어미와 딸」 등을 발표했다. 《평화신문》 기자와 《영남일보》 문화부장, 《대구매일신문》 문화부장과 논설위원을 역임했다. 120여 편의 단편과 90여 편의 장편소설을 남겼다.

[2] 서덕출의 부모는 신부 집에 논밭을 사 주었다.

1935년 약제사 시험에 합격한 뒤, 본댁 근처인 북정동 32번지로 분가하여 신약방 애생당(愛生堂)을 열었다. 1935년 10월에 첫딸 양자(良子)가 태어났고, 다시 2년 뒤인 1937년 10월 1일에 아들 대진(大振)이 출생했다. 서덕출은 몸이 약한 데다 신경통까지 생겨 누워서 생활했다. 1940년 1월 12일 그를 괴롭혔던 척추의 신경통으로 끝내 고생하다가 34살의 젊은 나이로 타계[3]하였다. 가풍에 따라 불교식으로 화장했다. 그의 유골은 백양사에 모셨다가 뒷날 경북 영덕 만불사 가족납골당으로 옮겼다. 그후 서덕출의 자녀들은 미국으로 이민을 떠났다.

Ⅱ. 서덕출의 문학 세계

1. 희망의 봄노래와 눈꽃 예찬

　서덕출은 천도교의 개벽사에서 방정환 주관으로 발행하던 《어린이》지 1925년 4월호에 「봄 편지」를 발표했다. 당시 개벽사는 모지 《개벽(開闢)》 외에 몇 개의 자매지를 가지고 있었다. 《어린이》는 1922년 6월에 창간한 《부인(婦人)》에 이은 제2의 자매지였다.
　《어린이》지는 독자 투고란을 두고 몇 달마다 응모해 오는 독자의 동요에서 우수작을 뽑아 기념 메달을 주고 작품을 〈입선동요〉라는 이름으로 발표하였다. 계속 응모하여 몇 차례 입선으로 실력이 확인되면 동요

---

[3] 그가 남긴 마지막 말은 '내가 안 되겠다. 오늘 떠나야겠다'였다.

시인으로 인정해 주었다. 아직 신춘문예 제도나 추천제도가 정착되지 못한 때여서 과도기적인 등용 제도였던 것이다. 「봄 편지」는 1925년 4월호[4]에 1석으로 뽑혀 제일 앞쪽에 발표되었다.

이재철은 《세계아동문학사전》에서 이 작품에 대해 "나라를 잃은 일제 하의 많은 어린이와 어른들에게 꿈과 희망을 불어 넣어준 시로, 그 꿈이 제비를 통한 그리움과 기다림으로 나타낸 것이다. 주로 어린이들의 노래로 창가가 있을 뿐이었던 당시 이 작품은 예술성이 짙은 동요로서 선구적인 의의를 지녔으며 모두에게 커다란 감흥을 주었다."라고 평했다.

이 작품은 당시대 문단의 주류였던 애상적 정서에서 벗어나 희망을 구가했다. 창가의 7·5조의 운율을 벗어난 4·3조의 작품으로도 의의가 있다. 이 작품으로 서덕출은 아동문학계의 스타로 떠올랐고 '봄편지의 시인'으로 널리 알려지게 되었다. 이 동요시는 북간도에 거주하던 윤극영에 의해 작곡되어 1946년 《어린이》 4월호 목차 다음 쪽에 게재되었다. 그 후 홍난파도 이 시를 노랫말로 곡을 만들었다.

련못 가에 새로 핀/버들닙을 따서요/우표 한 장 붓쳐서/강남으로 보내면/작년에 간 제비가/푸른 편지 보고요/됴션 봄이 그리워/다시 차저옵니다.

– 「봄 편지」 전문

---

[4] 아산의 홍태유(洪泰裕) 작 「봄」, 경성 천정철(千正鐵) 작 「팔려가는 소」, 수원북문 내 최영애(崔英愛) 작 「꼬부랑 할머니」, 경성 연건동 윤석중 작 「옷둑이」와 같이 입선작이 되었다. 이밖에도 18인의 작품 19편이 쓸만하다며 작품 제목과 작자 이름을 게재했다. 입선자 중 홍태유는 작품활동을 안했고, 천정철, 최영애는 윤석중이 이끄는 〈굴렁쇠〉 동인으로 활동하다가 중간에 그만 두었다.

버드나무 종류는 봄을 알리는 대표적인 나무다. 버들은 물을 좋아하여 개울이나 호숫가에 터를 잡고 자란다. 봄소식을 알리는 나무 중에서도 가장 먼저 잎이 피는 나무가 버드나무이다. 나라를 빼앗긴 일제강점기는 온 세상이 얼어붙어 있는 삭막한 겨울이다. 이 동요시에는 버들잎이 상징하는 푸른 편지는 희망이다. '푸른 편지'를 띄우면 강남으로 갔던 제비가 다시 돌아올 것이라는 희망을 노래하고 있다. 봄을 기다리는 마음은 곧 나라의 독립을 기다리는 마음이다. 이 동요시의 키워드는 버들잎, 우표, 제비, 편지이고, 그 고갱이는 그리움과 기다림이다.

「봄 편지」는 광복 이후 초등학교 국어 교과서에 실려 1960년대 초반까지 어린이들의 사랑을 받았다. 또한 윤극영에 의해 작곡되어 초등학교 음악교과서에도 실렸다. 1968년 10월 '봄편지 노래비'가 울산 학성공원에 세워져 제막식을 가졌다.

산 넘고 물 건너/새 봄이 온다/잠 자는 나무에/새싹을 달아/웃음을 웃기며/새 봄이 온다//강남에 제비들/꽃 들고 오고/강 건너 저 나라/꾀꼬리 아씨/봄 노래 한 곡조/부르며 온다

-「새 봄」전문

일 년 사계절 중에 봄에만 유일하게 '새'라는 접두사를 쓴다. 봄은 그만큼 새롭고 희망적이기 때문이다. 일제강점기가 겨울이라면 새봄은 독립을 의미한다. 서덕출은 제비들이 들고 오는 꽃과 꾀꼬리가 부르는 봄노래를 광복의 상징으로 보고 있다. 그는 봄편지에 이어「새 봄」에서

도 조국 광복에 대한 신념을 잃지 않고 있다. 산 넘고 물 건너온 새봄이, 잠자는 나무에 새싹을 달아, 웃음을 선사하게 될 것이라고 희망적인 메시지를 전하고 있다.

> 송이송이 눈꽃 송이/하얀 꽃송이/하늘에서 피어 오는/하얀 꽃송이/나무에나 뜰 위에나/동구 밖에나/골고루 나부끼니/보기도 좋네//송이송이 눈꽃 송이/하얀 꽃송이/하늘에서 피어 오는/하얀 꽃송이/크고 작은 오막집을/가리지 않고/골고루 나부끼니/보기도 좋네
> ─「눈꽃 송이」 전문

「눈꽃 송이」는 「봄 편지」와 함께 서덕출의 대표작이다. 눈꽃은 나뭇가지 따위에 꽃이 핀 것처럼 내려앉은 눈이나 서리를 말한다. 지금은 눈꽃이란 말이 보편적으로 쓰이지만, 눈을 꽃으로 생각하여 '송이'라고 표현한 것은 서덕출이 효시이다. 동심의 눈으로 하얀 눈을 보니 꽃송이로 느껴지고, 그래서 '하늘에서 피어온'다고 노래했다.

하늘에서 피어오는 하얀 꽃송이는 어디에나 가리지 않고 골고루 떨어진다. 헐벗은 나무 위에도, 지저분한 쓰레기장에도, 대궐이나 오막집을 가리지 않고 골고루 나부끼니 보기에 좋은 것이다. 이 동요시에는 평등 사상과 더불어 눈을 하늘에서 내려주는 축복의 선물에 비유할 때 애민 사상까지 내포되어 있다. 8·5조의 이 노래는 1948년 박재훈에 의해 작곡[5]되어 초등학교 음악 교과서에 실리면서 국민동요로 자리 잡

---

5 이 노래는 교과서에 실리면서 다음과 같이 가사의 일부가 바뀌었다. "송이 송이 눈꽃송이/하얀 꽃송이/하늘에서 내려오는/하얀 꽃송이/나무에도 들판에도/동구 밖에도/골고루 나부끼네/아름다워라//송이 송이 눈꽃 송이/하얀 꽃송이/하늘에서 내려오는/하얀 꽃송

게 되었다.

2. 기쁨의 굴렁쇠 네 동무

윤석중, 신고송, 서덕출 등은 '기쁨사' 동인 활동을 하며 《굴렁쇠》란 회람잡지를 만들었다. 1927년 대구에서는 윤복진, 서덕출, 신고송이 참여한 문예단체 '등대사'가 만들어지고 동인지 《등대》를 발간했다.

1927년 8월 7일 서울의 윤석중이 울산의 서덕출 집을 방문하였다. 하지만, 척추장애인인 서덕출은 반갑게 나가 맞이할 수도 없었다. 당시 서덕출은 방안에서 자수를 놓고 있었다. 윤석중은 서덕출의 「봄편지」라는 짤막한 동요 한 편이 온 겨레의 마음을 달래주고 희망을 주는 노래라고 높이 평가하였다. 윤석중은 서덕출의 집에 놀러와 있던 신고송과 밤새워 이야기하고 놀았다. 9일에는 아침부터 비가 왔는데, 윤복진[6]이 대구에서 찾아왔다. 서울의 윤석중, 대구의 윤복진, 언양의 신고송, 울산의 서덕출, 네 동무는 이별이 아쉬워 다음과 같은 동요시를 공동으로 창작하였다.

> 오동나무 비바람에 잎 떠는 이 밤/그립던 네 동무가 모였습니다/이 비가 개고 날이 맑으면/네 동무도 흩어져 떠나갑니다/오늘밤엔 귀뚜라미 우는 소리도/마디마디 비에 젖어 눈물 납니다/문풍지 비바람에 스치는 이 밤/그립던 네 동무가 모였습니다
>
> -「슬픈 밤」 전문

이/지붕에도 마당에도/장독대에도/골고루 나부끼네/아름다워라"
6 윤복진이 1920년에 발표한 「기러기」는 우리나라 최초의 동요이다.

8월 10일 아침 네 동무는 기념사진을 찍고 언양으로 물놀이를 갔다. 오후가 되자 윤석중은 서울로 떠나려 했으나 기차를 놓쳤다. 윤석중은 섭섭함과 아쉬운 마음에 다시 서덕출에게로 갔다. 이튿날 새벽 차를 또 놓치고 다음 차를 타고 서울로 갔다. 움직일 때마다 머슴의 등에 업혀야 하는 서덕출은 올 때나 갈 때나 나가 볼 수 없는 몸이었다.

서덕출은 방 안에서 밖으로 나갈 수 없어, 늘 마당을 바라보는 공간적 제약이 있었다. 윤석중은 내년 방학에 다시 오겠다고 하였고, 그 약속을 지켰다. 일본에서 유학하던 정인섭도 방학이 되어 고향인 언양에 왔다. 정인섭은 윤석중이 서덕출의 집에 왔다는 소식을 듣고 울산에 왔으나 서덕출의 집을 찾지 못하자 서덕출의 동요「봄편지」를 불렀다. 골목에 울려 퍼지는 노래소리를 듣고 동무들이 뛰어나가 맞아들였다.

당시 윤석중은 열여섯 살, 서덕출은 신고송, 윤복진과 스물한 살 동갑내기였고, 정인섭은 그들보다 두 살 많았다. 당시 정인섭은 일본어로 우리의 민담과 전설을 수록한 『온돌야화』를 간행하였다. 해방 후 훗날 윤복진과 신고송은 북행을 택하였다. 그때까지 그들은 동심주의 아동문학 활동을 하였다.

1928년 8월 여름방학 때 윤석중, 신고송, 서덕출은 다시 서덕출의 집에서 만났다. 신고송은 당시 대구공립보통학교 훈도였다. 그는 서덕출의 동생 서수인과 바지랑대 춤을 추고, 윤석중은 신고송의 비밀 잡기장을 읽는 등 정겨운 시간을 보냈다. 8월 13일 아침 학성공원에 울산 명물 '호박떡'을 싸 들고 가 놀다 온 다음, 점심때에 각자 검은 테 안경을 쓰고 앞뜰에 앉아 기념사진도 찍었다.

나는 행복자이네/오늘버러 내일(來日)살고/내일 버러 모래살어도/내 힘으로 사라가는/행복자이네.//나는 행복자이네/두간자리 오막집이/내집이라도/죄(罪)업시 사라가는/행복자이네.

- 「행복자」, 《학생》, 1930.6)

　행복은 생활에서 기쁨과 만족감을 느껴 흐뭇한 상태를 말한다. 그래서 행복은 다분히 주관적이고 사람에 따라 추구하는 방향이 다를 수밖에 없다. 돈이 아무리 많아도 부족하다고 느끼는 사람은 행복할 수 없고, 권력이 강해도 스스로 만족하지 못하면 욕심을 부리고 욕망을 불태울 것이다. 벨기에의 극작가 모리스 마테를링크가 1908년에 발표한 희곡 「파랑새」[7]는 행복에 대해 시사하는 바가 크다. 틸틸과 미틸 남매가 크리스마스 전야에 파랑새를 찾아 헤매는 꿈을 꾸다가 문득 깨어나 자기들이 기르던 비둘기가 바로 그 파랑새였음을 깨닫는다는 내용으로, 행복은 가까이에 있다는 주제를 형상화했다. 서덕출은 남에게 도움받지 않고 자신의 힘으로 살아가고, 비록 오막살이에 살더라도 죄 없이 살아가는 것이 행복한 사람이라고 정의하고 있다.

---

[7] 1908년 러시아 연극계의 거장 콘스탄틴 스타니슬랍스키의 연출로 모스크바 예술 극장에서 초연되어 대성공을 거두었다. 인기에 힘입어 1909년 프랑스의 프라스켈 출판사에서 책으로 출간했다. 아이들이 찾아헤매는 파랑새는 바로 행복을 뜻한다. 행복은 가까이에 있다는 것, 소중한 것은 언제나 평범한 것들이며 행복은 조금만 다른 눈으로 보면 쉽게 찾을 수 있다는 주제를 형상화했다.

3. 바람이 되고 싶은 희구

> 훨훨 날아라/아버지 어머니/생각지 말고/강가로 산으로/훨훨 날아라
> － 「단풍」 전문

가을이 되어 가지마다 단풍이 들면 사람들의 마음이 헛헛해지고 회자정리(會者定離)를 생각한다. 봄 여름 동안 푸르던 나뭇잎도 가지에서 떨어져 나간다. 화자는 바람이 불어 떨어져 나가는 단풍을 보며 '강가로, 산으로 훨훨 날아라'고 기원하고 있다. 몸이 불편하여 바깥나들이를 할 수 없는 자신의 처지를 단풍에 비유하고 있다. 마음대로 훨훨 나다니고 싶은 마음을 단풍에 빗대어 표현하고 있다. 얼마나 그 뜻이 간절하면 부모와 헤어지는 것조차 아랑곳않고 마음대로 훨훨 날아가기만을 소망했을까?

> 가을이면 바람이 미치는개라/이리저리 함부로 막달겨들어/때여밀고 깔집어 치고갑니다.//가을이면 바람이 무섭는개라/빨가숭이 뒷집애도 나오지안코/나무닢이 발발떨며 떠러집니다
> － 「가을바람」 전문 (《아동문예》, 1936.12)

바람은 두 곳 사이에 존재하는 기압 차에 따라 일어나는 공기의 움직임이다. 가을에는 주로 서풍으로 바뀌는데 이를 서쪽을 뜻하는 '하늬바람'이라고 부른다. 이 시에는 '~개라', '막달겨 들어', '때여밀고', '깔집어' 같은 경상도 방언이 등장하고 있다. 가을에는 소슬바람이 분다. 소

슬바람은 '외롭고 소슬한 느낌을 주며 부는 소슬소슬한 바람'을 뜻한다.

가을에는 낙엽도 지고, 억새나 갈대 같은 볏과의 호리호리한 식물은 잘 흔들린다. 따라서 가을바람이 유별나게 함부로 달려들고, 떠밀고, 치고 가는 광풍처럼 느껴질 수 있다. 그 때문에 서덕출은 가을바람이 미쳐서 무섭다고까지 표현한 것이다. 가을바람처럼 드센 야생마가 되어 마음대로 쏘다니고 싶은 심정을 노래했다. 낙엽이 지는 모습을 춥거나 겁이 날 때 쓰는 '발발 떤다'라고 표현한 점이 재미있다.

산 너머 저쪽에는/누가 누가 사나요/칠십 넘은 홀아비/아들 잃은 오막집/부엉부엉 부엉새/부엉새가 산다오//산 너머 저쪽에는/누가 누가 사나요/천 년 묵은 소나무/새와 동무하여서/노래하고 춤추며/재미나게 산다오.

– 「산 너머 저쪽」 전문

'산 너머 저쪽'은 미지의 세계이다. 하반신이 마비되어 방안에만 들어앉아 있는 서덕출은 바깥세상 그것도 산 너머 세상의 일이 궁금하다. 이런 궁금증은 상상의 세계를 낳았고, 밤마다 들리는 부엉새 울음소리의 청각 이미지와 천 년 묵은 소나무라는 시각 이미지를 끌어들였다. 아들 잃고 혼자 사는 70 넘은 홀아비는 외로움의 상징이다. 부엉새 울음소리는 그 외로움의 강도를 증폭시킨다. 1연의 외로움은 2연에서 노래하고 춤추며 재미나게 사는 희망으로 승화시키고 있다. 외로움의 대상이던 「산 너머 저쪽」은 마음먹기에 따라 '일체유심조'라는 말처럼 희망의 유토피아가 될 수도 있는 것이다.

4. 울산을 사랑한 시인

해가 해가 빠졌네/태화강에 빠졌네/문수산을 넘다가/발병 나서 빠졌네

– 「해가 해가 빠졌네」 전문

서덕출의 동시에서는 '울산'의 구체적 지명들이 소환되고 있다. 태화강은 울산의 젖줄로 울산을 상징하는 강이다. 문수산(文殊山)[8] 역시 울산광역시 울주군 청량읍 율리(栗里)와 범서읍 천상리(川上里)의 경계에 있는 산으로 해발 고도는 600m이다. 해질녘 해그림자가 태화강에 비친 모습을 강에 빠졌다고 표현했다. 해를 의인화한 지극히 동심적인 발상이 아닐 수 없다. 해가 강에 빠진 까닭을 높은 문수산을 넘어오다 발병이 나서였다고 해석하고 있다. 유머와 해학이 담겨 있는 동심의 미학이다.

비야 비야 궂은 비야/갈미봉에 오는 비야/제발 덕분 오지 마라/먼 길 가는 우리 누님/붉은 치마 얼룩지면/어머니께 꾸중 듣고/눈물지어 울어 싸면/나의 마음 슬퍼진다

– 「궂은 비」 전문

4·4조의 이 동요시에서도 '갈미봉'(갈매봉)이 등장한다. 갈미봉에

---

[8] 높이는 해발 600m로 남쪽에 신라 원성왕 때 세워진 문수사가 있다.

오는 비는 궂은비다. 그래서 제발 덕분(정말로 간절히 바라건대) 오지 말라고 간구하고 있다. 그 이유는 먼 길 떠나는 누님의 붉은 치마가 얼룩질까 걱정이 되기 때문이다. 화자는 누님을 속 깊게 생각하고 있다. 옷 한 벌도 귀하고 우산도 귀하던 시절 궂은 비는 눈물이고 근심의 씨앗이다. 이 무렵 여느 창작동요들이 애상적인 관념이나 설교조의 교훈을 노래했던 것과는 달리 구체적인 지명과 스토리텔링이 등장한다. 이 또한 서덕출의 창작동요가 동시로 진화하는 뚜렷한 증거라고 할 수 있다.

> 해가 불쑥 솟아오른/저 건너 두던/꼬불꼬불 비탈길엔/누가 가나요?//고생살이 도련님/나무지게가/소리 없이 아장아장/걸어갑니다.//어둠이 꼬리치는/저 건너 두던./꼬불꼬불 비탈길엔/누가 가나요?//나뭇짐 진 누렁소/목에 은방울./비탈마다 댕글댕글/울며 갑니다.
> 　　　　　　　　　　　　　　　　　-「꼬부랑 두던」 전문

'두던'은 언덕의 울산 지역 방언이다. 1, 2연에서는 아침 일찍 지게를 지고 비탈진 언덕길을 걸어 나무하러 가는 나무꾼 아이를 그리고 있다. 나무꾼은 '아장아장'이란 말로 보아 머슴살이하는 어린아이인 것 같다. 3, 4연에는 해가 지고 어두워지자, 비탈진 언덕길로 나무짐을 지고 가는 누렁소의 모습을 노래하고 있다. 누렁소의 목에는 은방울 워낭이 달려 있고 워낭소리는 '댕글댕글'로 표현하고 있다. '꼬불꼬불', '아장아장', '댕글댕글' 같은 의태어를 살려 시의 장면을 풍성하게 하고 있다.

5. 동심의 노래

「봉선화」는 《어린이》 1925년 9월호에 윤복진(尹福鎭)의 「별 따러 가세」, 천정철의 「가울 아침」과 함께 입선되었다. 손톱에 꽃물을 들이는 풍속을 노래한 동요시이다.

> 녯날의 왕자 별을/못 니저서요/샛밝안 치마 닙은/고흔 색시가/흐터진 봉선화를/고이 모아서/올해도 손 끝에/물드림니다.
>
> – 「봉선화」 전문

당시 유행하던 7·5조의 운율이다. 떨어진 봉선화잎을 주워 모아 손톱에 물들이는 장면이 눈에 보이는 듯 펼쳐진다. 새빨간 치마 입은 고운 색시가 봉선화 물을 들이는 까닭은 옛날의 왕자별을 못 잊어 하는 까닭이다. 예로부터 봉숭아는 몸에 침투하는 나쁜 병균을 막아주는 수호신으로 알려져 왔다. 『임하필기(林下筆記)』에는 "봉선화가 붉어지면 그 잎을 쪼아 백반을 섞어 손톱에 싸고 사나흘 밤만 지나면 심홍빛이 든다."라고 했다.

아이들에게 이 봉선화 물을 들여 주는 것은 예쁘게 보이려는 뜻보다 병마를 막기 위한 것이었다. 곧 귀신이 붉은색을 두려워하므로 손톱에 붉은 봉선화 물을 들여 병귀를 쫓을 수 있다는 믿음에서 생긴 풍속이다. 이러한 일반적 세시 풍속과 달리 서덕출은 왕자별을 끌어와 동화적인 스토리텔링을 창안하고 있다.

애기야 우리 애기 착한 애기야/포근포근 품에 안겨 잠 잘 자거라/평화로운 너의 꿈이 머리맡에서/자장자장 노래하며 기다린단다//애기야 우리 애기 착한 애기야/포근포근 품에 안겨 잠 잘 자거라/새 움트는 봄바람이 머리맡에서/자장자장 손짓하며 나부낀단다.

-「잠 잘 자거라」 전문

7(8)·5조의 이 동요시는 어린아이를 재울 때 부르는 노래인 자장가이다. 보채거나 울지 않고 품에 안겨 잠 잘 자는 아기가 착한 아기이다. 아기가 잘 자기 위해서는 편안하고 포근해야 한다. 아가의 머리맡에서 평안한 꿈이 기다리고, 부드러운 봄바람이 나부끼고 있다. 서덕출도 남매 형제의 다정한 아버지였다.

그가 사랑하는 아기들을 위해 이 동요시를 지었을 것이 분명하다. 자장가는 아기를 재우기 위해 구슬려야 한다. 착하다거나 귀엽다고 어르고 달래야 한다. 그리고 빨리 잠들기를 소망하는 내용이 대부분[9]이다. 자신의 힘으로 한 걸음도 걸을 수 없었기에 2세에 대한 애정은 남달랐을 것이다. 그 자신은 불구의 몸이지만 직접 안고 얼러서 잠이 들 때까지 포근하게 안아주고 있는 모습이 느껴지는 자장노래이다. 그야말로 부정이 새록새록 샘솟는 동요라 하겠다.

누가 누가 익일까 장깸보/장님은 누구일까 장깸보/옳지 옳지 이겼다

---

9 김영일의 「자장가」는 "우리 아기 착한 아기 소록소록 잠들라./하늘나라 아기별도 엄마 품에 잠든다./둥둥아기 잠자거라 예쁜아기 자장"이고, 목일신의 「자장가」는 "잠자거라 우리아가 귀여운 아가/구슬 같은 고운 눈을 고요히 감고/복스러운 엄마 품에 고이 잠들어/아름다운 꿈나라로 구경가거라"이다.

돌레 돌레 이겼다/장님 장님 장님은 못난이가 디엇다//잡힐나 잡힐나 살작 살작 피하자/요리로 요리로 살작 살작 피하자/못난이 이 장님 요걸 요걸 못잡나/까막눈 이 장님 요걸 요걸 못잡나//오냐오냐 못잡아 네 까짓걸 못잡아/까불까불 까불새 쏘치기만 하여라/옳지 옳지 잡혔다 까불새가 잡혔다/이젠 이젠 잡혔다 까불새가 잡혔다

- 「까막 잡기」 전문

「까막 잡기」는 4·3조, 4음보를 기본으로 짜여 있다. 이 동시의 제목인 까막잡기는 술래가 된 사람의 눈을 가리고 다른 사람을 잡게 하는 어린이놀이이다. 장깸보는 가위바위보를 뜻한다. 가위바위보로 술래를 정하여 술래는 장님인 까막눈이 되는 것이다. 지역에 따라 '봉사놀이', '소경놀이', '판수놀이'라고도 하는데, 이러한 명칭은 수건으로 눈을 가리고 노는 데서 붙여진 것이다. 전국적으로 분포되어 있으며, 주로 달 밝은 밤에 여자 어린이들이 많이 한다. 서덕출은 본인은 꿈속에서나 할 수 있는 놀이를 소재로 '살작살작', '까불까불' 같은 의태어와 의성어를 사용하여 리듬감을 북돋우고 있다. '까불새'는 '까불이'의 방언이고, "쏘치기"는 "스치기"를 뜻한다.

6. 사랑과 희망의 메시지

신체적 장애로 인한 시련 속에서도 서덕출은 《어린이》지 뿐 아니라, 주요 일간신문과 《신소년》, 《새벗》, 《학생》 등 여러 잡지에 작품을 꾸

준히 발표했다. 그는 동시 외에도 동화, 작문, 콩트[10], 편지와 같은 다양한 장르의 글을 발표했다.

> 어디 보자 너 어머니/다려오너라/너 한 찰에 내 한 찰이/분하단 말가/너에게 맞고 있을/내가 아니다/너 어머니 다려오면/어쩔 터이냐?//주사댁 너 어머니/세도에 눌여/억울하게 너에게/마저란 말가/주사란 무엇인지/모르지만은/사람으론 너나 내나/마찬가지다
>
> – 「다 같은 사람」 전문

이 작품은 1933년 10월에 썼지만 미발표작이었다. 친구와 주먹을 주고받으며 싸우다 상대방이 '어머니를 데려오면 어쩔테냐'라고 반문하며 당당하게 맞서는 내용이다. 상대의 어머니는 세도를 부릴 위치에 있는 주사댁이지만, 사람은 평등하므로 결코 굴하지 않겠다는 의지가 담겨 있다. 서덕출은 이 작품을 통해 모든 사람은 평등하다는 주장을 천명하며 반계급주의적 사상을 드러내었다. 이는 프로문학에 앞장선 문우 신고송의 영향일 수도 있다. 1923년 천도교소년회는 어린이를 재래의 윤리적 경제적 압박으로부터 해방해 그들에 대한 완전한 인격적 예우를 허(許)하라고 주장했다. 이는 어린이 싸움에 어른이 개입하지 말라는, 요즘 말로 이른바 갑질을 해서는 안된다는 주장과 상통한다.

---

10 1930년 《학생》 3월호에 발표한 「돗단배」는 동화 혹은 콩트로 분류할 수 있는 작품이다. "장생포(長生浦) 포구(浦口) 모래밧 우에는 쌍둥이 남매(男妹)가 모래알을 헤이며 놀고 잇다. 그들은 멀니 동(東)쪽 수평선(水平線) 우흐로 돗단배가 지나가면 놀난 듯이 이러서서 "우리 어머니가 타고간 배이네" 하며 손고락질을 한다. -후략"

서덕출은 1927년 《신소년》에 「씨를 뿌리자」를 발표했다. 일본제국에 강점당해 수탈에 신음하는 조선에 씨를 뿌리자는 희망을 노래했다. 괭이와 호미로 황무지를 개간하여 씨를 뿌리자는 계도적 요소가 있는 시이다. 개간한 터전에 가시덩쿨로 울타리를 만들고 직접 씨를 뿌리자고 호소하고 있다.

> 씨를뿌리자 씨를뿌리자/묵고썩은 너른터전에/광이로쫏고 호미로매여서/씨를뿌리자 저 — 넓은/너른터전에 가시던풀로/울을막아 우리의손으로/씨를뿌리자/쑥덕씨앗은 다 서풍에날이고/싹나올씨앗만 가득히 뿌리자
>
> — 「씨를 뿌리자」 전문

일제강점기 조선총독부는 1912년 토지 조사령을 내려 한국의 토지를 약탈하기 시작하였다. 일제는 땅 주인들에게 정해진 기간 안에 소유한 토지를 신고하도록 했지만, 대다수 농민이 토지 소유권에 대한 법적 개념이 부족하여 신고하지 않았다. 게다가 절차가 까다롭고, 일제에 대한 반감으로 신고하지 않은 사람도 많았다. 이 과정에서 조선총독부는 신고되지 않은 토지를 모두 빼앗아, 이를 동양 척식회사나 일본인에게 헐값에 팔아넘겼다. 그 결과 일본인 소유의 토지가 크게 늘어났고, 한국인 농민의 권리는 약해졌다.

제1차 세계대전 중 일본에서는 공업화가 이루어져 많은 인구가 농촌을 떠나 도시로 이동하였다. 이 때문에 식량이 부족해진 일제는 모자란 쌀을 한국에서 채우려고 산미, 증식 계획을 세웠다. 한국의 밭을 논

으로 만들고, 종자를 개량하였으며, 벼농사에 필요한 물을 확보하기 위해 수리 시설을 만들었다. 수리시설을 만드는 비용은 대개 농민들이 떠맡았다. 산미 증식계획으로 쌀 생산량은 어느 정도 늘어났으나, 늘어난 양보다 일제가 가져가는 양이 더 많아 한국의 식량 사정이 악화되었다. 이런 시대 상황에서 쭉정이 씨앗은 버리고 알찬 씨앗만 가득 뿌려 부족한 식량을 증산하자고 계도한다. 하지만 이는 굶주림에 허덕이는 동포를 위한 계몽적 메시지이지 결코 일제의 식민정책에 협조하는 것은 아니었다.

Ⅲ. 나오는 말

서덕출은 울산이 낳은 불세출의 아동문학가이다. 서슬 퍼런 일제강점기에서 나라 잃은 민족에게 「봄편지」만큼 큰 희망을 준 노래가 어디에 있을까? 절망 속에 질곡의 역사를 살던 어린이들에게 「눈꽃송이」처럼 맑은 여운을 준 동요시가 또 어디에 있을까? 서덕출은 암울한 세상에 희망과 기쁨을 한아름 선물하고 요절한 천재 시인이다.

서덕출은 고통과 비애 속에서도 창작의 열정을 멈추지 않고, 《어린이》뿐 아니라, 당시대 주요 신문과 《신소년》, 《새벗》, 《학생》 등 여러 잡지에 동시 외에도 동화, 작문, 콩트, 편지와 같은 다양한 장르의 글을 발표했다.

서덕출은 32세가 되던 1938년 가을 무렵부터 척추의 신경통이 심해져 자리에 눕고 말았다. 그 후 타계할 때까지 대부분을 누워서 지냈다.

1940년 1월 12일, 그는 가족이 지켜보는 가운데 34세의 일기로 세상을 떠났다. 그의 몸은 불구였지만, 그의 문학은 결코 한의 정서에 머무르지 않았다. 희망적이고 긍정적 정서로 동심을 노래한 그의 동요시는 우리 동시문학사에 뚜렷한 자취를 남겼다.

『봄편지』는 유고집으로 그의 대표작 「봄편지」를 표제어로 삼았다. 1949년 시인 김장호[11]와 윤석중의 도움으로 그의 아우 서수인이 형이 남기고 간 공책에 있는 동시 70편 가운데 35편을 선정[12]하여 자유문화사에서 출판했다.

1968년 울산 학성공원에 〈봄편지 노래비〉가 세워졌다. 울산시 중구 문화원에서는 그의 시 정신을 기려 "서덕출 봄편지 노래비 백일장"을 매년 개최하고 있으며, 서덕출 창작동요제[13]도 열리고 있다. 2006년 탄생 100주년을 맞아 제1회 서덕출 문학제가 열렸고, 2007년에는 시인의 문학정신을 기리는 서덕출문학상[14]이 제정되었다. 또한 2012년 울산 중구에는 서덕출공원을 조성했고, 그 곳에 서덕출 전시관이 세워졌다.

---

11 김장호(金長好, 1929~1999) 호는 장호(章湖)이며 부산 출생. 1957년 시인으로 등단, 1980년 극작가로 등단, 1984년 문학평론가로 등단함. 동국대학교 교수를 지냈다.
12 「눈꽃송이」 등 주로 《어린이》를 통해 발표한 70여 편 중에서 선정했다.
13 울산시교육청과 울산MBC가 주최하고 있다.
14 울산신문이 주최한다.

동심의 꽃밭을 일군 목자(牧者) 시인
- 이태선 동요시론

Ⅰ. 시인의 생애

 이태선(李泰善)은 1915년 8월 19일 황해도 사리원 북리 296번지에서 부친 이명석과 모친 이명신 사이에 3남 1녀 중 장남으로 출생하였다. 1934년 황경화와 혼인하여 슬하에 3남 4녀[1]를 두었다.
 1938년 성경을 공부하는 평양 요한학교[2]에 입학하여 작곡가 박재훈

---

1 경희(장남), 천희(장녀), 주희(차녀), 사희(3녀), 성희(차남), 탄희(3남), 결희(4녀) 등이다.
2 1938년 미국인 선교사 Moore Zachariah가 평양에 교회 지도자 양성을 위해 설립한 성경학교이다. 미국 북감리회 선교사 존 무어 선교사(문요한, 1874~1963)는 평양에 거주하면서 관서 지방의 복음화를 위해 헌신하였다. 교육 선교사로서 활동하면서 160여 개 교회 및 30여 개 학교를 설립하였다. 평양 광성학교, 정의여학교 발전에 기여하였다. 1935년 평양여자성경학교 및 평양 요한학교를 설립하여 사역자를 양성하였다. 이 학교는 1944년 일제에 의해 폐교당할 때까지 백여 명의 목회자를 배출하였다. 교명을 요한신학교로 정했으나, 감리회에서 산하에 이미 다른 신학교가 존재한다는 이유로 반대하여 평양 요한학교로

[3], 장수철[4]을 만나 교우하며 함께 활발한 작품활동을 하게 되었다. 특히 박재훈은 그가 쓴 「여름냇가」, 「눈」, 「매미」 등을 작곡하여 이 노래가 국민동요의 반열에 오르게 하는 데 이바지했다.

이태선은 스물세살 때 《소년》[5] 독자투고란에 「우리 애기」(1938.8), 「집오리 한쌍」(1938.10), 「은실비」(1938.10), 「어떻거나요」(1940.8) 등을 발표했다.

1941년 4월 서울 감리교 신학교에 입학하여 1945년 3월 졸업하였다. 그해 4월 황해도 벽성군 이목면에 있는 이목감리교회 담임목사로

명명된 것이다. 이 학교를 통해 찬송가 및 동요 작곡자가 많이 배출되었다. 윤춘병(「어버이 은혜」 작사), 이태선(동요 작곡가), 이유선 (「부름받아 나선 이 몸」 작곡가) 장수철(「주는 나를 기르시는 목자여」 작곡), 구두회(「사철에 봄바람」 작곡), 박재훈(「어머니 은혜」 작곡) 등이 있다.

3 작곡가 박재훈(朴在勳1922-2021)은 동요 「시냇물」, 「어머니의 은혜」, 「다람쥐」, 「눈꽃송이」, 「봄」 등 100여 곡을 작곡한 목회자로 한양대 교수를 지내다 캐나다로 이주하여 토론토 큰빛교회 목사로 봉직하였다. 노환으로 미시사가 트릴리움 병원에서 서거했다.

4 작곡가 장수철(張壽哲, 1917-1966)은 「탄일종이 땡땡」, 「저 목자여」 등 찬송가와 동요를 많이 작곡하였다. 선명회어린이합창단을 창립 초대 지휘자가 되어 전 세계를 누비며 연주회를 하다가 49세의 젊은 나이로 타계한다. 지병인 당뇨와 간경화가 원인이었다.

5 《소년》은 조선일보사 출판부에서 발행한 월간 아동잡지로서, 1937년 4월부터 1940년 12월까지 총 45호가 발행되었다. 중도에 조선일보사 출판부가 조광사로 개편됨에 따라, 1940년 5월부터는 발행처가 조광사로 바뀌게 된다. 매호 80면 내외의 분량으로 편찬되었다. 주요 독자층은 10대의 초중등 학생이었던 것으로 판단된다. 아동문학가 윤석중이 초대 편집주간을 맡았으며, 1939년 7월호부터는 이석훈이, 1940년 11월호부터 종간호까지는 김영수가 편집을 담당했다. 《소년》은 동요, 동화, 소년소설, 아동극 등 아동문학 장르는 물론이고, 뉴스, 상식, 유머, 만화, 퀴즈 등 다양한 종류의 읽을거리를 독자의 연령, 성별을 고려하여 안배하였다. 장편동화나 탐정소설을 연재하여 독자의 흥미를 끄는 한편, '소년담화실', '독자사진첩', '독자현상공모'를 통해 독자들의 직접 참여를 유도하기도 했다. 특히 독자들의 투고작을 싣는 '소년작품란'은 많은 관심을 모았다.

파송되었다. 그는 동네에 배우고 싶어도 학교에 가지 못하는 젊은이가 많은 것을 보고 9월에 성광학교(聖光學校)라는 고등공민학교를 설립하여 글을 가르쳤다. 이후 북한에서 공산정권의 박해가 시작되자 1947년 5월 삼팔선을 넘어 월남[6]하게 된다.

 1947년 5월부터 경기도 이천에 있는 양정여학교[7] 교목으로 부임했다. 1948년 3월에는 감리교 연회에서 안수를 받은 후 정식 목사가 되어 목회에 전념한다. 1949년에는 수원 삼일 중학교와 매향 여자중학교[8] 교목으로 재직했다. 1950년 4월에는 온양온천감리교회 목사로 부임했다. 두달 후 6·25 전쟁이 일어나자 많은 피난민이 온양온천으로 몰려들었다. 이태선은 젊은이들이 학교를 못가고 거리를 방황하는 것을 보고 교회에 성광공민학교를 세우고 학생들을 가르쳤다. 학생 수가 200

---

6 1947년 5월 어느 날 밤에 아버지께서 집에 오시지를 않았습니다. 그런데 한밤중에 누가 문을 두드렸습니다. 그리고는 내무서원(북한의 경찰관) 몇 명이 들어와서 아버지를 찾는 것이었습니다. 후에 알았지만 아버지께서 젊은이 교육을 하시는 것이 문제가 되어서 숙청이 결정되고 체포 명령이 내려졌다고 합니다. 그런데 교인 중에 내무서에 통하는 분이 있어서 이를 바로 교회에 계시는 아버지께 연락을 드리고는 그 즉시 남쪽으로 월남해 가도록 하셨다고 합니다. 그리고 1947년 같은 해 8월에 할머니의 인도를 받아 어머니와 저, 동생 둘 그리고 삼촌 한 분이 예성강과 개성 쪽으로 월남하여 아버지를 만날 수가 있었습니다.(장남 이경희의 증언)
7 1942년 7월 김동옥(金東玉) 목사가 극빈 아동을 위한 초등교육을 목적으로 욱학원(旭學院이천양정여학교)으로 설립하였다. 오늘날 양정여자고등학교의 전신이다.
8 학교법인 매향학원은 수원시 팔달구 매향동에 위치하고 있는 매향중학교와 매향정보고등학교를 말한다. 이 학교의 전신은 삼일소학당(삼일여학당)인데, 1926년 삼일여자보통학교로 개명되었다. 이 때 국민동요「오빠 생각」을 발표한 최순애가 이 학교에 다녔다. 삼일여자보통학교는 1938년 일본총독부의 강요로 매향여자심상소학교로, 2010년 3월 1일부터는 매향중학교로 개명되어 오늘에 이른다.

여 명이 되는 이 학교는 후에 삼화중학교[9]로 인가를 받아 지금까지 이어져오고 있다. 그 후 여러 교회를 거치며 43년 동안 목회에 전념한다.

이태선은 1955년 3월 서산 제일 감리교회 담임목사겸 호서지방(서산 태안 당진 합덕지역) 감리사[10]로 파송받는다. 이 교회에는 어린이들이 많았고 또 웨슬리[11] 구락부라는 모임이 있었다. 이 모임은 그 당시 학교에 못 가던 젊은이들을 모아 가르치는 일종의 공민학교였다. 그 무렵 이태선은 황광은[12]이 주도한 해바라기회[13]에 가입하여 활동했다. 이 모임은 기독교 신앙을 바탕으로 안성진[14], 이봉구, 최영일, 유영희, 이태선, 최효섭 등이 참여한 아동문학가들의 모임이었다. 이 모임은 지금까지 기독교 어린이 교육을 위해 많은 일을 해 오고 있다.

이태선은 1959년 3월 충북 충주 제일 교회 목사로 부임했고, 1961년 3월부터는 수원 종로교회에 시무했다. 이후 여러 교회에 시무[15]하다

---

9 삼화중학교로 이어지다 현재는 온양한올고등학교가 되었다.
10 그 지역의 모든 감리교회를 이끌어가는 인도자.
11 존 웨슬리(John Wesley, 1703~1791)는 영국 개신교계에서 감리교 운동을 시작한 인물로, 영국과 미국의 감리교 창시자이다.
12 그는 새문안교회 부목사로 재직하는 동안 크리스찬 신문을 창간하고 어린이잡지《새벗》편집장,《기독교교육》주간, 1966년부터 3년간 기독교교육협회 간사를 역임하며 출판과 강연으로 기독교문화 창달에 앞장섰다. 황 목사가 남긴 작품은「날아가는 새 구두」,「노래하는 섬」,「호르라기 부는 소년」,「춤추는 열두 공주」,「숲 속의 할머니」등이 있다.
13 1957년 황광은이 주도해 '빛을 따른다'는 의미를 담아 어린이들을 사랑하고 문학을 이해하는 교계인사들과 만든 단체이다. 1년에 작품 한 편 이상씩 발표하기로 했고, 해바라기회 이름으로 동화집 한 권씩을 내기로 했다.
14 안성진(1917~2002) 평남 중화 출생. 해방후 월남하여 대구대, 총신대를 졸업하고 목사 안수를 받았다. 기독교아동문화사를 설립하여 아동도서를 출판하다 미국으로 이민했다.
15 그는 1954년 온양시 온천감리교회, 1957년 서산 제일 감리교회, 1968년 수원 종로 감리교회, 1975년 수원 제일 감리교회를 건축했다.

1987년 3월 43년간의 목회를 마치고 정년 퇴임했다. 은퇴 후에는 한국 어린이선교원신학교에서 어린이교육과 어린이 심리학을 강의하는 객원교수로 활동하였다. 1988년에는 미국 시카고로 이민하여 시카고 기러기 문인회를 창립하여 이끌기도 했다.

이태선은 2003년 3월 26일 오후 수원 아주대학병원에서 87세를 일기로 소천했다. 그는 경기도 이천시 마장면 선영에서 영면하고 있다.

Ⅱ. 이태선의 작품 세계

1. 《소년》에 발표한 초기 작품

우리우리 애기는요/달랑달랑예요/밥을 먹곤 달랑달랑/나가놀다간/아무 때나 달랑달랑/들어와서는/밥달라고 졸라대는/달랑방울예요
- 「우리 애기」 전문, 《소년》, 1938. 8)

귀여운 아가의 모습을 잘 그린 동요시이다. '달랑달랑'은 작은 방울이나 매달린 물체 따위가 자꾸 가볍게 흔들릴 때 나는 소리를 나타내는 말이다. 일의 형편을 헤아리지 못하고 조심성 없이 자꾸 가볍게 행동하는 모양을 나타내는 말이기도 하다. 이 동요시에서는 소리를 나타내는 말이기보다 모양을 나타내는 말로 쓰이고 있다. 아가들은 방울처럼 가볍게 잘 돌아다니며 아무 때나 들랑날랑하는 습성이 있다. 시도 때도 없이 아무 데나 들랑거리며 노는 아가들의 특징을 '달랑방울'에 비유하

고 있다. 소재의 특징을 잘 잡아내야 좋은 시임을 알려주는 글이다.

> 물 우에 동-동/머리들은 물속에 숨-뽁/요리 동-동/조리 동-동/하-얀 배한쌍/물 우에 동-동
> 　　　　　　　　　　　　　　- 「집오리 한쌍」 전문, (《소년》, 1938.10)

오리를 물 위에 떠 있는 하얀 배에 비유하고 있다. 이 시에 등장하는 오리들은 암수 한 쌍이어서 더 정답다. '숨뽁'은 '함빡'의 방언이다. '함빡'은 물이나 빛, 분위기 따위에 푹 젖은 모양을 나타내는 말이다. 두 마리 오리가 자맥질하느라 머리를 물속에 함빡 담그는 모습을 그리고 있다. 물위에 배처럼 떠다니는 오리의 모습을 '동동'이라는 짓시늉말로 리듬감 있게 그린 동요시이다.

> 은실비 사물사물/내려옵니다./우리 우리 꽃밭에/내려옵니다.//은실비 사물사물/내려와선요/은구슬 조리조리/달아놓지요.
> 　　　　　　　　　　　　　　- 「은실비」 전문, (《소년》, 1938.10)

'은실비'는 은실을 드리운 듯이 내리는 비라는 뜻으로, 가늘고 흰 비를 비유적으로 이르는 말이다. '사물사물'이란 살갗에 작은 벌레 따위가 기어가는 것처럼 간질간질한 느낌을 나타내는 시늉말이다. 이 시는 조금씩 가늘게 내리는 '가랑비'나, 조용히 가늘고 성기게 내리는 '보슬비'가 오는 모습을 그림 그리듯 나타냈다. 은실 비가 꽃밭에 내려와 꽃잎에 은구슬 같은 빗방울을 달아놓은 모습을 시각적으로 나타낸 것이다.

이 동요시는 리듬감을 살리기 위해서 '사물사물', '우리 우리', '조리조리' 같이 반복적인 말을 살려 쓰고 있다.

> 언니 언니 내 말좀/들어보라요/방싯방싯 웃는꽃/꺽지 말라요/팔랑팔랑 나븨들/꿀따라 왔다/울며울며 돌아가면/어떻거나요//언니 언니 산새말/들어보아요/지지배배 쉬잖고/지저귀는 말/곱게곱게 피는꽃/꺽은 사람은/아여아여 이 산에는/오지 말래요
>
> —「어떻거나요」전문, (《소년》, 1940. 8)

황해도 평안도 지역에서 쓰는 서북방언에서는 명령법 '-(으)라우'는 '-으라구'에서 ㄱ이 탈락한 형태이며 부드러운 표현이다. '-(으)라요'는 '-(으)라우'에 '-요'가 결합한 후 줄어든 것으로 '-(으)라고요'라는 뜻을 지닌다. 이태선이 살던 사리원의 방언인 '보라요' '말라요' 등 부드러운 명령 어미를 사용하고 있다. 이 동요시에서도 '언니 언니', '방싯방싯', '팔랑팔랑', '울며울며', '지지배배', '곱게곱게', '아여아여' 등 되풀이되는 말을 살려 음수율을 맞추고 있다. '아여아여'에서 '아여'는 '아예'의 사투리로 '어떤 일과 행동을 하기 전에 처음부터'라는 뜻을 가지고 있다. 이 작품은 나비와 산새 등을 끌어와 '꽃을 꺾지 말라'는 계몽적 메시지를 담고 있다.

2. 국민 동요가 된 작품들

이태선이 쓴 동요시는 박재훈에 의해 작곡되어 세상에 널리 회자되

었다. '펄펄 눈이 옵니다'로 시작하는 「눈」, '시냇물은 졸졸졸졸'로 시작하는 「여름 냇가」, '숲속의 매미가 노래를 하면'으로 시작하는 「매미」 등은 초등학교 음악 교과서에 실리며 유명한 동요가 되었다.

이태선과 박재훈은 평양 요한학교에서 만나 공부하며 친한 사이가 되었다. 박재훈은 보통학교를 마치고 가정 형편이 어려워 상급학교 진학하지 못하고 농사일을 도우며 3년간 학교 소사(小使)로 일했다. 그는 평양에서 목회하던 큰형 박재봉의 도움으로 평양 요한학교에 입학한다. 이 때 일곱살 위인 이태선은 스물셋이어서 박재훈은 그를 형처럼 대했다.

박재훈은 강서군 소학교에서 교사를 하다 해방을 맞았다. 그런데 막상 아이들에게 가르칠 우리 동요가 없었다. 박재훈은 《아이생활》에 발표된 동요시와 이태선에게 부탁하여 받은 동요시들을 동요로 만들었다. 이 때 탄생한 동요로 「눈」, 「여름 냇가」 등이었다.

> 펄펄 눈이 옵니다/바람 타고 눈이 옵니다/하늘나라 선녀님들이/송이송이 하얀 솜을/자꾸 자꾸 뿌려줍니다/자꾸 자꾸 뿌려줍니다//펄펄 눈이 옵니다/바람 타고 눈이 옵니다/하늘나라 선녀님들이/하얀 가루 떡가루를/자꾸 자꾸 뿌려줍니다/자꾸 자꾸 뿌려줍니다
>
> - 「눈」 전문

선녀(仙女)는 선경에 사는 여자 신선을 말한다. 선녀가 사는 곳은 하늘나라이다. 작사 작곡자 모두 목회자이므로 선녀는 천사를 에둘러 표현한 것이다. 펄펄 내리는 하얀 눈은 선녀들이 뿌려주는 하얀 솜이고

떡가루인 것이다. 선녀들이 추운 겨울을 이겨내라고 솜이불을 내려주는 것이다. 배고픈 이들에게 맘껏 먹으라고 하얀 떡가루를 자꾸자꾸 뿌려주는 것이다. 이 동요시에서 눈은 하늘나라에서 내려주는 은혜로운 선물로 표현하고 있다.

> 시냇물은 졸졸졸/고기들은 왔다 갔다/버들가지 한들한들/꾀꼬리는 꾀꼴 꾀꼴//금빛옷을 차려입고/여름아씨 마중 왔다/곱게곱게 차려입고/시냇가에 빨래 왔다
>
> -「여름냇가」전문

꾀꼬리는 여름 철새이다. 흔히 맑고 고운 울음소리의 대명사로 불리며 특유의 샛노란 깃털이 유명하다. 따라서 한자로 황조(黃鳥)라고도 한다. 삼국사기에 편편황조(翩翩黃鳥, 펄펄 나는 꾀꼬리)로 시작하는 고구려 유리왕의 한시 황조가가 전해진다.

졸졸졸 맑은 물이 흐르는 시내에는 고기들이 떼 지어 놀고, 시냇가 버드나무 가지에는 꾀꼬리가 노래하는 한가로운 목가적 풍경을 노래했다. 2연은 금빛 옷을 차려입은 주체가 꾀꼬리인지 빨래하러 온 아씨인지 분명하지 않다. 빨래하러 왔다는 표현으로 보아 마을에 사는 아씨로 보는 게 합리적이다.

> 숲속의 매미가 노래를 하면/파란 저 하늘이 더 파래지고/과수 밭 열매가 절로 익는다/과수 밭 열매가 절로 익는다//숲속의 매미가 노래를 하면/찬 이슬 아침마다 흠뻑 내리고/가을이 저만큼 다가온다죠/가을이

저만큼 다가온다죠

- 「매미」 전문

「매미」의 내용은 단순 명쾌하다. 여름을 상징하는 낱말 중에서도 매미 소리가 으뜸이다. 이 동요시가 사랑받을 수 있는 까닭은 매미가 우는 것이 아니라 '노래를 하'기 때문이다. 매미가 노래를 하면 하늘은 더 파래지고, 아침에는 찬 이슬이 흠뻑 내리는 것이다. 이 동요시에 등장하는 매미는 가을을 부르는 늦여름 매미이다. 절기상으로는 백로(白露)가 들어있는 9월 초에 해당된다.

숲속에서 매미들이 마지막 여름을 노래하면, 가을이 가까워진 계절의 하늘은 더 파래진다. 하늘이 파랗다는 것은 날씨가 맑고 햇살이 눈부시다는 뜻이다. 파란 하늘 눈 부신 햇살 덕분에 사과, 배, 포도 같은 과수원 열매들이 단내를 품으며 익어 가는 것이다. 늦여름 매미가 노래하면 아침마다 이슬이 흠뻑내리며 가을이 다가온다. 이 동요시에 등장하는 매미는 가을을 불러오는 전령사인 셈이다.

3. 꽃과 별과 눈의 서정미

까만 꽃씨에서/파란 싹이 나오고//파란 싹이 자라/빨간 꽃이 되고//빨간 꽃 속에서/까만 씨가 나오고.

- 「꽃씨」 전문

이 동요시의 순환구조는 "까만 씨 → 파란 싹 → 빨간 꽃 → 까만 씨"

로 이어진다. 최계락의 작품 중에 「꽃씨」[16]라는 동시가 있다. 꽃씨를 보며, "파아란 잎이 하늘거리고, 빠알가니 꽃도 피어 있고, 노오란 나비 떼가 숨어 있다"라고 노래한 것이다. 이태선의 「꽃씨」 속에도 '파란 싹'이 들어 있고, '빨간 꽃'이 들어 있다. 꽃이 핀 자리에는 반드시 열매가 맺히고 씨앗이 나온다는 자연의 섭리를 강조하고 있다. 싹은 대부분 연둣빛 파란색이지만, 꽃은 그 색깔이 다양하다. 흰색, 분홍색, 보라색, 노란색, 검정색도 있지만 꽃을 대표하는 색은 빨간색이다. 씨앗도 흰색, 노란색, 갈색, 까만색 등 다양하지만, 역시 씨앗을 대표하는 색은 까만색인 것이다. 이처럼 이태선의 동시에서는 문학적 기교보다는 순환적 구조에 따르는 신의 섭리를 앞세우고 있다.

> 담 밑에 앉아서 쳐다보면/별도 뵈고 꽃도 뵈고/수많은 별들은 하늘의 꽃/꽃들은 이 땅의 별/꽃들이 예뻐서 별들은 안 자요/별들이 예뻐서 꽃들도 안 자요/초승달이 넘어가네/밤새들도 잠들었네
>
> – 「별과 꽃」[17] 전문

시 전체가 동심의 향기로 가득하다. 초승달이 뜬 초저녁 담장 밑에 앉아 하늘을 쳐다본다. 오래 보기 위해 서서 보지 않고 앉아 보는 것이다. 담 밑에 앉아서 보는 꽃은 담장 위에 핀 호박꽃이나 지붕 위에 핀 박꽃일 수 있다. 아니면 키 큰 해바라기일 수도 있고, 키 작은 분꽃이나

---

[16] 1959년에 예문관에서 간행한 동시집 『꽃씨』의 표제시이다.
[17] 작곡가 이성동은 이 동요시에 곡을 붙여 1993년 MBC 창작 동요제에서 은상을 받는다.

봉숭아, 채송화일 수도 있다. 밤하늘에 가득한 별을 보고 하늘의 꽃으로 표현했으니 하늘은 별꽃밭인 것이다. '별은 하늘의 꽃이고, 꽃은 이 땅의 별'이라고 한 표현보다 더 압권은 별들은 꽃들이 예뻐서 잠을 안 자고, 꽃들은 별들이 예뻐서 잠을 안 잔다는 구절이다. 초승달이 아닌 보름달이 떴다면 별들이 또렷이 안보였을 것이다. 초승달이 지자 별구경을 하던 새들도 잠이 들었다. 세상의 별이 되고 싶어 하는 희망의 메시지가 담겨 있는 동요시이다.

> 우리집 울안은/오동꽃 향기/뒤뜰 앞뜰 향기로/덮여 있어요/꽃 모양은 그다지/아니 예뻐도/좋은 향기 온 동네에/넘치고 넘쳐/아침부터 맑은 날/일기가 좋아/꿀벌들 꿀나비들/줄을 지어서/"왕왕왕, 붕붕붕"/분주 하구요/사람들의 발걸음도/멈춰줍니다.
>
> -「오동꽃 향기」 전문

보라색 꽃들은 대개 향기가 진하다. 수수꽃다리, 등꽃, 오동꽃이 그러하다. 시속 화자는 오동꽃의 '꽃 모양이 그다지 아니 예쁘'다고 했지만, 자세히 보면 아름다운 꽃이다. 봄의 끝자락인 5월 말경 가지 끝에 원뿔 모양의 꽃대를 내밀고 손가락 길이만 한 종 모양의 통꽃이 연보라색으로 핀다. 꽃 통의 끝은 다섯 개로 갈라지며 향기가 진하다. 오동나무는 키가 커서 오동꽃이 피면 그 향기가 온 동네에 넘치기 마련이다. 오동꽃 향기가 벌나비를 불러 모으고, 마을 사람들의 발걸음까지 멈추게 만드는 내용을 담고 있다. 오동나무는 가볍고 연하여 가공하기 쉬우며, 무늬가 아름답고 잘 뒤틀어지지 않는다. 습기에도 강하며 불에 잘

타지 않는 성질까지 있다. 그래서 가야금, 거문고 같은 악기 재료와 장롱 재료로 많이 쓰였다. 이처럼 전통적으로 우리 생활과 친숙한 오동나무를 칭송하고 있다.

꽃가지에 내리는/가는 비 소리/가만히 기울이고/들어보세요./너희들도 이 꽃처럼/맘이 고와라./너희들도 이 꽃처럼/맘이 고와라.
- 「꽃가지에 내리는」 전문

나뭇가지에 내리는 빗소리는 아름답다. 잎이 돋지 않은 나뭇가지에 내리는 비는 새잎을 움트게 하려고 여리게 내린다. 꽃가지에 내리는 비도 마찬가지이다. 아름답고 향기로운 꽃이 가득한 꽃가지에 내리는 비 또한 여릴 수밖에 없다. 그래서 가는 빗소리라고 표현했다. 거칠게 내리면 꽃가지가 아플까 봐, 꽃가지가 다칠까봐 여리게 내리는 봄비, 그래서 봄비는 보슬비이고 이슬비 같은 여린 비이다. 이태선은 어린이들을 예찬한다. 너희들도 이 꽃처럼 마음이 곱다고. 어린이들도 꽃가지처럼 예쁘고 소중한 존재이기 때문에 마음씨가 고와야 한다고 격려하는 뜻도 담겨 있다.

함박눈이 펑펑 내려옵니다/지붕에도 길가에도 넓은 뜰에도/더러웠던 빈 들을 덮어버리고/삽시간에 은세계가 되었읍니다.//아이들은 왕-왕 소리 지르며/눈이 많이 내려와 기뻐합니다/눈사람을 만들며 눈싸움 하며/아이들의 세계가 되었읍니다.//까마귀들 까욱까욱 나무에 앉아/눈세계를 내려보며 슬피웁니다/아침 먹이 모이를 덮어버려서/배가 배가

고파서 못살겠다고.

-「함박눈이 펑펑」 전문

  함박눈이 펑펑 쏟아져 온 세상이 은세계로 변한 풍경을 노래한 시이다. 눈이 많이 내리면 눈싸움도 하고 눈사람을 만들 수 있기에 아이들이 기뻐한다. 어린이들이 좋아하는 것과 대조적으로 까마귀는 까욱까욱 슬피 울고 있다. 눈이 먹이를 덮는 바람에 먹을 것이 없어 배가 고파 우는 것이다. 이 동요시에 까마귀를 등장시킨 것은 흑과 백의 대조를 통해 이미지를 극대화하기 위한 포석이다. 눈에 덮인 하얀 세상에 나무에 앉아 우는 검은 까마귀는 대조적일 수밖에 없다.

  아침부터 저녁까지 보슬비가요/끊이지 않고 보슬보슬 내려옵니다/인제는 봄인가 생각했더니/밤을 지나 아침엔 눈이 내려요.//아침부터 내리는 하얀 눈은요/하루종일 끊이지 않고 그냥 내려요/살구나무 가지에 참새들은요/그만 오라 쨱쨱쨱 걱정합니다.//봄 눈이 많이 많이 내려오는 건/풍년이 든다는 표적이라고/할아버진 두 손을 흔드시면서/어서 어서 쉬지 않고 많이 오래요.

-「봄눈」 전문

  이태선은 동요시의 7·5조(8·5조)의 정형율을 지나치게 고수하고 있다. '보슬비가요', '하얀 눈은요', '참새들은요'처럼 글자수를 맞추기 위해 외형율에 치우쳐 내재율의 맛을 느낄 수 없다. 너무 정형율의 틀에 매이다 보면 옥죄임의 답답함마저 느끼게 된다.「봄눈」은 아침부터 오던 보슬비가 밤을 지나 눈으로 바뀌어 종일 내리는 풍경을 노래하고 있다. 눈이 많이 내리자 참새들은 먹이를 찾지 못할까봐 그만 오라고 걱정을 한다. 이에 비해 할아버지는 봄눈이 많이 내려야 풍년이 든다고 오히려 반긴다. 매사 자신의 입장에 따라 견해가 다를 수 있다는 메시지가 담겨 있다.

4. 희망과 소망을 노래한 동요시

> 어항 속의 금붕어야 말 물어보자/너희들의 그리운 꿈은 무어냐/이 좁은 어항을 속히 벗어나/저 넓고 깊은 곳 자유의 바다//새장 안의 종달새야 말 물어보자/너희들의 그리운 꿈은 무어냐/자유로 날개 치는 푸른 별나라//이 좁은 철장을 어서 벗어나/방 안의 장미꽃아 말 물어보자/너희들의 그리운 꿈은 무어냐/벌나비들 사이좋게 춤추며 노는/봄볕이 만져주는 포근한 언덕
>
> －「꿈은 무어냐」 전문

이 동요시의 주제는 자유의 소중함이다. 시적 화자는 어항 속 금붕어, 새장 안의 종달새, 방 안의 장미꽃에게 '그리운 꿈이 무어냐'고 묻는다. 금붕어가 꿈꾸는 곳을 '자유의 바다'라고 한 것은 오류인 듯하다. 민물고기인 금붕어가 가고 싶은 것은 바다가 아니라 연못이나 호수여야 한다. 새장 안의 종달새가 향하고 싶은 곳은 푸른 별나라로 지칭했다. 종달새가 현실적으로 추구해야 할 곳은 별나라가 아니라 거침없는 창공이다. 여기서 말하는 '자유의 바다'나 '푸른 별나라'는 현실적인 이상

향이 아니라 상징적인 유토피아인 것이다. 방안에 갇혀 있는 장미 역시 '봄볕이 만져주는 포근한 언덕'을 그리워하고 있다. '벌나비 떼 춤추며 노는 포근한 언덕' 역시 장미가 살고 싶어 하는 이상향인 것이다.

> 하얀 눈이 세상을 덮어 있는데/소나무는 더욱더욱 파랗습니다/엄마 엄마 나도 나도 차거운 세상/솔처럼 싱싱하게 되고 싶어요.//어두운 밤이 되면 높은 하늘에/파란별이 반짝반짝 빛이 납니다/엄마 엄마 나도 정말 밤같은 세상/보석같이 빛난 별이 되고 싶어요.//가을이면 산과 들의 황금 열매가/여기저기 주렁주렁 열려 있지요/엄마 엄마 나도 정말 어른이 되어/착한 열매 많이 많이 열고 싶어요.
> 　　　　　　　　　　　　　　　　　－「되고 싶어요」 전문

　이태선이 쓴 동요시에는 상대적으로 눈 내리는 장면이 많이 포착된다. 1연에서는 눈이 온 세상을 덮어도 씩씩한 기상으로 서 있는 소나무의 푸른 기상을 노래하고 있다. 2연에서는 어두운 밤일수록 높은 하늘에서 반짝반짝 빛나는 별의 위상을 노래하고 있다. 3연에서는 가을이 되면 산과 들에 주렁주렁 열리는 황금 열매의 풍요로움을 예찬하고 있다. 시적 화자는 추운 세상에서도 더욱 싱싱해 보이는 소나무가 되고 싶고, 어두움 속에서도 보석같이 빛나는 별이 되고 싶고, 어른이 되면 많은 열매를 맺는 과일나무가 되고 싶다고 소망한다. 엄마에게 전하는 아들의 장래 희망인 셈이다.

> 팔달산은 별명이/진달래꽃산/봄이 오면 진달래로/꽉 덮혀요/멀리서

바라보면/분홍 구름이/뭉게뭉게 산허리를/돌고 있어요.//나는 나는 한 복판에/꽃속에 묻혀/이렇게 두손 쥐고/결심했어요/"나도 나도 꽃이 되어/우리나라를/빛내고 향기롭게 꾸며 줄테야."

-「나는 꽃이 되어」 전문

진달래가 많이 피는 팔달산(八達山, 해발 146M)은 경기도 수원시에 있는 산으로 옛 이름은 탑산이다. 이성계가 조선을 개국하고 탑산에 은거해 있는데 고려말 3학사 중 한 사람이 조정에 내려올 것을 누차 권고했으나 끝내 내려오지 않았다. 그래서 화공을 시켜 탑산을 그려오라 했다고 한다. 그림을 본 이태조는 "역시 아름답고 사통팔달한 산"이라고 하며 산 이름을 팔달산이라 명명하였다. 팔달산에 오르면 수원을 한눈에 볼 수 있고 수원성곽이 고스런히 보존되어 있다. 이태선은 1972년 수원 제일감리교회를 개척해 감리교단의 중견교회로 성장시켰는데, 교회가 팔달산과 가까운 곳에 있다. 2연에는 시의 주제가 너무 드러나 있다.

우리 집 울안에/느티나무가/봄이 봄이 되었다고/퍼래졌어요./아빠하고 나하고는/새집을 지어/느티나무 한 복판에/걸어줬지요/이튿날 아침 일찍/나가봤더니/이름모를 새 하나/새집에 앉아/"쪼올쪼올"고맙다고/인사를 해요/너무 예뻐 매일매일/모이를 줘요

-「새집」 전문

8·5조의 운율을 지키기 위해 '봄이'를 반복했다. 생태환경을 사랑하

고, 자연과 하나 되어 살아가는 모습이 잘 나타나 있다. 집 안에는 보통 감, 대추, 자두, 살구 같은 과일나무를 들인다. 그런데 화자의 집 울안에는 더위에 그늘을 만들어 주고 온갖 새들의 쉼터가 되어주는 느티나무가 자리 잡고 있다. 화자가 아빠와 만들어 달아준 새집에는 이름 모를 새 한 마리가 찾아와 고맙다고 인사를 한다는 내용이다. 화자는 그 새가 너무 예뻐 날마다 모이를 준다고 했다. "쪼올쪼올"이란 의성의가 진부함에서 벗어나 새로운 맛을 준다.

   5. 지은이가 잘못 알려진 「가을밤」

  '이태선'하면 떠오르는 유명한 동요 중에 「가을밤」이 있다. 이 동요시는 가을밤에 혼자여서 외롭고 쓸쓸한 화자가 마루 끝에 나와 앉아서 별과 달을 쳐다보는 내용이다. 동요시 속 화자는 구슬피 우는 풀벌레 소리를 들으며 엄마 품을 그리워 한다. 2연에서도 기러기 울음소리를 들으며 멀리 떠난 누나가 그리워 눈물지으며 달만 바라본다. 하염없이 애달픈 가을밤의 정서이다. 그런데 이 작품은 이태선의 작품이 아니므로 바로잡아야 한다.

>   가을밤 외로운밤 버레우는밤/도갓집 뒷산길이 어두어질ㅅ대/엄마품이 그리워 눈물나오면/마루ㅅ긋에 나와안저 별만헵니다./가을밤 고요한 밤 잠 안오는밤/기럭이 우름소래 높고나즐ㅅ대/누나정이 그리워 눈물나오면/마루ㅅ긋해 나와 안저 달만봅니다.
>   - 「가을밤」 전문

「가을밤」은 1929년 11월 6일 자 조선일보에 이정구(李貞求)의 작품
[18]으로 실려 있다. 이정구는 1911년 원산에서 태어나 중학교를 마치고
일본으로 건너가 대학 공부를 한 후 귀국하여 평북지방에서 교원 생활
을 했다. 1927년부터 《조선일보》에 「지렁이」, 「아가씨의 밤」, 「까마귀」,
「눈오시는 날」 등의 동시와 「촌락의 밤」, 「옛설음」, 「이 몸과 눈물」, 「푸
른 마음」 등의 시를 투고 발표하였다. 1929년 1월 《조선일보》 현상문예
동시 부문에 「삶의 광(光)」이 가작 입선하고, 이듬해인 1930년 1월에는
시 부문에 「내 어머님」이 당선되어 정식으로 문단에 등단했다.

그는 100여 편의 서정시와 동요, 동시, 그리고 평론을 썼다. 해방 후
에도 북한에서 활동하며 6·25 전쟁 중에는 종군시인으로 활동하면서
「그이는 우리의 수령이시다」(1951) 등을 썼다. 전후 복구기에는 항일혁
명투쟁을 주제로 「5호 물동에서」(1959) 등을, 사회주의 건설의 현실을
소재로 「먼 훗날 우리는 이야기하리」(1957) 등[19]을 발표했다. 그 때문에
이정구의 이름을 쓰지 못하고 이태선의 이름이 오르게 된 것이다.

Ⅲ. 나오는 말

이태선의 대표 동요 「눈」, 「여름 냇가」, 「매미」 등은 모두 유치원 아동

---

18 1929년 12월 7일자 동아일보에도 같은 글이 실려 있다.
19 김일성을 찬양하는 작품들을 많이 발표하다 1976년 7월 27일 원산에서 사망했다. 권
영민, 『한국현대문학대사전』, 2004.

이나 초등학교 저학년 어린이들의 기호에 맞는 노래이다. 이태선은 평생 마음속에 동심을 안고, 동심의 꽃밭을 일구고 살았다. 동심은 연령이 어릴수록 그 심연이 강하다. 유년의 어린이들이 더 진한 동심을 소유하게 되는 것이다. 마태복음 18장에도 "어린아이와 같지 않으면 천국에 들어갈 수 없다!"라고 했다. 이 어린이는 순심을 가진 유년의 어린이를 일컫는다.

이태선은 선천적으로 하얀 눈을 좋아하고 꽃을 좋아하고, 아이들을 좋아한다. 눈은 깨끗하기 때문이고, 꽃은 아름답기 때문이며, 어린이는 순진하기 때문이다. 그는 아이들을 모아 동화를 들려주고, 동요를 가르치고, 하모니카, 오르간, 바이올린 같은 악기 연주를 들려주는 것을 좋아했다. 아이들은 그를 '하모니카 할아버지'라고 부르기도 했다.

이태선은 1955년 3월부터 1959년 2월까지 서산 제일감리교회에서 4년간 목회 활동을 했다. 이 교회에서는 이태선(19대 담임 목사)과 그의 후임 목회자였던 윤춘병(21대 담임 목사) 시인을 기려 2014년부터 "전국 이태선 윤춘병 어린이 예술제"[20]를 개최하고, 2023년 2월에는 "이태선 윤춘병[21] 학술 세미나"도 열었다. 그와 함께 어린이 문학관을 건립하여 두 시인 목사를 영원히 기릴 계획으로 있다. 그의 고향은 황해도 사리원이지만 제2의 고향은 충청도 서산 갯마을임이 틀림없다.

---

20 이 예술제에서는 동요 부르기, 글짓기, 그림 그리기, 음악회 등을 통해 어린이들의 정서를 키우기 위한 일을 하고 있다.
21 윤춘병(尹春炳 1918-2010)「어머님 은혜」,「가을맞이」등의 동요시를 쓴 문인 목사이다.

연하고질(煙霞痼疾)과 천석고황(泉石膏肓)의 시인
- 이희철 동시론

Ⅰ. 들어가는 말

흰모래[1] 이희철(李熙澈)은 1922년 3월 5일(음 2월 7일) 강원도 철원군 동송면 관우리 573번지에서 부 이석형(李錫瀅)과 모 신숙부(申淑婦) 사이 5남 중 3남으로 태어났다. 그 해에 충남 예산군 봉산면 구암리 194번지[2]로 이주했다. 1926년 사종숙(10촌) 이석범과 신숙교의 슬하로 입양되었다.

1929년 예산고덕초등학교 입학하여 1935년 졸업 후 마을의 안참봉

---

[1] 처음에는 월정(月亭), 백사(白沙), 구봉(龜峰)을 아호로 사용했다. 월정은 조선 태종 때 정치가 유정현(柳廷顯)의 호이고, 백사는 세조 때 정치가 이항복(李恒福)의 호이며, 구봉은 선조 때 문장가 송익필(宋翼弼)의 호임을 알고, 백사를 한글로 번역한 흰모래를 즐겨 사용하였다.
[2] 집 뒤에는 산이 있고, 앞으로는 구암천이 흐르는 전형적인 농촌마을이다.

과 외조부 신숙권 (申淑權)에게 한학과 당시(唐詩)를 배웠다. 이듬해 청양군산농업실수학교(實修學校)1년 과정에 입학하여 1937년 졸업하였다. 1938년 두 살 위인 이성헌(李聖憲)의 딸 이계삼(李啓三)과 결혼 후 1940년 진외당숙(아버지의 외사촌) 고암(顧庵) 이응로(李應魯) 화백의 주선으로 그림 공부를 위해 동경 유학길에 오른다. 1941년 동경 메지로(目白)상업고등학교에 입학하여 요미우리신문사가 주최한 문학작품 공모[3]에서 산문「초동의 계절」이 입선했다. 1944년 메지로상업고등학교 4학년 때 태평양전쟁이 일어나자 징용을 피해 귀국하여 사종숙 이석영(李錫英)의 주선으로 덕산초등학교 훈도로 부임하였다.

1945년 3종 교원시험에 합격하여 덕산초등학교 교사로 근무했다. 1948년 예산군 오가면 양막고등공민학교 국어교사로 근무하며 초등학교 정교사 자격을 취득하였다. 1955년 대전 선화초등학교에 근무하다 이듬해 교감으로 승진하여 봉산초등학교[4]로 발령을 받았다.

문단 활동을 살펴보면 1957년《새교육》지에「고목」입선(조병화 선고)을 시작으로 이듬해에는 같은 잡지에 시「살구꽃」(미당 선고)이 당선되었고,《새교실》지에 동시「버들개지」가 입선하였다. 1959년에는 《새교육》에 시조「노각」이 입선하였다. 1961년《서울신문》신춘문예 동시「도시락밥」이 당선(강소천, 전영택 심사)되고,《소년한국일보》 신인문학상에 동시「짐소와 수돌아버지」,「아기 그림」,「애수박」이 3회 추천되었다.

1971년 27년의 초등교원 생활(교사 11년, 교감 16년)을 마감하고 작

---

[3] 신문배달 소년을 대상으로 한 공모였다.
[4] 이후, 구만, 안치, 오가, 신례원, 금오, 웅산초등학교에 근무하였다.

품 창작에 전념한다는 구실로 인천으로 이주하였다. 그해, 백인문학회와 한국문협경기지부 회원으로 활동하였고, 이듬해 첫 동시집 『초록피리』(장수복과 공저)를 발간했다. 지은 책으로는 동시집 『바람개비』(1975), 『가을 산바람』(1983), 『산돌 강돌』(1986), 『높은 산 깊은 강』(1989), 『우리나라 백두산』(1996), 수필집 『둥구나무』(1984)와 전래동화집 『꿩덕이와 구렁이』(1985), 『원통이 고개』 등을 펴냈다. 그밖에 고희기념 문집 『우리 까치야』(1991)와 동화집 『아기 고양이』(2004)를 상재하기도 했다.

문단 이력으로는 '새싹문고' 인천지부장, 한국아동문학회 인천지부장, 경기아동문학회 초대 회장, 문협 경기지부 아동문학분과회장을 지냈다. 국제펜 한국본부회원, 예산문학회 고문 등을 지냈다. 수상 경력으로는 1988년 한국아동문학작가상, 1993년 인천문학상, 2004년 '아동문학의 날 큰상'을 수상했다.

그는 인품이 고결하고, 말은 적고 가슴은 따뜻했다.[5] 흰모래는 희철(熙澈) 이름자와 같이 밝고 맑게 살아가는 길을 평생 철학[6]으로 삼았다. 2006년 3월 12일 84세를 일기로 타계하여 충남 예산군 봉산면 구암리 선영에 영면하고 있다.

Ⅱ. 흰모래의 동시 세계

1. 연하고질의 서정 세계

---

5 이재인 「가을이 오나보다」 추모의 글, 2019, 《아동문학세상》, 13쪽.
6 「지나온 길을 되돌아보며」, 앞의 책, 194쪽.

벼꽃이 핀다./수수목이 나온다.//참새들/먼저 보고/조잘거린다.//하늘이 파래진다./고추가 빨개진다.//밀잠자리/줄지어/구경 다닌다.//"링, 링, 링……."/은방울 목에 걸고/가을이 오나보다.

— 「가을이 오나보다」 전문

　초가을의 정경을 노래한 이 동시는 제4차 교육과정 시기에 초등학교 국어 교과서(5-2)에 게재되었다. 밀잠자리들이 줄지어 포롱포롱 날아다니는 모습을 "링 링 링"으로 표현했다. 가을이 되면 논마다 벼꽃이 피고 밭에는 수수이삭이 나온다. 참새떼들은 먹이가 풍부해지므로 즐거워서 재잘댄다. 더욱 푸른 하늘엔 잠자리 떼들이 수놓는다. 밀잠자리는 우리나라에서 흔히 볼 수 있다. 수컷의 가슴은 회색이며 흰 가루가 덮여있고 검은 줄무늬가 있다. 몸에 밀가루 같은 흰 가루가 있기 때문에 이런 이름이 붙었다. 이 시는 초가을의 풍치를 시각과 청각을 버무려 입체적으로 표현했다.

산돌은 산이 높아/산에서 살고……//가파른 벼랑길도/오래 살으면//담쟁이도 날 붙잡고/기어오르고……//강돌은 강이 깊어/강에서 살고……//물살 센 여울 길도/오래 살으면//물이끼도 내 몸에다/푸른 옷 짜고//물총새도 내 귀에다/노래 부르고……

— 「산돌 강돌」 전문

　7·5(8·5)조의 정형동시인 이 시는 1986년에 펴낸 동시집 『산돌 강

돌』의 표제시이다. 새들도 산을 좋아하는 산새와 물을 선호하는 물새가 특징이 다르듯이, 돌도 산에 분포하는 것과 강에 분포하는 모양이 다르다. 돌은 바위보다 작고 자갈보다는 큰 암석을 말한다. 산에는 큰 바위나 큰 돌이 많고, 강에는 돌이나 자갈, 모래가 많다. 산의 가파른 벼랑길에는 담쟁이가 기어오르고, 강의 물살 센 여울목 강돌에는 오래된 물이끼가 끼어 있다. 그런데 이 시에는 2연과 5연을 제외하고는 말줄임표를 넣었다. 오래 사는 돌의 특성상 영원성을 강조하려는 포석으로 보인다.

산골짝 요리조리/숲 덩굴 새로//살금살금 내려오는/가을 산바람//머루, 다래, 으름……/산열매 냄새//달콤하게 풍겨주며/내려온다.//산골길 꼬불꼬불/단풍잎 딛고/자박자박 올라가는/가을 산바람//노랑, 빨강, 파랑,/산마을 경치//곱다랗게 색칠하며/올라간다.

― 「가을 산바람」 전문

7·5(8·5)조의 정형동시인 이 시는 1983년에 펴낸 동시집 『가을 산바람』의 표제시이다. 가을 산은 풍요롭고 울긋불긋 경치가 아름답다. 1~4연은 가을 산의 열매 냄새를 싣고 내려오는 바람을 노래했다. 5~8연은 단풍에 물들어가는 가을 산의 아름다운 풍치를 노래했다. 바람을 의인화하여 살금살금 열매 냄새를 풍기며 내려오고, 자박자박 곱다랗게 색칠하며 올라간다고 표현했다. 7·5조와 8·5조의 운율을 지키고 있어 리듬감을 느낄 수 있다.

까치새 깟깟깟깟/새벽 문 열면/일꾼 개미 들락날락/흙 담장 쌓고…/풀무치 푸울푸울/풀 뜀틀 넘고…/방아깨비 쿵덕쿵덕 /벼방아 찧고…//방울새 딸랑딸랑/새벽종 치면,/쇠똥구리 동글동글/경단 떡 빚고…/자벌레 차례차례/나무 키 재고…/귀뚜라미 귀뜰귀뜰/거문고 뜯고…/하늘소 깊이깊이/구름밭 갈고…

- 「풀숲 동산」 전문

곤충과 새들이 한데 어울려 아침을 여는 풀숲 동산을 노래하고 있다. 1연에서는 까치가 경쾌한 노래로 새벽을 연다. 개미, 풀무치, 방아깨비가 열심히 일하거나 운동하는 모습을 그리고 있다. 풀무치는 메뚜기처럼 잘 뛰기 때문에 풀 뜀틀을 넘는다고 표현했다. 방아깨비는 우리나라의 메뚜기목 곤충 중에서는 덩치가 가장 크다. '방아깨비'라는 이름은 뒷다리를 잡으면 방아를 찧는 듯이 위아래로 움직인다는 데서 유래했다.

2연에서는 방울새가 딸랑딸랑 새벽종을 치며 아침을 연다. 쇠똥구리, 자벌레, 귀뚜라미, 하늘소가 해야 할 일을 열심히 하는 모습을 그리고 있다. 자벌레는 자나방의 어린 벌레로 중간 쌍의 다리가 없으므로, 몸의 앞부분을 쭉 뻗은 후 뒷부분을 당겨 마치 고리처럼 만들어 올리는 방식으로 조금씩 움직인다. 그 모습이 자로 재는 듯하여 자벌레라는 이름이 붙었다. 하늘소는 딱정벌레목 하늘솟과에 속한 곤충을 통틀어 이르는 말이다. 대개 몸에 윤기가 있고, 날개가 단단하며 촉각이 길다. 장수하늘소는 귀하여 천연기념물로 보호되고 있다. 하늘소는 그 이름 때문에 밭을 간다고 재미있게 표현했다.

2. 우리말 지키미 흰모래

> 너름새를 익히려고/들녘 찾았나?/실바람만 불어와도/나부끼지만/싹쓸바람 물리치는/슬기랍니다.//뾸종다리 옹알대는/둥지 곁에서/곧은 뿌리 꼭꼭 딛고/곧추선 채로/정수리에 작은 등불/밝혔습니다.
>
> ―「들꽃 한송이」 전문

이 시에는 잘 쓰지 않는 우리말이 많이 나온다. '너름새'는 일을 멋있고 능란하게 해내는 솜씨를 일컫는 말이다. '싹쓸바람'은 싹 쓸어가듯이 부는 가장 센 바람을 뜻한다. '정수리'는 머리 위의 숨구멍이 있던 자리를 가리키는 말로 사물의 제일 꼭대기 부분을 비유적으로 이르는 말이기도 하다. 뾸종다리는 종달새처럼 흔한 텃새였지만 요즘은 멸종 위기에 있는 새이다. 봄철에 보리밭이나 풀밭에 알을 낳기 때문에 봄을 대표하는 새였다. 종달새와 다른 점은 머리 깃의 돌출된 정도가 종다리보다 길고 뾰족하며 부리가 크고 길다는 점이다. 들녘에서 바람에 부대끼면서도 곱게 피어난 작은 들꽃 한 송이의 기상이 잘 나타나 있다.

> 두리기둥 곧게 세운/둥근 다락집/골방마다 파닥파닥/날개 휘젓는/노랑부리 열중이들/푸른 하늘 꿈./풋내, 향내 싱그러운/초록 숲 언덕.//솔잎 바람 소올소올/불어오는 날//동서남북 온 지구촌/두루 살피어/외진 구석 고루고루/등불 켜려고……/멀리멀리 날아가는/하얀 깃털 새
>
> ―「민들레 꽃씨」 전문

'두리기둥'은 둘레를 둥그렇게 깎아 만든 기둥을 말한다. 민들레의 곧은 줄기를 두리기둥으로, 민들레꽃은 노란 부리를 가진 어린 새 열쭝이에 비유하였다. '열중이'는 간신히 날기 시작한 어린 새를 일컫는 말로 표준말은 '열쭝이'다. 소나무 숲 가까운 언덕에 민들레꽃이 피어있다. 꽃이 지면 꽃대 위로 하얀 털 솜이 둥그렇게 감싸주고 그 아래 작은 씨앗이 매달려 있다. 잘못된 노래 가사 때문에 '민들레 홀씨'로 알려진 민들레의 씨앗은 '민들레 깃털'이나 '민들레 씨앗'으로 불려야 한다. 민들레 씨앗을 하얀 깃털새에 비유했다. 그 씨앗들은 구석구석 노란 등불을 켜 달기 위해 외진 곳까지 날아가는 것이다.

> 하얀 밤꽃 총채바람. 두메 안양골//빠끔 뚫린 푀창문/파아란 하늘.//노랑부리 오누이/열중이들은…//발가숭이 솜털 몸/고개 내밀고,//쩌억쩌억 함박 입/함께 벌린다.//엄마, 아빠 갈마들며/물어온 먹이//골고루 노느매기/ 해가 저문다.
>
> —「둥지 새」전문

7·5조의 정형률이 있는 동요시이다. 1연에 밤꽃이 피는 것으로 보아 6월 무렵이다. 밤꽃 송이의 생김새가 먼지를 터는 데 쓰는 기구인 총채를 닮아서 총채바람이라고 표현했다. 총채는 가는 막대에 말총이나 헝겊, 새털 따위를 매어서 만든다. 2연의 푀창문은 작은 창문을 뜻한다. 어미 새가 둥지를 드나드는 작은 문이므로 푀창문으로 표현했다. 3연의 열중이는 간신히 날기 시작한 어린 새를 일컫는다. 온몸에 솜털이

덮여 있는 아기 새들이 먹이를 달라고 입을 벌리는 모습이 잘 나타나 있다. 5연의 갈마들며는 서로 번갈아 나타나다를 뜻하는 말이다. 엄마새, 아빠새가 아기새들 먹이를 나르기 위해 번갈아 갈마들기를 한다. 7연의 노느매기는 물건 따위를 여러 몫으로 나누는 것을 말한다. 물어온 먹이를 새끼들에게 골고루 먹이다 보니 어느덧 해가 저물고 있다. 이 동시에서도 자주 쓰지 않는 우리 말을 사용하여 낯설게 하기를 함으로써 동시의 격을 높이고 있다.

3. 공동체적 두레 의식

> 아직 어린 우리들은/높고 넓은 푸른 하늘//별 꿈꾸며 자라는/연초록 새싹//엄마랑 아빠는/가지와 잎 꽃과 열매//어깨 위에 태워 주는/튼튼한 밑동//할머니랑 할아버진/물과 거름 찾아내어/고루고루 대주는/깊숙한 뿌리
>
> ─「둥구나무 한 가족」전문

집 근처나 길가에 있는 크고 오래된 나무를 '둥구나무' 혹은 '동구나무'라고 한다. '동구'란 동네의 입구를 뜻하기 때문이다. 둥구나무는 느티나무나 팽나무, 이팝나무같이 넓은 그늘을 만드는 나무들이었다. 동네 사람들이 모여 이야기도 나누며 쉬는 힐링 공간이었다. 어린이들에게는 놀이터이고 어른들에게는 쉼터였다. 흰모래는 커다란 둥구나무를 한집에 사는 한 가족으로 생각했다. 어린아이는 연초록 새싹에, 엄마

아빠는 튼튼한 밑동에, 할아버지 할머니는 깊숙이 뻗어있는 뿌리에 비유한 것이다. 나무의 우듬지는 아이들, 중간인 줄기 기둥은 부모, 뿌리는 조부모에 빗대어 서로 돕고 화목하게 사는 가족에 비유했다.

> 동구 밖에 둥구나무/마을 문지기/우듬지 손자가지/머무른 구름/까마득 높이 솟은/바탕이 뭘까?/해 저물녘 가만히/생각해본다.//산골짜기 시냇물/머언 나들이/여울목 거센 물결/뜀뛰는 연어/고향길 도로 찾는/까닭은 뭘까?/늦가을 철 조용히/되새겨본다.
>
> — 「옛길」 전문

이 시 또한 「둥구나무 한 가족」처럼 동구 밖 둥구나무를 보며 느낀 생각을 표현했다. 흰모래는 마을 문지기인 둥구나무 우듬지를 손자 가지에 비유했다. 높이 솟은 둥구나무 우듬지에는 구름이 머물고 있고, 해질녘 노을이 걸려 있다. 산골짝에서 시작된 시냇물도 거센 여울목을 지나고 강을 이루다 바다로 흘러간다. 시적 화자인 흰모래는 여울목에서 놀던 연어가 바다로 나갔다, 다시 고향을 찾는 까닭을 생각한다. 동구나무의 뿌리와 연어의 고향을 고리로 연결하고 있다. 연어가 갖은 고행을 하며 다시 찾은 고향길은 뿌리를 찾아가는 옛길인 것이다.

> 새하얀 저고리 새까만 조끼/수수한 한복 차림 우리 까치야!/동구 앞 지나갈 때 네 둥지 보면 삼삼히 떠오르는 내 살던 고향//초록 숲 새마을 날이 밝으면/"깍깍깍" 너의 노래 즐거운 하루//산 높고 물 맑은 경치 좋은 곳/너와 나 함께 사는 우리 까치야!/은하수 오작교도 네가 놓았

지/임진강 통일교도 우리 놔 보자.//초록 숲 새마을 날이 밝으면/"깍깍깍" 너의 노래 즐거운 하루

- 「우리 까치야」 전문

이 시는 1991년에 출간된 『우리 까치야』의 표제작이다. 우리나라 속담에 "까치가 울면 반가운 손님이 온다"라는 말이 있듯이 까치는 예로부터 길조로 여겼다. 하지만 외국에서는 흉조로 여겼[7]고, 최근에는 농작물에 해를 끼친다는 이유로 환영을 받지 못하는 실정이다. 하지만 이 동시집이 출간될 때만 해도 까치는 길조로 사랑받아 고향을 상징하는 새로 여겼다. 1연에서는 까치의 하얗고 까만 깃털을 한복에 비유하였고, 2연은 경쾌한 노래로 아침을 즐겁게 여는 새로 표현하였다. 3연에서는 '견우직녀'에 나오는 오작교 전설을 차용하여 남북의 통일 염원까지 확장하고 있다.

하늘이 못물인가?/못물이 하늘인가?//맑은 정기 서려있는/우리나라 백두산//하늘 위로 파란 물결/못물 위로 하얀 구름//내리 쏟는 비룡폭포/우리 겨레 목소리//맑은 정기 서려있는/우리나라 백두산//우러러 비손할 제/구부려 살피시네.//노루, 사슴, 멧비둘기/천년만년 살고지고.//솟구치는 하늘 못물/우리 역사 젖 줄기//맑은 정기 서려있는/우리나라 백두산//

- 「우리나라 백두산」 전문

---

[7] 셀마 라게를뢰프의 장편동화. 『닐스의 이상한 여행』에서도 까마귀들은 장난꾸러기인데, 까치는 아무거나 가리지 않고 마구 먹어치우거나, 새들의 알을 노리는 흉조로 나온다.

4·4조의 정형동시인 이 시는 1996년에 발간한 동시집 『우리나라 백두산』의 표제시이다. 백두산은 애국가에도 나오는 우리나라의 영산이다. 그 때문에 저자는 제목부터 '우리나라 백두산'으로 내세웠다. 백두산 정상의 천지는 뜻 그대로 하늘못이기에 1~3연에서는 천지를 노래했다. 4~5연은 장엄한 비룡폭포를 노래하고 있다. 비룡폭포는 장백폭포라고도 불리며 백두산 천지 북쪽으로 1천여m의 긴 협곡까지 흘러내리는 폭포를 말한다. 높이가 60여 m의 웅장한 폭포로 200m 떨어진 곳에서도 폭포 소리를 들을 수 있다. 화자는 민족의 맑은 정기가 서려 있는 우리의 백두산을 향해 나라의 평안을 비손하고 있다.

> 달빛과 햇빛은/둘이지만/하나로 비칠 때/더 밝아지지./날줄과 씨줄도/둘이지만/하나로 엮을 때/더 고와지지.//뿌리와 가지는/둘이지만/서로가 힘쓸 때/높이 자라지./새들의 날개도/둘이지만/서로가 도울 때/멀리 날으지.
>
> —「둘이 하나로」 전문

이 시는 둘이 서로 마음을 모아 돕고 협력할 때 향상과 발전이 있음을 말하고 있다. 요즘 많이 사용하는 윈윈 효과로 서로에게 이로움을 주는 것을 말한다. 남북이 분단되어 있는 한국의 현실을 직시하고 숨은 뜻을 감추고 있음을 배제할 수 없다. 옷감을 짜려면 가로와 세로의 실을 서로 엮어서 짜야 하는데, 세로 실을 날실, 가로 실을 씨실이라 한다. 이렇게 두 줄이 하나로 교차되며 엮어야 직물이 될 수 있다. 사람도 서로 마음을 합쳐야 뜻을 이룰 수 있고 남북도 반목하지 말고, 서로 협력해야 상호 발전할 수 있는 것이다. 새들도 날개가 하나밖에 없으면 날 수가 없음을 일깨워 제목처럼 둘이 하나가 되어야 한다는 교훈적 메시지가 담겨 있다.

4. 전통문화 지향의 달구질

넌 보면/선덕여왕/슬기 익힌다.//나비 없는/모란꽃/무늬 옷 입고……//아구리는/넓어도/아무 말 없이//뱃구레/불룩해도/하늘 뜻 닮아//넌 마음/부자라서/더욱 귀하다.

- 「백자 항아리」 전문

항아리는 아가리가 좁고 배가 부른 질그릇의 한 가지이다. '아구리'는 '아가리'의 비표준어로 '입'을 비속하게 이르는 말이다. 그릇의 입 부분을 흔히 '아가리'라 부르기도 한다. 또한 '뱃구레'는 사람이나 짐승의 뱃속을 속되게 이르는 말이다. 항아리는 아가리보다는 뱃구레가 부른 것이 특징이다. 이 백자 항아리에는 모란꽃이 그려져 있다. 흰모래는 이 꽃을 보고 삼국유사에 나오는 선덕여왕의 일화[8]를 소환하고 있다. 그런

---

8 신라 진평왕의 딸 덕만공주가 제27대 여왕인 선덕여왕이 되었다. 그러자 당나라 임금이 축하한다며, 붉은색·자주색·흰색의 세 가지 색으로 그린 모란꽃 그림과 꽃씨를 보내왔다. 선덕여왕은 모란꽃 그림을 보고, "이 꽃은 틀림없이 향기가 없을 것이다."라고 말하고 그 씨앗을 궁전 뜰에 심어 보게 했다. 얼마 후, 꽃이 활짝 피었는데, 여왕의 말대로 향기가 전혀 나지 않았다. 신하들은 선덕여왕에게 어떻게 향기가 없는 꽃인 줄 알았느냐고 물었다. "꽃 그림에 나비가 없으니, 그건 향기가 없다는 뜻 아니겠느냐?" 신하들은 그 말을 듣고 여왕의

데 모란꽃은 향기가 진한 꽃이다. 속이 텅 비어 있는 백자 항아리의 모습을 마음 부자로 표현한 점이 돋보인다.

> 오늘은 팥죽 쑤어/조상님께/차례 지내는 날//오늘부터 낮 시간이/노루꼬리 만큼씩/길어진다고…//새해 큰 설 다음 가는/버금 설이래요.//해님 닮은 새알심/동글동글 빚어 넣고…//마귀 쫓는 붉은 왕팥/듬성듬성 섞어 넣은…//우리 음식 동지 팥죽/참 맛있어요.//오늘부터 새해 큰 설/맞을 때까지//꿀꿀돼지 새해 꿈/꾸어볼래요.
>
> -「동짓날에」전문

흰모래는 세시를 소재로 한 동시도 많이 남겼다. 우리의 전통과 문화를 소중히 여기는 시인의 의지가 뚜렷했음을 알 수 있다. 유고집에 게재된 작품 중에도「한가위 송편」,「한가위」등이 이에 속한다. 동지(冬至)에는 대개 팥죽에 새알심을 넣어 먹는다. 조상들은 동지를 작은 설로 부르며 크게 축하했다. 설날 떡국을 먹으면 나이를 한 살 더 먹는 것처럼, 동짓날 팥죽을 먹으면 한 살 더 먹는다고 생각했다. 붉은 팥죽은 옛날부터 액운을 막는 절기 음식으로서, 지방에 따라서는 액운을 막기 위해 팥죽을 쑤어 집 안팎에 뿌리고, 이웃끼리 나누어 먹는 풍습도 있다.

'호이호이…'휘파람새/날라리 불고…/'뻐꾹뻐꾹…'뻐꾹새/버꾸 춤 추고…/'깟깟깟깟…'깟깟새/엿가위 치고…/'쪼롱쪼롱…'방울새/방울

슬기에 감탄했다.

흔들어/풍물놀이 한마당/신나는 가락//'꾀꼴꾀꼴…' 꾀꼬리/꽹과리 치고…/'구구구구…' 비둘기/장구를 치고…/'뜸북뜸북… 뜸부기/북을 울리고…/'부엉부엉…' 부엉이/징을 울리어/사물놀이 두 마당/흥겨운 장단

- 「5월 숲속엔」 전문

    5월이 되면 숲속은 생기가 돋고 활기가 넘친다. 온갖 새들이 짝을 짓기 위해 구애의 노래를 부른다. 이 동시에는 휘파람새, 뻐꾹새, 방울새, 꾀꼬리, 비둘기, 부엉이가 등장한다. 휘파람새는 피리의 일종인 날라리를 불고 뻐꾸기는 버꾸 춤을 추고 깟깟새는 가윗소리를 낸다. 날라리의 정식 명칭은 태평소인데 호적(胡笛)이라고도 한다. 버꾸는 주로 농악에 쓰는, 자루가 달린 작은북을 말한다. 버꾸춤은 버꾸재비들이 버꾸를 치면서 추는 춤이다. 뻐꾹새와 발음이 비슷하여 뻐꾹새는 버꾸춤을 춘다고 표현했다. 깟깟새라는 이름을 가진 새는 없지만 까치를 지칭하는 것으로 여겨진다. 까치는 '깟깟깟' 엿가위를 치고 방울새는 쪼롱쪼롱 방울을 흔드니 신나는 풍물 마당이 아닐 수 없다. 흰모래는 새의 울음소리와 유사한 타악기를 매치시키는 해학성을 발휘하고 있다. 꾀꼬리라서 꽹과리이고, '구구' 우는 비둘기는 장구를 친다. 뜸북이는 북을 치고 눈이 크고 동그란 부엉이는 '부엉부엉' 징을 울린다. 이 시에는 날라리, 버꾸, 꽹과리, 북, 징 같은 풍물 마당과 사물놀이에 쓰이는 전통 악기들이 등장한다.

Ⅲ. 나오는 말

흰모래는 84년의 생애 중 충남 예산에서 49년, 인천에서 35년을 살았으니 인천이 제2의 고향이라고 할 수 있다. 그는 말년에 십정동 주거지를 수졸재(修拙齋)[9]라 했다. 수졸(守拙)은 자기 분수에 맞게 산다는 도연명의 시구이자 바둑의 9품계 중 초단을 뜻하는 말이다. 자기를 낮추고 자연과 함께한다는 의미도 담고 있다.

흰모래는 교육자이기 전에 유교를 신봉하는 가문에서 자라나 선비정신을 체득한 유학자적 기품을 지녔다. 그가 소년 시절 동네 서당 훈장에게 한학과 당시를 배우고 자란 영향이다. 그는 유학자답게 형식과 격식도 중요시하였다. 나라에는 국화(國花)가 있고. 도시마다 시화가 있듯이, 흰모래는 가화(家花)를 채송화로, 가목을 소나무로, 가조를 비둘기로, 가색을 청색으로 정했다. 그는 꽃, 나무, 새, 빛깔 등 자연 속에서 참모습을 찾아 서로 아끼고, 생명을 귀하게 여기고 사랑을 실천했다. 그러면서 황금만영이 불여교자일경이요, 사자천금이 불여교자일예(黃金萬贏이 不如敎子 一經, 賜子千金이 不如敎子一藝)[10]란 명심보감 중 훈자편을 늘 마음에 새기며 살았다.

그가 창작한 동시에는 7·5조의 정형동시가 많다. 일제강점기인 1920년대에 들어서 신문학의 대두와 함께 7·5조의 율조를 가진 창작

---

9 수졸재(守拙齋)는 조선전기 황해도 관찰사, 함경도 관찰사, 예조참판을 역임한 이우민(李友閔, 1515~1574)의 호이기도 하다.
10 "황금이 상자에 가득함이 자식에게 경서(經書) 하나를 가르치는 것만 같지 못하고, 자식에게 천금을 물려주는 것이 기술 한 가지를 가르치는 것만 못하다."는 뜻.

동요시가 《어린이》지 등을 중심으로 유행을 하기 시작했다. 윤극영의 「반달」, 이원수의 「고향의 봄」, 서덕출의 「봄편지」 등이 전형적인 7·5조의 동요시인 것이다. 20대 중반까지 일제강점기에 살아온 흰모래도 당시 유행하던 틀인 정형동시의 율격에서 쉽게 탈피하지 못하였다.

흰모래는 우리말을 살려 쓰려는 의지가 강했다. 그의 호를 순우리말로 사용한 것이나 작품 속에 잘 사용하지 않는 우리말을 의도적으로 넣어 쓴 후 그 뜻을 각주로 설명한 것이 방증이다. 그는 '우리'라는 공동체 의식도 강했다. 유고시집에 나타난 제목만 살펴보아도 「우리나라 백두산」, 「우리 까치야」, 「우리는 들풀」, 「우리 황소 통일소야」 등이 있다. 시의 내용 중에도 '내리 쏟는 비룡폭포/우리 겨레 목소리(「우리나라 백두산」), 우리들은 물문, 뭍길/이어주면서(「징검다릿돌」), 우리 집 오래뜰 앞/산수유나무(「산수유나무」) 무궁무궁 무궁화는/우리나라 꽃(「무궁화」), 우리 식구 먹을거리/만들어 내지(「쇠똥구리」), 우리 이름 산천어/고향 산천어(「고향 산천어」), 우리 음식 동지 팥죽/참 맛있어요(「동지날에」), 우리 집은/한 그루/늘 푸른 나무(「늘 푸른 나무」), 우리 오빤 쇠똥구리… 우리 올켄 직녀별님(「한가위 송편」) 등에서 찾아 볼 수 있다.

흰모래의 동시에는 자연과 생태환경을 노래한 작품이 많다. 이러한 작품은 1부 「도시락밥」 등 17편 중 15편, 2부 「푸른산 맑은 물」 등 15편 중 15편, 3부 「민들레 꽃씨」 등 15편 중 15편, 4부 「늘 푸른 소나무」 등 15편 중 15편, 5부 「우리 황소 통일소야」 등 15편 중 15편, 6부 「둥구나무 한 가족」 등 16편 중 7편, 총 93편 중 88%인 82편이다.

동심 지향의 시인 흰모래 이희철은 어린 시절부터 몸에 밴 유교적 가르침을 실천하며 그가 살아온 친자연, 친생태적 사상을 작품 속에 구현하였다. 그가 창작한 작품의 9할은 비, 구름, 바람, 돌, 바위, 풀, 나무, 꽃, 씨앗, 농작물, 숲, 벌레, 새, 물고기, 개구리, 두꺼비 등이다. 그는 자기 호인 흰모래처럼 맑고, 깨끗하며 조용한 성품으로 연하고질(煙霞痼疾)과 천석고황(泉石膏肓)을 실천한 선비 문인이었다.

꽃가지를 향한 그리움 엄마 목소리
- 정완영의 동시조론

Ⅰ. 들어가며

 '시조'라는 명칭은 시절가조(時節歌調), 즉 당시에 유행하던 노래라는 뜻이었으므로 엄격히 말하면 문학 갈래 명칭이라기보다는 음악 곡조의 명칭이다. 1920년대 후반 최남선의 「조선국민문학으로의 시조」를 부르짖으며 전개했던 시조 부흥 운동에 힘입어 문학 갈래 명칭으로도 자리 잡게 되었다. 최근 문학진흥법이 개정되어 문학 갈래를 나타내는 용어에 아동문학과 더불어 시조가 포함된 것은 퍽 다행한 일이다.
 현대 시조의 터는, 가람 이병기와 노산(鷺山) 이은상이 닦았고, 초정(草汀) 김상옥과 이호우(鎬雨)가 씨를 뿌려 가꾸었으며, 백수(白水) 정완영이 월하(月河) 이태극과 함께 꽃을 피웠다. 이것을 시조의 형식에 비유하자면 가람과 노산은 초장, 초정과 호우는 중장, 월하와

백수는 종장으로 자리매김할 수 있다.

동시조는 어린이를 주 독자로 하며 동심을 바탕으로 창작한 시조이다. 1940년 이구조가 《동아일보》에 「아동시조의 제창」이라는 글을 통해 동시조 운동을 주장하며 관심을 끌었다. 1946년 이호우는 「외가ㅅ집」(《아동》, 3호), 「눈 오는 저녁」(《새싹》, 4호) 등의 동시조를 발표했다. 1964년 이석현은 《카톨릭소년》에 「아동문학의 미개지(未開地)」라는 평문을 발표하면서 동시조의 필요성을 언급했다. 그런 가운데 정완영은 어린이들을 위한 동시조를 쓰는 한편, 초등학교에서 어린이들에게 시조 공부를 하도록 가르쳐야 한다고 주장하였다.

정완영(鄭椀永)은 1919년 11월 11일 경상북도 김천시 봉산면 예지리(일명, 鳳溪)에서 아버지 정지용(知鎔)과 어머니 전준생 사이에서 4남 2녀 중 차남으로 태어났다. 백수는 마을 뒤편의 황악산을 늘 마음에 품고 살았다. 김천을 내려다보는 황악산[1]은 포근한 어머니의 품과 같았다. 백수의 고향 사랑은 그의 호(號)에서도 드러난다. 정완영의 호 '백수(白水)'는 김천의 샘 '천(泉)' 자의 파자로 '백' 자와 '수' 자를 각각 붙인 것이다.

백수의 집은 살만했지만 그가 봉계공립보통학교 4학년이 되던 해에 마을에 큰 홍수가 나서 논 다섯 마지기가 떠내려가면서 큰 어려움을 겪게 되었다. 농토를 잃고 삶을 꾸려갈 수 없을 지경이 되자 백수의 아버지는 백수와 일본행을 선택한다.

백수는 이후 아버지와 함께 일본 곳곳을 유랑한다. 백수의 아버지는

---

[1] 백수는 늘 황악산과 자신을 연결시키려 했다. 평소 백수는 제자들에게 "내 생일이 11월 11일인데, 황악산도 1,111m"라며 자랑스럽게 생각했다.

어려움을 견디지 못하고 김천으로 돌아오지만 백수는 한동안 일본 생활을 이어간다. 어려운 상황 속에서도 오사카 천왕사 야간 부기 학교에 입학, 2년간 공부에 열정을 쏟는다. 그리고 1937년 고향 김천으로 돌아와 1938년에는 김주배의 장녀 덕행과 결혼하여 4남 2녀를 두었다.

1946년 향리에서 동인잡지 《오동(梧桐)》을 발간하며 문필 활동을 시작했다. 1960년 《국제신보》 신춘문예에 「해바라기」가 당선되고, 같은 해 청마 유치환에 의해 《현대문학》에 시조 「애모(愛慕)」, 「어제 오늘」, 「강」 등이 추천되었다. 1962년 《조선일보》 신춘문예에 시조 「조국」이 당선되어 본격적으로 작품활동을 하게 되었다.

그의 문단 활동을 살펴보면 한국시조시인협회 부회장(1965)과 한국문인협회 이사(1976), 한국문인협회 시조분과 회장(1979), 한국시조시인협회 회장(1992), 육당 문학상 운영위원장, 한국시조시인협회 상임고문(1994), 온겨레 시조 짓기 추진회 회장(1996) 등을 역임하는 등 한국의 시조 문학 발전을 위한 활동에 활발히 참여했다. 받은 상으로는 제11회 문공부 문예창작기금 한국문학상(1974), 제1회 가람문학상(1979), 제3회 중앙일보 시조문학상, 제5회 육당문학상, 만해시문학상(1999) 등을 수상했으며, 1995년 은관문화훈장을 수훈했다.

저서로는 시조집 『채춘보(採春譜)』(1969), 『묵로도(墨鷺圖)』(1972), 『실일(失日)의 명(銘)』(1974), 『나비야 청산 가자』(1995), 『엄마 목소리』(1998), 『세월이 무엇입니까』(2001), 『이승의 등불』(2001) 등이 있고, 시선집으로 『산이 나를 따라와서』, 『꽃가지를 흔들듯이』, 『연(蓮)과 바람』, 『난(蘭)보다 푸른 돌』, 『오동잎 그늘에 서서』(1994) 등이 있다.

2016년 8월 27일 경기도 군포시 산본동에 있는 요양병원에서 노환으로 별세하였으며 유해는 고향인 김천시 대항면 직지사 부근에 있는 백수문학관[2] 뒷산에 수목장으로 안장되었다.

Ⅱ. 백수가 수놓은 동시조

1. 동심을 바탕으로 한 자연애

정완영의 아동문학과의 인연은 1960년 《서울신문》 신춘문예에 동시 「골목길 담모롱이」가 입선되고, 1967년 《동아일보》 신춘문예에 동시 「해바라기처럼」[3]이 당선되면서부터이다. 그는 10여 권의 시조집 외에 『꽃가지를 흔들듯이』, 『엄마 목소리』 등의 동시조집을 펴냈다. 정완영의 시심에는 근원적으로 동심을 바탕으로 한 어머니에 대한 그리움과 천석고황적 자연애가 자리 잡고 있다.

---

2 2008년에 김천시 공립 문학관으로 설립되었다.
3 해바라기는/그 대궁부터가 굵고 튼튼하다//키도/다른 꽃들과는 상대가 안 된다/웬만한 담장 쯤은 휙 넘겨다 본다//꽃판은 사발만큼/꽃술은 사자 수염/부릅뜬 눈이다//발등에 부어주는 물 쯤으로는 아예 목을 축일 수 없다/먼산을 넘어온 푸른 소나기라야 생기가 돈다//장대비가 두들기고 가면/다른 꽃들은 온통 진창구가 돼도/그는 오히려 고개를 번쩍 든다.//샛바람은 그의 몸짓/무지개는 그의 음악이다./해님도/다른 꽃들에게처럼 깁실같은 부드러운 볕을 보내주는 것이 아니다/금빛 화살을 마구 쏘아주는 것이다/그래야 씨앗이 꽉꽉 박힌다//손바닥만한 화단에 피는 마을 주무라기 같은 꽃이 아니라/군화 신고 온 우리 아저씨 같이 키가 크고 늠름한 꽃/우리집을 빙 둘러선 환한 꽃.//나는/해바라기같은/ 장하고 훤칠한 사람이 되고 싶다

동네서 젤 작은 집 분이네 오막살이/동네서 젤 큰 나무 분이네 살구나무/밤사이 활짝 펴올라 대궐보다 덩그렇다.

- 「분이네 살구나무」 전문

이 작품은 정완영 동시조 중 백미로 꼽히는 동시조로 초등학교 5학년 국어 교과서에 실렸었다. 가난한 농촌 마을의 평화로운 봄 풍경을 통해 자연과 함께 살아가는 시골 마을의 아름다운 삶을 노래했다. '젤 작은집 오막살이'와 '젤 큰 나무 살구나무'를 '작다'와 '크다'의 이미지로 대비시켜서 시각적 심상을 돋보이게 그려 낸 작품이다. 이 시조 속에는 동네를 환하게 밝히는 살구꽃 아래서 분이네 가족들이 오순도순 정겹게 살아가는 모습이 담겨 있다.

까치가/깍 깍 울어야/아침 햇살이 몰려들고//꽃가지를/흔들어야/하늘빛이 살아나듯이//엄마가/빨래를 헹궈야/개울물이 환히 열린다.

- 「꽃가지를 흔들 듯이」 전문

한국인에게 있어서 까치는 정겨운 새이다. 까치가 울면 반가운 소식이 온다는 속설처럼 까치 소리가 들리는 아침 풍경을 햇살이 몰려든다고 표현했다. 까치가 울어 정다운 봄 아침에 꽃가지까지 흔들리면 하늘빛이 더 고와진다. 아무리 자연이 아름다워도 엄마가 개울가 빨래터에서 빨래해야 세상이 더 환해진다. 시골 개울물에서 빨래하는 엄마의 환한 모습을 꽃가지에 비유하였다.

백수는 고향 김천의 함초롬한 자연 풍경에 묻혀 소년 시절을 보냈다. 자기 집 살구나무가 꽃가지를 흔들어야 겨우내 잠들었던 하늘빛이 깨어나는 줄 알았고, 어머니가 빨래터에서 빨래를 헹궈야 개울물이 환하게 열리는 줄 알았다.

　　지지 배배 지지 배배 봄 하늘을 불러 내린다/지지 배배 지지 배배 보리 목을 뽑아 올린다/밭머리 복숭아꽃도 귀가 멍멍 먹는다.
　　　　　　　　　　　　　　　　　　　　　　　－「종다리가 울어 싸면」 전문

　　시조를 지을 때는 동일한 낱말을 쓰지 않고 시어를 최대한 절제하여 사용하는 것이 원칙이다. 이 작품에서는 의성어 "지지배배"를 초장과 중장에 각각 한 줄씩 사용하고 있다. 그런데도 자연스럽고 어색하게 느껴지지 않는다. 봄의 흥취를 마음껏 누릴 수 있도록 봄 길을 활짝 열었기 때문이다.
　　화자는 종다리의 노랫소리가 봄 하늘을 불러 내리고, 보리 목을 뽑아 올린다고 했다. 밭머리에 서 있는 복숭아꽃도 활짝 피어 화사한 봄날을 만들고 있음을 동심으로 한껏 노래하고 있다. 백수는 종달새 울음소리가 봄 하늘을 불러 내리는 줄 알았고, 보리 목을 뽑아 올리는 줄 알았다. 종다리 울음소리에 봄 밭머리 복숭아꽃도 귀가 먹는다고 과장의 허세를 부렸다.

　　나는 풀잎이 좋아, 풀잎 같은 친구 좋아/바람하고 엉켰다가 풀 줄 아는 풀잎처럼/헤질 때 또 만나자 손 흔드는 친구 좋아.//나는 바람이 좋아,

바람 같은 친구 좋아/풀잎하고 헤졌다가 되찾아온 바람처럼/만나면 얼싸안는 바람 같은 친구 좋아

- 「풀잎과 바람」 전문

풀잎과 바람은 친구이다. 서로 엉키고 풀며 우정을 즐긴다. 친구를 풀잎과 바람에 비유하며 친구와의 우정을 노래한 동시조이다. 어쩌다 친구와 다투었다가도 헤어질 때는 다시 만나자며 손을 흔들 줄 아는 친구. 사소한 일로 다투다가도 금세 화해할 줄 아는 것이 동심의 세계이다. 친구와 싸우고 다시는 안 만날 것처럼 돌아섰다가도 만나면 다시 얼싸안는 동심을 그리고 있다.

텃밭에 가랑비가 가랑가랑 내립니다/빗속에 가랑파가 가랑가랑 자랍니다/가랑파 가꾸는 울엄마 손 가랑가랑 젖습니다.

- 「가랑비」 전문

이 시조에서는 의태어 '가랑가랑'을 세 번이나 반복하고 있다. 또한 각 장마다 '~니다' 종결어미를 되풀이하고 있다. 이는 주 독자인 어린이들에게 읽는 즐거움을 주기 위해 낱말의 반복을 통해 운율미를 살린 결과이다. 가늘게 내리는 비를 '가랑비'라고 한다. '가랑파'는 실파의 경상도 방언이다. 텃밭에 가랑비가 내리면 그 비를 맞고 가랑파도 가랑가랑 자란다. '가랑'이란 낱말이 9회나 되풀이되고 있다. 그러는 동안 재미있는 운율이 자연스러운 입말로 되살아나고 있다.

별빛도 소곤소곤 상추씨도 소곤소곤/물오른 살구나무 꽃가지도 소곤소곤/밤새 내 내 귀가 가려워 잠이 오지 않습니다.

— 「봄 오는 소리」 전문

이 시조 역시 의태어 '소곤소곤'을 세 번이나 반복하고 있다. 봄밤은 조용하다. 그러면서도 늘 분주하다. 밤하늘에는 별들이 소곤거리고, 텃밭에서는 상추씨가 돋아나려고 소곤거린다. 살구나무도 꽃을 피우려 가지마다 물이 오르느라 소곤거린다. 이런 소곤거리는 소리를 듣느라 화자는 귀가 가려워 잠이 오지 않는다. 새싹이 움트려는 봄밤의 고요한 정경을 노래하고 있다.

진달래 개나리는 아직 눈도 못 떴지만/노마야 뜰에 내려 밤하늘을 쳐다봐라/봄빛이 별자리에서 솔솔 흘러내린단다.

— 「봄빛은 별자리에서」 전문

3월이 되면 아직은 봄빛이 시리다. 꽃샘추위로 꽃눈은 아직 피지 못하고, 봄은 멀게 느껴지지만 봄을 기다리는 마음만은 진달래, 개나리 꽃잎처럼 진하다. 화자는 노마에게 봄빛은 별자리에서 흘러내리느라 하늘을 쳐다보라고 권한다. 별빛은 그리움이고 봄빛은 기다림이다. 이 동시조는 봄을 기다리는 희망을 노래하고 있다.

아무리 바다가 넓어도 돛배 하나 없어 봐라/갈매기 불타는 저녁 노을 고깃배 없어 봐라/그것이 바다겠는가 물만 가득 사막이지//아무리 바다가 멀어도 저 항구가 없어 봐라/흔드는 손 흔드는 깃발 뱃고동이 없어 봐라/그것이 바다겠는가 파도뿐인 물굽이지

— 「바다 앞에서」 전문

넓은 바다에 배 한 척조차 없다면 얼마나 황량한 풍경이겠는가? 갈매기도 날고, 저녁놀을 배경으로 고깃배도 떠 있어야 바다다운 풍경이다. 항구는 배의 출발지이고 회항지이다. 이런 항구가 없다면 배의 존재는 무의미하다. 바다는 배를 띄워야 바다이고, 배는 항구라는 회귀처가 있기 때문에 미래가 있고 희망이 있다. 배들의 안식처이기도 한 항구는 어머니이고, 뱃고동 소리는 영혼의 자장가이다. 배가 드나드는 항구가 있고, 깃발을 단 배와 뱃고동 소리가 있어야, 비로소 어울리는 바다 풍경인 것이다. 초장과 중장에 반복되는 '없어 봐라'는 종장의 의미를 더 강조하기 위한 포석이다. 이 작품은 초등학교 6학년 국어 읽기 교과서에 실렸었다.

2. 어머니에 대한 그리움, 사모곡

보리밭 건너오는 봄바람이 더 환하냐/징검다리 건너오는 시냇물이 더 환하냐/아니다 엄마 목소리 목소리가 더 환하다.//혼자 핀 살구나무 꽃그늘이 더 환하냐/눈 감고도 찾아드는 골목길이 더 환하냐/아니다 엄마 목소리 그 목소리 더 환하다.

— 「엄마 목소리」 전문

봄이 되니 파란 보리밭 위로 따스한 봄바람이 불고 봄비에 불어난 시냇물이 징검다리를 적신다. 살구나무는 한국인의 고향을 상징한다. 4월이 되어 살구꽃이 피면 온 동네가 다 환하다. 봄바람과 시냇물, 살구꽃 그늘과 정다운 골목길보다 엄마 목소리가 더 환한 것이다. 백수는 어린이에 대한 애정과 어머니에 관한 효심이 깊었다. 그의 어머니는 고생만 하다 49세에 병으로 작고했다.

아이들에게는 누가 뭐라 해도 엄마의 존재가 최고이다. 아이들의 가장 편한 잠자리는 엄마의 품이고, 가장 듣고 싶어 하는 소리 또한 엄마의 목소리이다. 엄마 목소리를 들으며 아이들의 정서가 자라고, 몸이 자라고, 꿈도 자라고, 생각도 쑥쑥 자라나는 것이다. 백수의 어머니에 대한 사랑은 종교와도 같아서 삶의 전부라고 할 수 있다.

> 흠씬 자고 일어나서 눈비비는 아가야 손/젖 냄새 모락모락 흘러보는 아가야 입/자르륵 쏟아져 나오는 아가야 웃음 소리
> —「새순」 전문

이 작품에서는 '아가야'를 세 번이나 반복하고 있다. 작고 청순한 새순이 그렇듯이 아가는 모든 것이 다 귀엽다. 잠 깨어 눈 비비는 아가의 손, 젖 냄새 물씬 나는 아가의 입, 자르륵 쏟아지는 아가의 웃음소리를 이른 봄에 돋아나는 새순에 비유하고 있다. 아가는 생애의 봄이요, 인생의 새순인 것이다.

엄마에겐 엄마 냄새 아가에겐 아가 냄새/아가는 엄마 젖 냄새 엄마는

아가 살 냄새/젖 냄새 살 냄새 맡고 서로 잠이 듭니다
- 「젖 냄새 살 냄새」 전문

아가와 엄마는 한 몸이다. 아가가 엄마 뱃속에 있었을 때부터 둘은 한 몸이었지만, 태어나서도 젖을 물리고 안고 자느라 늘 한 몸처럼 생활한다. 그러다 보니 아가는 엄마 젖 냄새를 맡고, 엄마는 아가 살 냄새를 맡는다. 젖 냄새 살 냄새를 맡으며 한 몸 한마음이 되어 잠이 든다. 하루 종일 일하느라 고단한 엄마와 엄마의 젖을 먹다 함께 잠이 든 아가의 모습을 정답게 그려낸 동시조이다.

엄마가 밭 매러 가고 내가 집을 보는 날은/우리 집 우물 속에 낮달 하나 숨어 살았네/아무도 모르는 속내를 나랑 둘이 숨어 살았네//학교 갔다 돌아온 날 어머니가 안 보이면/우물 속 들여다보며 엄마! 하고 불러 보았네/그러면 낮달이 찰랑, 원냐! 하고 대답했었네.
- 「낮달」 전문

화자는 어린 시절 엄마와의 추억을 소환해 냈다. 화자의 앞마당 한켠에는 우물이 하나 있었다. 엄마는 들에 일을 나가고 백수는 혼자 집을 본다. 잠시 떨어져 있어도 보고 싶은 엄마가 그리워 우물 속을 들여다보다 문득 낮달을 발견한다. 엄마의 얼굴은 낮달이 되어 우물 속에 숨어 있다. 2연에서도 화자는 엄마에 대한 그리움을 낮달과의 대화로 환치했다. 엄마는 낮달이고 낮달은 그리움으로 일렁거린다.

3. 외가와 고향에 대한 향수

> 기차는 앞으로 가는 데 산은 뒤로만 가고/생각을 달려가는 데 강물은 누워서 가고/마음은 날아가는 데 기차는 자꾸 기어가고
> ― 「외갓집 가는 길」 전문

백수는 그의 시작(詩作)의 모태가 된 고향, 외갓집, 외할머니, 어머니를 늘 그리워했다. 그의 외가는 경북 상주군 모동면 수봉리 오도티 마을이다. 그는 외가 마을의 느티나무, 샛도랑을 추억하며 외할머니와 어머니를 생각한다. 황간역[4]은 백수가 어린 시절 외갓집을 가면서 거쳐 가던 역이었다. 그는 황간역에서 시화전도 하고, 시조로 만든 노래로 음악회도 열었다. 그래서 황간역을 '시(詩)의 역(驛)'이라고 명명했다.

> 아마도 저 산 너머 외갓집이 없었다면/저리도 저 산 높이 아득할 수 있었을까/외할매 나를 부르는 산 메아리 있었을까//아마도 저 산 너머 외갓집이 없었다면/저리도 저 구름이 눈부실 수 있었을까/실개천 흐르는 여울물 송사리 떼 있었을까
> ― 「외갓집이 없었다면」 전문

백수의 동시조에는 그가 어린 시절 다니던 외가가 등장한다. 엄마의

---

[4] 충청북도 영동군 황간면 마산리에 있는 경부선의 철도역으로 현재도 무궁화호가 정차한다. 김천에서 기차를 타고 추풍령을 넘어 황간역에 내려 버스가 드문드문 있던 옛날에 어머니 손잡고 재를 넘어 오도티 마을 외갓집에 갔다고 회고한다.

고향집인 외가는 나의 고향이기도 하다. 화자의 외가는 산 너머에 있다. 눈부신 구름이 떠 있는 고개를 넘어야 외가에 갈 수 있다. 산 고개를 넘으며 외할머니를 부르면 산울림이 대답하고, 외가 어귀에 이르면 송사리 떼 노니는 실개천을 만날 수 있다. 외가는 화자에게 늘 그리움의 대상이요, 아름다운 추억이었다.

> 우리 할아버지는 눈을 뜨고 계시다가도/진지를 드실 때에는 눈을 반은 감으신다/그래도 밥맛도 입맛도 입에 꼭꼭 씹힌단다//우리 할아버지는 눈을 뜨고 계시다가도/말씀을 하실 적에는 눈을 지그시 감으신다/그래야 할말 못할말 절로 가려지신단다//우리 할아버니는 눈을 뜨고 계시다가도/고향 얘기 하실 적에는 눈은 깊숙이 감으신다/그래야 어린 시절이 눈에 삼삼 잡힌단다
>
> － 「우리 할아버지는」 전문

백수의 동시조에는 할아버지가 등장한다. 백수는 할아버지 담헌(澹軒) 정염기[5]로부터 한학을 배웠다. 백수의 어린 시절은 늘 할아버지와 함께였다. 할아버지는 서당에서 훈장을 하며 어려운 세월을 한탄했지만, 손자를 바라보는 재미에 시간 가는 줄 몰랐다. 어린 백수 역시 할아버지를 좋아했다. 할아버지 무릎에 앉아 곁눈질로 글을 배우기 시작[6]했다.

---
5 그는 사서삼경에 통달하고 주자학에 정통했을 뿐 아니라 특히 한문에 뛰어났다.
6 한학은 물론 불교와 선에 대해서도 조예가 깊었던 백수의 할아버지는 훗날 유·불·선을 넘나드는 백수의 작품 세계에 큰 영향을 끼쳤다.

할아버지 보거나 말거나 혼자 도는 텔레비젼/텔레비전 보거나 말거나 코를 고는 할아버지/시계는 초저녁인데 우리집은 한밤 중//텔레비전 방방 울려야 잠을 자는 할아버지/할아버지 자거나 말거나 혼자 신난 텔레비전/시계는 오밤중인데 우리집은 초저녁

- 「텔레비전」 전문

텔레비전을 켜 놓은 채 잠을 자는 할아버지의 모습이 눈에 선하다. 말동무 없이 혼자 지내는 할아버지는 삶이 노곤하여 초저녁부터 코까지 골며 잠을 잔다. 백수가 어린 시절엔 텔레비전도 없었겠지만, 할아버지의 특징을 잘 살려 해학적으로 표현했다. 이런 시조들은 마치 할아버지가 그의 품에 안긴 손자 손녀들에게 들려주듯 정겹다. 백수의 동시조에서는 이처럼 어머니, 할아버지, 외가와 같이 어린 날의 추억이 되살아난다.

Ⅲ. 나오는 말

백수 정완영의 동시조에는 자연에 대한 사랑과 어머니에 대한 그리움이 묻어 있다. 자연에 대한 사랑은 망향이기도 하고, 어머니에 대한 그리움의 편린은 비교적 젊은 나이에 이승을 떠난 사모곡이기 때문이기도 하다. 백수는 초등학교 졸업 후에는 학력이 없다. 독학하며 산천을 벗 삼아 방방곡곡 유랑 생활을 하며 감성적 시를 담아왔다. 그래서

인지 그의 시향은 자연 친화적이고, 그리움의 텃밭이며 오히려 담백하다.

시조시인 박경용은 정완영을 "그에게 있어서 시조는 신앙이다. 언제 어디서나 시조와의 인연이 닿는 사람과 마주하기만 하면, 마치 노련한 전도사(포교사)가 경서의 구절을 줄줄이 꿰어 외우듯 거침없이 자작시를 읊조리어, 상대야 무슨 속셈을 하고 있건 아랑곳하지 않고 시조의 진리가 갖는 '구원의 도리'를 일깨우기에 여념이 없다."[7]라고 했다. 또한 "1960년대 초 그의 돌연한 출현은 그 당시로서는 자그마치 하나의 큰 충격이었다. 그때까지만 해도 시조는 과연 현대시로서의 정당한 의의를 띠고 독자적으로 설 만한 값어치가 있는 것일까 하고, 회의적인 이설이 분분하던 시기였었다. -중략- 이 실로 절박한 무렵에 그는 홀연히 나타나서 곧장 시조의 현대적 의의를 부정하던 사람들의 입에 쐐기를 박았다"[8]라고 호언했다.

한평생 시조만 써온 정완영은 "우리 아이들이 맑고, 밝고, 깨끗한 세상을 이뤄 나가는 데 조금이라도 보탬이 되었으면 하는 마음으로 동시조를 써"나갔다. 시조가 우리 민족만이 가진 우리 가락, 우리 노래라면 동시조는 우리 아이들의 노래이다. 우리 아이들에게 어울리는 노래와 춤, 그림을 품고 있는 게 동시조[9]라고 말한다.

정완영은 시조를 우리 민족의 고유한 정서를 담은 양식으로 널리 알리기 위해 시조 범국민운동을 제창하기도 했다. 제 나라 민족시를 모르

---

7 박경용,「당대 시조의 순교자적 면모」,『정완영 시조전집- 노래는 아직 남아』, 토방, 2006.6.5.
8 위의 글.
9 정완영,『가랑비 가랑가랑 가랑파 가랑가랑』, 사계절, 2015.5.15. '시인의 말'.

는 민족이 우리 민족이라며 민족 정서를 모르는 실향민이 되지 않기 위해서 민족 전통의 장르를 온 국민이 즐겨 읊고 후손에게도 물려줘야 할 민족의 자랑이라고 강조하였다.

또한 요즘 각박해진 인간살이의 원인을 생활에서 시 정신이 사라졌기 때문이라고 보았다. 그러면서 시는 "거칠어지고 굳어지는 것을 부드럽게 순화하고 생활에 여유를 주며 정신에 든 병을 말끔히 치유해준다."[10]라고 말한다. 이것이 곧 그가 말하는 시 정신이며, 어린 독자들에게 들려주고 싶은 메시지이기도 하다.

정완영은 고향 김천의 황악산과 직지사를 사랑한 천생 시조시인이다. 그는 직지사 부근에 자리 잡은 백수문학관에 살아 숨 쉬고 있다. 한국 시조를 중흥시키고 동시조에 날개를 달아준 그는 문학관 뒷동산 나무 그늘 아래 고요히 잠들어 있다. 오늘도 동심의 샘에서 흘러나오는 맑은 물 백수(白水)는 한국 동시조의 숲을 마르지 않게 적실 것이다.

---

10 위의 글.

친자연적 서정성과 그리움의 미학
- 최계락 동시론

Ⅰ. 들어가는 말

 동록(東鹿) 최계락(崔啓洛)은 1930년 9월 3일 경상남도 진양군 지수면 승내리[1] 597번지에서 부친 최경호와 모친 이증수 사이에서 장남으로 태어났다. 1943년 지수보통학교[2]를 졸업하고 진주중학교에 입학한 후《문예 신문》에 동요시「고갯길」을 발표하였다. 1947년 주간《소

---

1 그가 어린 시절 살았던 임내마을에는 대밭이 우거져 있었다.
2 지수보통학교는 1980년대 100대 기업 중 30여 곳의 창업주나 대표를 배출한 대한민국 기업가 정신의 상징이다. 삼성 이병철·LG 구인회·효성 조홍제 창업주가 1회 졸업생으로 지수초를 함께 다녔다. 구철회 LIG 창업주, 구자경 LG그룹 명예회장, 구태회 LS 창업회장, LS 구평회·구두회 명예회장, 허준구 LG 명예회장, 허신구 GS리테일 명예회장, 허정구 삼양통상 회장, 허학구 정화금속 창업주, 유영수 고려공산 창업주, 허완구 승산그룹 창업주, 최종락 국제플랜트 창업주, 구자신 쿠쿠전자 창업주, 허동수 GS칼텍스 회장, 허승효 알토전기 창업주 등도 지수보통학교를 졸업했다. 최종락은 최계락의 동생이다.

학생》지³에 동요시 「수양버들」, 「조각달」을 발표하며 정식으로 등단했다. 그 후 《봉화》지에 동요시 「보슬비」⁴, 「해 저문 남강」⁵을, 《새동무》에 「새 일꾼 어린이」, 「외로운 고개」를 발표하는 등 청소년 문사로서의 재기를 아낌없이 발휘했다.

　진주고등학교를 졸업하고, 1948년 9월 《경남일보》 기자가 되었다. 동아대학교 국문학과에 진학했으나 1951년 전쟁으로 중퇴하였다. 1951년 이형기(李炯基)⁶와 함께 동인지 『이인(二人)』⁷을 발간하였다. 1952년에는 월간 아동 잡지 《소년세계》의 편집기자가 되었다가, 1953년 대구에서 육군 종군정찰용 기관지 《전선 문학》의 편집을 맡았다. 1956년 부산의 국제신문사에 입사하여 문화조사부장(1961), 편집부국장 겸 정경부장, 사회부장(1966) 등을 역임하였다. 동시인으로도 열정적으로 활동하며, 1958년 이주홍·손동인과 함께 부산아동문학회를

---

3 광복 직후의 대표적 아동지로 윤석중이 주간함. 1946년 2월 창간하여 1950년 6월호로 폐간됨. 45호까지는 주간으로 발행했다.
4 이 작품은 초등학교 교재에 수록되기도 하였다.
5 진주시 평거 녹지공원에 시비가 세워져 있다.
6 이형기는 최계락보다 세 살 아래로 그를 만나던 순간을 다음과 같이 기술했다. "백일장 시상식이 끝나자 진주중학 제복을 입은 키 큰 학생이 나를 찾아와 손을 내밀었다. 최계락군이었다. 초면이었지만 나는 최군을 전부터 알고 있었다. 그럴 것이 당시 최군은 전국의 여러 아동잡지에 상당수 동시를 발표한 기성시인이었고 또 '문학청년'이라는 동인지의 중심 인물이었기 때문이다. 그래서 평소부터 만날 수 있는 기회가 생기기를 바라고 있던 최군이 먼저 나를 찾아와 인사를 청한 것이다. 커다란 영광이 아닐 수 없었다."
7 이 동인지의 편집후기에는 최계락의 문학정신이 잘 나타나 있다. "밤만이라도 진정 고이 잠들 수 있어야 하겠습니다. 너무나 불우한 현실에서 맨발을 벗고 학교엘 가고, 갈가리 떨어진 꿈을 달래줄 장난감 하나 없이 자란다 할지라도, 그러나 밤만이라도 고이 잠들 수 있는 노래가 있어야 하겠습니다."

창립하고 부산아동문학의 초석을 다졌다.

1959년에는 동시집 『꽃씨』(예문관), 1966년에는 동시집 『철뚝길의 들꽃』(청운출판사)이 발간되었다. 1980년에 최계락 10주기 추모사업회에 의해 추모 시집 『외갓길』(해양출판사)이 발간되었고, 1998년에는 동시선집 『꽃씨』(문학수첩)와 『꼬까신』(문학수첩)이 간행되었다. 2010년 동시선집 『봄이면 생각나는』(해성)과 2015년 『최계락동시선집』(지식을 만드는지식)이 간행되었다. 그는 1963년에 부산시 문화상(문학부문)을 수상하였고, 1967년에 『철뚝길의 들꽃』으로 제3회 소천아동문학상을 받았다. 2005년에 '부산을 빛낸 인물'로 선정되기도 했다.

최계락은 구정희[8]와 혼인하여 1남 5녀를 두었다. 그의 삶과 문학은 이율적이지 않았다. 맑고 순수하며 꾸밈없는 작품처럼 그의 삶도 타인을 배려하고 정을 베풀며 청빈한 삶을 살았다. 타계 30주년이 되던 2000년에 최계락문학상 운영위원회[9]가 주관하는 최계락문학상이 제정되어, 2001년부터 시행하다 2008년부터는 국제신문사와 공동으로 주최하고 있다. 그의 고향 진주[10], 선조의 유택이 있는 경남 고성[11], 그의 삶의 주무대였던 부산시[12] 등에 시비가 건립되어 그의 동심과 문학정신

---

[8] 2018년 2월 25일 89세를 일기로 타계했다.
[9] 동생 최종락이 최계락 문학상을 제정하여 해마다 시인및 동시인 중에서 수상자를 선정하여 시상한다.
[10] 진주시의 시민녹지공원에 「해 저문 남강」 시비가 세워졌다.
[11] 고성군 개천면에 있는 선조의 유택에 「애가」와 「외갓길」이 양면에 새겨진 시비가 세워졌고, 고성 남산공원에는 「꼬까신」 시비가 세워졌다.
[12] 1971년 7월에 금강 공원에 「꽃씨」 시비가 세워졌고, 1977년에 용두산 공원에 「외갓길」 시비가 세워졌으며, 1994년 11월에 대신 공원에 「해변」 시비가 세워졌고, 2005년 8월에 이기대 공원에 「봄이 오는 길」 시비가 세워졌다.

을 기리고 있다.

Ⅱ. 최계락의 동시 세계

1. 친자연적 서정의 향기

최계락의 동시는 자연에서 시작하여 인간의 내면으로 향한다. 그 내면은 인간이 태어날 때부터 품고 있는 동심의 세계이다. 동심의 프리즘이 없이는 동시를 쓸 수 없다. 그는 태생부터 친자연적 성향이어서 꽃, 물, 하늘 등 자연물을 글감으로 많은 시를 발표했다. 꽃을 소재로 한 동시는 10편으로「꽃댕기」,「꽃씨1」,「꽃씨2」,「꽃길」,「목련」,「장다리 꽃밭」,「꽃 한 떨기」,「혼자 피어」,「꽃집」,「수양버들」,「꽃밭」등이다. 물을 소재로 한 동시는 5편으로「시냇물」,「보슬비」,「바닷가1」,「바닷가2」,「밤·바다」등이다. 하늘을 소재로 한 동시는 5편으로「별」,「달」,「하늘과 바람과 구름」,「달밤 1」,「달밤 2」,「저녁노을」등이다.

가. 꽃의 서정

최계락은 유난히 꽃을 사랑한 해맑은 동심의 시인이다. 대표작인「꽃씨」를 포함하여 꽃을 소재로한 동시를 10여 편이나 발표했다. 그 때문에 그를 꽃의 시인이라 부를 수 있는 것이다.

이 세상에 꽃을 싫어하는 사람은 없겠지만 그는 어린이처럼 좋아했다. 그의 대표작은 「꽃씨」이다. 씨앗은 영원불멸의 존재이다. 씨앗은 싹을 틔우고 꽃을 피우고 열매를 맺고, 그 한살이를 반복하면서 대물림하므로 불멸하게 된다.

꽃씨 속에는/파아란 잎이 하늘거린다//꽃씨 속에는/빠알가니 꽃도 피면서 있고//꽃씨 속에는/노오란 나비떼가 숨어 있다

-「꽃씨」전문

씨앗은 그리움의 상징이다. 씨앗이 품고 있는 생명체는 싹을 틔워 꽃을 피우고 향기를 내뿜어 벌나비를 불러 모은다. 씨앗 속에는 우주의 섭리가 내포되어 있다. 따라서 작은 씨앗 한 알은 우주 그 자체이다.

파아란 잎, 빠알간 꽃 노오란 나비 떼의 색은 3원색이다. 빨강, 노랑, 파랑, 이 3원색을 1차 색이라고 한다. 그리고 빨강, 노랑, 파랑을 섞어서 만들 수 있는 주황, 녹색, 보라색은 2차 색이라고 한다. 3원색을 섞어 만들면 우주 만물의 그 어떤 색도 표현할 수 있다. 최계락은 씨앗, 그것도 앙증맞은 꽃씨를 통해 삼라만상의 근원과 질서를 탐구해 낸 것이다.

개나리 노오란/꽃그늘 아래//가즈런히 놓여 있는/꼬까신 하나//아가는 사알짝/신 벗어 놓고/맨발로 한들한들/나들이 갔나//가즈런히 기다리는/꼬까신 하나

-「꼬까신」전문

한국의 봄을 대표하는 꽃은 개나리이다. 진달래꽃 이미지의 분홍 치마와 개나리꽃 이미지의 노란 저고리는 고운 한복의 상징적 색상이다. 개나리꽃은 노란 물감을 칠한 듯 봄을 환하게 물들인다. 유아기는 자조 행동이 발달하는 시기이다. 자조 행동이란 모든 것을 스스로 하려는 행동을 말한다. 이 시기의 아이들은 심리적으로 정돈을 잘하려 한다. 엄마가 정돈하는 것을 보고 배우며 따라 한다.

아가는 예쁜 꼬까신을 가지런히 정돈해 놓고 어디로 나들이를 가고 없다. 꼬까신은 한들한들 나들이 간 아기를 기다리고 있다. 개나리꽃 만발한 봄날의 평화롭고 한가한 정서이다. 햇살 맑은 봄날, 나들이를 한다는 것은 마냥 설레는 일이다. 맨발은 자유로움이다. 한들한들 나들이 간 아기와 그 아기를 기다리는 꼬까신은 나들이와 기다림의 동심적 미학이다.

> 복사꽃 바알갛게/피고 있는 길//파라니 오랑캐가/피어 있는 길//엄마한테 손목 잡혀/나서 첨으로//하늘 하늘 아가의/외갓집 가는 길은//나비가 앞장 서는/붉은 언덕길//바람이 앞장 서는/파아란 들길
>
> — 「외갓길 1」 전문

이 동시에는 비슷한 시기에 피는 복사꽃과 오랑캐꽃이 등장한다. 오랑캐꽃[13]은 제비꽃을 가리킨다. 복사꽃의 색깔을 '바알갛게'로 표현하였

---

13 제비꽃을 오랑캐꽃이라 부른 것은 고려시대 북쪽 변방에 이 꽃이 필 무렵 오랑캐들이 자주 쳐들어왔다는 설과 꽃 모양이 뒷머리를 길게 늘어뜨린 여진족의 머리 모양과 유사하기 때문에 유래되었다는 설이 있다.

다. 복사꽃이 필 무렵 들길 산길에는 '파라니' 오랑캐꽃이 피어난다. 바알간 복사꽃과 파란 제비꽃의 색상을 대비시키고 있다. 아가는 난생처음 엄마의 손에 이끌려 들길을 가고 있다. 외가에 가는 첫나들이 길이므로 특별한 날이다. 그 때문에 봄바람 부는 언덕길에는 나비가 길라잡이가 되어 나풀나풀 앞장서고 있다.

나. 물과 비의 서정

> 흐르는 남강의 맑은 물위에/해가 지면 반짝반짝 별이 흐르고.//흐르는 남강의 맑은 물위에/해가 지면 밝은 달이 떨어지고요.//흐르는 남강의 맑은 물결은/해가 지면 별님 달님 싣고 갑니다.
>
> —「해 저문 남강」 전문

이 동요시는 최계락이 진주중학교 3학년 때인 1947년에 《동화》지에 발표한 작품이다. 해가 진 남강의 밤 풍경을 노래하고 있다. 남강은 그가 다닌 진주중학교에서 그리 멀지 않은 곳이다. 그는 해 질 무렵 이따금 촉석루에도 올랐을 것이다. 1연에서는 반짝반짝 별이 흐르는 남강 물결, 2연에서는 밝은 달이 비치는 남강 물결, 3연에서는 별들과 달이 비치는 남강 물결을 노래하고 있다. 밤이 깊어감에 따라 별들이 뜨고, 달이 떠오르고, 별과 달이 함께 비치는 남강 물결을 노래하고 있다.

> 물결이 노닐다/몰리어 가면/하아얀 모랫벌에/조개 한 마리//어쩌면 어쩌면/울음이 일어/귀 기울여 멀어가는/아득한 소리
>
> —「해변」 전문

바닷가에 물결이 몰려왔다 다시 밀려간다. 물결에 떠밀려온 조개 하나가 하얀 모래밭에 홀로 남아 있다. 텅 빈 모래벌에 혼자 남으니 외로울 수밖에 없다. 외로운 조개 한 마리는 결국 울음을 터뜨린다. 그 울음소리가 조개의 울음소리인지 물결이 남기고 울음 소리인지 중의적이다. 모랫벌에 동그마니 혼자 떨어져 있는 외로운 조개의 모습과 멀어져가는 바다 물결 소리가 교차하고 있다. 아득한 소리는 물결 소리이고 그리움의 정조(情調)이다.

보슬비 보슬보슬/살구나무 가지에/한 방울 송알송알/금구슬 맺고//보슬비 보슬보슬/빨랫줄 위에//두 방울 대롱대롱/옥구슬 맺고
- 「보슬비」 전문

보슬비는 꽃눈이 피어나는 봄과 잘 어울린다. 여린 꽃이 잘 피어나도록 가늘고 부드럽게 내려야 좋다. 보슬비는 조용히 가늘고 성기에 내리는 비를 일컫는다. 꽃눈을 틔우려는 살구나무 가지에 조용히 내린다. 살구나무 가지에는 송알송알 금구슬이 맺히고, 빨랫줄에는 보슬보슬 옥구슬이 맺혀 있다. 변화를 주기 위해 1연에서는 살구나무에 금구슬이 한 방울, 2연에서는 빨랫줄에 옥구슬이 두 방울 맺혀 있다고 노래하고 있다.

소낙비 그치고/활짝/개인 하늘//매아미/두 눈에/푸른빛이 시리다
- 「소낙비 개이고」 전문

소낙비는 갑자기 세차게 내리다 금세 그치는 특징이 있다. 사납게 내리다가 언제 그랬냐는 듯 시치미를 뚝 떼는 것이 어린이와 통하는 특성이다. 소낙비가 그치고 나면 하늘이 활짝 개인다. 마치 어린 아기가 막무가내로 자지러지게 울다 울음을 뚝 그치는 모양새다. 매미(매아미)는 머리 양쪽에는 겹눈이 있고, 중앙에는 세 개의 홑눈이 있다. 양쪽의 푸르스름한 겹눈을 푸른빛이 시리다고 하였다. 소나기 그치자 신나게 노래하는 매미의 겹눈을 맑은 하늘을 닮아 시리다고 표현하였다.

다. 하늘과 노을의 서정

> 하늘은 바다/끝없이 넓고 푸른 바다//구름은 조각배/바람이 사공되어/노를 젓는다
>
> - 「하늘」 전문

최계락의 동시는 간결미가 있기 때문에 이미지가 선명하다. 이 동시는 초등학교 국어 교과서에 오랫동안 수록되었다. 푸른 하늘을 넓은 바다에, 구름을 조각배, 바람을 사공에 비유하였다. 하늘에서 느끼는 직관적 이미지를 은유적으로 표현한 것이다. 망망한 바다의 수평선을 보면 어디가 하늘이고 어디가 바다인지 구별이 잘되지 않는다. 하늘에 흘러가는 구름을 조각배에 비유한 것은 동심적 발상이 아닐 수 없다.

> 외줄기/고갯길에/저믄 산바람//눈 감으면 바람결에/길이 지는데//사

립 밖/돌다리에/나란히 앉은//남매는/어린 대로/집을 보는가//누나야/두 눈에/젖는 꽃구름//동생의 두 볼에도/시린/저녁놀

-「저녁 노을」 전문

    동시 속에 등장하는 인물은 누나와 동생 사이인 어린 남매이다. 해 질 녘 남매는 사립문 밖 돌다리에 앉아 엄마를 기다리고 있다. 남매는 돌다리에 앉아 고개를 넘어 돌아올 엄마를 기다리며 집을 보는 것이다. 어린 누나의 눈에는 꽃구름이 잠겨 있고, 동생의 바알간 볼에는 저녁놀이 물들어 있다. 이 시는 어린이보다는 어른들이 더 공감할 수 있는 성인 동시라 할 수 있을 것이다. 전체적으로 7·5조를 2행으로 배치하고 있는데 자수가 한두 자씩 넘나들고 있다. 목월의 시「나그네」가 연상되는 것은 '외줄기 고갯길'과 '시린 저녁놀'이 있기 때문이다. 고갯길도 저녁놀도 모두 그리움의 대상이다.

라. 달의 서정

키다리 전봇대 담벽 기대고/손발이 시리다고 엉엉 우는 밤/하늘에서 달님은 추워 어쩌나/솜옷도 안 입고 꽁꽁 얼겠다//가랑잎도 굴러와 창문 밖에서/문 좀 열어 달라고 벌벌 떠는데/달님은 구름 밑에 어서 들어라/솜털이불 구름이불 어서 덮어라

-「달」 전문

    이 작품도 7·5조가 근간이 되고 있다. 동요시에서 자유시로 넘어가

는 전환기에 쓰여진 동시이다. 화자는 추운 겨울밤 추위에 떨고 있는 달님을 걱정하고 있다. 전봇대를 의인화하여 '손발이 시리다고 엉엉 운다'라고 했다. 날씨가 갑자기 추워지면 전깃줄도 팽팽해져 진동음을 내게 되는데 이를 두고 전봇대가 운다고 표현했다. 전봇대가 울 정도로 추운 밤하늘을 쳐다보니 달님은 실오라기 하나 걸치지 않은 맨몸이다. 헐벗은 달님에게 구름 이불 밑으로 어서 들어가라고 기원하는 화자의 따뜻한 동심이 잘 그려져 있다.

  2. 계절 속에서 동심 찾기

  최계락은 동시의 글감을 사계절의 자연에서 많이 차용하였다. 사계절 중에서도 감성적 요소가 풍부한 봄과 가을을 많이 다루고 있다. 봄은 8편, 여름은 1편, 가을은 9편, 겨울은 4편이 있다. 봄을 소재로 한 동시는「봄이 오는 길」,「봄」,「봄이면 생각나는」,「봄날」,「봄비 1」,「봄비 2」,「봄과 골목」,「봄의 소리」등 8편이다. 가을을 소재로 한 동시는「가을」,「어느 가을 아침이 쓰는 동시」,「코스모스 1」,「코스모스 2」,「코스모스 3」,「어느 첫가을 아침」,「초가을」,「가을밤」,「가을·바닷가」등 9편이다. 여름을 소재로 한 동시는 2편 뿐으로「초록길」,「어느 여름밤」인데 그가 무더운 여름을 그다지 좋아하지 않았음을 유추할 수 있다. 겨울을 소재로 한 동시는「첫겨울」,「눈 오는 날 1」,「눈 오는 날 2」,「겨울밤」등 4편이다.

  가. 봄철에 나타난 동심

– 엄마/저기 저/먼 산마루에/반짝반짝 빛나는/저건 무얼까요?//발돋음하고/발돋음하고 기다리는 봄은/아직/산 너메 머무는데//– 엄마/저 뜨락/옷 벗은 나무 빈 가지에는/또/언제쯤/파란 잎이 틀까요?//창문을 열고/창문을 열고–/"봄이 오면…" 기다리는/아가의 눈에/2월은/아직/가시처럼 시리는데…

— 「二月」 전문

이 작품에서 2월은 3월이 오기 직전, 봄이 오기 직전을 의미한다. 이 동시에서 '발돋음하고, 발돋음하고'와 '창문을 열고, 창문을 열고'처럼 반복적이고 대칭적인 표현은 기다림의 정서를 강조하고 있다. 아기가 발돋음해서 창문을 열게 되었다는 것은 겨울 동안 아가가 한 뼘 더 성장했다는 뜻이다. 또한 봄으로 상징되는 희망이 다가오고 있음을 의미한다. 따라서 봄은 기다림의 상징이고 희망의 전령이다.

양지바른 담벼락/등을 기대/아가는야 나즉히/불러보는 것//"봄이야 오렴"/"봄이야 오렴"//어디라 바라보는/산마다 들판마다/흰 눈만 차거히/다가서는데//"봄은 언제사 오나"/"봄은 언제사 오나"//스치는 바람결에/손만 시리며/아가는야 그래도/기다리는 것//"봄이 오면은"/"봄이 오면은"

— 「봄」 전문

삶은 기다림의 연속이다. 계절 중에서 기다림의 속성이 가장 큰 것은 봄이다. 여름을 기다리거나 겨울을 기다리는 정서는 그리 많지 않을 것이다. 혹독한 추위라는 현실이 고달프기 때문에 봄이 기다려지는 것이다. 이 작품 역시 아기가 봄을 기다리는 정서가 가득하다. 봄을 기다리는 주체는 새싹에 비유할 수 있는 아기이다. 아기는 아직은 추워 양지쪽 담벼락에 등을 기대고 먼 산과 들을 바라본다. 눈이 쌓인 정경을 보며 봄은 언제나 올까 시린 손을 비빈다. 그럴수록 봄이 더욱 기다려진다. 이 동시에는 기다림의 동심적 미학이 담겨 있다.

  봄은/바다를 건너/먼/남쪽에서 온다.//거치른 산/메마른 들판/꽃수레에 실려/봄은 언덕을 넘고//넘치는/그 잔잔한/강물처럼//봄은/내 마음 속/나직한 한가닥/아/ 노래로 온다.
              - 「봄이 오는 길」 전문

최계락이 이 시를 창작했던 무대는 남녘 항도 부산이다. 봄은 바다를 건너 남쪽에서 온다고 생각한 단초가 되는 까닭이다. 봄은 거친 산을 넘고 들판과 언덕을 지나 화자의 마음속으로 파고든다. 봄은 꽃수레에 실려 강물처럼 밀려드는 노래인 것이다. 이 동시는 봄이 오는 공간적 배경을 바다와 산, 들판으로 확대하여 자연 전체 무대로 확장하고 있다.

  볕 바른 마루턱에/나른히/고양이가 조으는/한 나절//채소밭 머리/병아리는/어쩐지/제 겁이 많고//흰 옷깃 그림자가/아물아물/멀어 가는 고갯길에//꿈처럼 피어 나는/봄 아지랑이//지붕을/가지런히/서로 맞대고/마을은/도란도란/슬프지 않네.

- 「마을 1」 전문

1924년에 발표한 이장희의 시 「봄은 고양이로다」[14]가 떠오르는 동시이다. 볕 바른 마루는 따뜻하여 나른한 고양이가 졸기에 안성맞춤인 장소이다. 남새가 자라는 채소밭에는 봄의 상징인 병아리들이 숨바꼭질하며 논다. 고갯길에 피어나는 아지랑이를 '꿈처럼'이라 표현함으로써 몽환적 판타지를 촉발해 내고 있다. 이 동시의 압권은 '지붕을 서로 맞대고 있어 슬프지 않은 마을'이라고 설정한 마지막 연이다. 마을이 슬프지 않은 것은 도란도란 이야기할 수 있는 이웃이 있기 때문이다. 그 마을이 더욱 슬프지 않은 것은 봄이라는 희망의 전령이 오고 있기 때문이다.

나. 여름철에 나타난 동심

아카시아 흰 꽃이/환한/학교길을//혼자서/돌아오는/토요일 오후//부드러운/바람은/어디서/불어오고//풀 냄새/묻어오는/들판 너머로//맞은편/푸른 산이/그림만 같은//휘파람 불며 오는/시오리/학교길에//어느새/초록빛/여름을 걸어가나

- 「초록길」 전문

시에 나타난 계절은 늦봄과 초여름 사이이다. 화자는 들길을 걸어 아

---

14 고요히 다물은 고양이의 입술에/포근한 봄 졸음이 떠돌아라

카시꽃 만발하고 산과 들이 온통 초록빛인 초여름 들길을 걸어 집으로 가고 있다. 토요일에도 반나절은 학교 수업이 있던 시절 하교하는 어린이의 정서를 시적 감흥으로 승화시킨 동시이다. 부드러운 바람에 꽃향기가 풍겨오고, 풀 냄새도 묻어오므로 시오리길 하굣길이 힘들지 않고 오히려 휘파람이 나올 만큼 정겹다. 시 전체의 내용이 하나의 서경이면서도 행간에 그리움의 감정 요소가 끼어들어 정겨움을 북돋우고 있다. 이처럼 최계락은 동시의 순수성을 지키며 풍부한 서정을 작품 전체에 깔고 있다.

> 아버진/왜/여태/안 돌아오실까.//고개 너머 마을로/품팔이/가신,//아버지를/기다리다/깜빡/잠이 들어 버린/석이.//밤은 깊어서//얼마나/되었을까.//잠결에/어쩌다/눈이/뜨여서…,//언제/오셨을까/아,/아버지,//아랫목에/곤히/잠드셨는데,//까닭 없이/혼자/싱긋/웃고는,//자리 고쳐/돌아눕는/짧은/여름밤.
>
> － 「어느 여름밤」 전문

이 동시 역시 기다림의 정서를 노래하고 있다. 석이 아버지는 재 너머 마을로 남의 집 일을 가셨다. 보리타작하러 갔는지 무논에 김을 매러 갔는지는 모를 일이다. 화자인 석이는 아버지를 기다리다 깜빡 잠이 들었다. 석이가 잠결에 눈을 떴을 때, 아버지는 방 아랫목에서 잠이 들어 있다. 아버지는 낮 동안 힘든 일을 하면서 더위에 지쳤으리라. 곤히 잠든 상태에서도 힘든 기색 없이 잠결에 혼자 싱긋 웃는 아버지의 순박한 모습이 수채화처럼 잘 그려져 있다. 기다림은 그리움이고 그리움은 사랑이다. 품팔이간 아버지를 기다리는 석이의 아버지 사랑이 여름밤의 정경 속에 수놓아져 있다.

다. 가을철에 나타난 동심

> 무엇인가/맑고 부드러운 것이/한 아름/안겨 든다//애타게/애타게/기다리다가//사무치게/사무치게/불러 보다가//귀뚜리도 목이 메어/돌아선/이 밤//멀리서/가까이서/어쩌면 나직한/어머니 음성 같은//무엇인가/맑고 은은한 것이/아 한 아름/가슴에/안겨든다.
>
> ―「가을 1」 전문

가을밤의 정서는 외로움을 동반한다. 귀뚜라미의 울음소리는 그런 기다림의 심지를 더 돋우게 마련이다. '애타게'와 '사무치게'를 반복함으로써 절실함을 드러내고 있다. 이 시에서 막연하고 구체적이지 못한 이미지는 아쉬움을 자아낸다. 하지만 어머니의 '목소리를 맑고 은은한 것'으로 구체화함으로써 가을밤의 정서를 고조시키고 있다. 이 시의 화자는 어른으로 보인다. 화자가 어른일 때 동심의 나이테는 선명하지 못할 수 있다.

> 몇 치는 더/하늘이/높아진 것만 같다.//채소밭 머리/수숫대를 흔드는 바람 소리도/어쩌면/한결 맑은/요/며칠을,//어쩌자고/또/귀뚜리는/저렇게 울어대고……,//대청마루에/호얏불[15]을 끄고 누워 밝은/오히

---
15 일본어 '호야(屋)'에 '불'을 붙여 만든 단어다. '호야'는 석유등이나 가스등의 바람막이 유

려/밤은,//이웃인 듯/이웃인 듯/먼/다듬잇 소리.

-「초가을」전문

　가을을 상징하는 이미지는 높은 하늘이다. 높아진 하늘이 한 '자'도 아니고 겨우 몇'치'이다. 치는 '척'의 10분의 1이니 3센티 정도이다. 하늘이 한 10센티미터 정도 더 높아졌다고 했으니 너무나도 소박하고 꾸밈없는 표현이다. 가을 들녘의 상징은 수숫대이고, 가을밤의 전령은 귀뚜라미이다. 바람도 맑은 가을밤 대청마루에 누워 듣는 귀뚜라미 울음소리는 가을에만 느낄 수 있는 정감이다. 호얏불을 끄니 오히려 달빛이 밝은 가을밤 멀리서 들리는 다듬이 소리는 어른을 위한 동심의 시이다.

　울음을 죽였던/섬돌가의 귀뚜리들이/다시/운다.//잠잠히/헌옷가지들을 꿰매시던/어머니께서/생각난 듯/호얏불/심지를 돋구면,//어느새/밤은/이토록 깊고,/아버진/오늘 밤도/늦으시려나.//읽던 책을 덮고/창문을 열면/푸른/달빛은/밀물처럼 쏟아지고,//어딘가 먼 곳을/흘러가는/기적 소리….

-「가을밤」전문

　이 시 또한「초가을」의 정서와 비슷하다. 섬돌가 귀뚜리 소리와 호얏불이 가을밤에 느끼는 대표적 심상이다. 모두가 잠들도록 울음을 죽였던 귀뚜리들이 다시 울 때까지 어머니는 호얏불 심지를 돋우며 바느질하신다. 아버지는 일터에서 아직도 돌아오지 않는다. 화자인 나는 아버

리통이다.

지를 기다리며 책을 읽는다. '창문을 열면 쏟아지는 푸른 달빛'의 시각적 이미지와 '먼 곳을 흘러가는 기적 소리'의 청각적 이미지가 자아내는 심상은 이 시의 압권이다. 하지만 이 또한 어른의 정서에 치우치고 있는 아쉬움이 있다.

라. 겨울철에 나타난 동심

> 잎을 털어 버린/감낡에/이른 아침/하얀/첫서리//가을은 가고/겨울이 오는/뜨락//눈송이 같은/찬 서리를/밟으며/발 벗은 참새 한 마리가/오소소/칩다
>
> — 「첫겨울」 전문

시월 하순 상강 절기 무렵이면 첫서리가 내린다. 그 무렵 나무들도 추위를 견디기 위해 잎을 떨군다. 여러 종류의 나무 중에서도 감나무는 유독 늦가을의 정취와 잘 어울린다. 윤기 나던 나뭇잎들도 불그스레 물들어 낙엽이 되면 몇 개 남은 까치밥 위에 하얀 서리가 내린다. 가을과 겨울이 교차되는 정점이다. 서리를 밟고 있는 참새를 등장시켜 갑자기 더 춥게 느껴지는 초겨울 날씨를 그려내고 있다. 발 벗은 참새여서 '오소소' 추운 것이다. 한 마리어서 더 춥고 외로운 참새의 이미지가 첫겨울 정서의 심지를 돋우고 있다.

> 뜰에/달빛이/차다.//막/기러기가/울고 간/하늘에,//우수수/별들이/떨어질 것만 같다.//어디/먼 곳에서/마을 개가/짖고,//쨍!/우물가선/

물동이가/어나 부다.

-「겨울밤」전문

  차가운 달빛이 자아내는 심상은 겨울밤 이미지 그 자체이다. 가을을 상징하는 기러기들도 울고 떠난 밤하늘은 별들이 가득하다. 하늘이 맑고 별빛이 고와 우수수 쏟아져 내릴 것 같은 밤하늘의 정취를 수채화처럼 그려냈다. 날씨가 추운 밤이면 개 짖는 소리도 크게 들린다. 추운 겨울밤을 '쨍!' 물동이 어는 소리로 부각시켰다. 1연의 뜰에 어리는 달빛의 시각적 이미지와 2연의 기러기 울음소리, 3연의 총총한 별밤의 시각적 이미지와 4연의 개 짖는 소리가 대조를 이루며 심상을 일깨운다. 5연에서는 마을 공동 우물에서 물 길어 먹던 시절, 그 시절의 정서를 소환하고 있다.

3. 우정과 그리움의 노래

무엇을 쓸까/엽서/한 장에//적을 말이 없구나/엽서/한 장에//긴 /이야기는/턱을 괴고//책상 앞에/앉아서//밤은/깊은데//아빠 따라/멀리/서울로 간/영수야,//적을 말이/없어서//엽서/한 장에//쓸 얘기가 없어서/엽서/한 장에.

-「엽서 한 장에」전문

  인터넷과 온라인서비스의 발달로 엽서와 편지쓰기가 구시대의 유물이 되어버렸다. 집배원이 인정을 나르던 그 시절 화자는 서울로 전학

149

간 친구 영수를 그리워하고 있다. 턱을 괴고 오두마니 앉아 친구 생각을 하느라 밤이 깊어간다. 하고 싶은 말은 많은데 막상 쓰려고 하니 적을 말이 없어진다. '풍요 속의 빈곤'이란 말은 이를 두고 한 말인가! 엽서 한 장은 너무 적어서 하고 싶은 말을 다 하지 못하고 있다는 역설이 깔려 있는 시이다. 밤이 깊도록 채우지 못하는 엽서, 그 그리움의 정서가 가득한 시이다.

어디 갔을까/하루/이틀/사흘…….//아침이면/꼭 이맘때쯤/학교 가는 골목길서//눈인사로 정이 든/판자 가게/그 아이//어디/딴 곳으로/자리를 옮겼을까//아니면/몸져/누워라도 있는 걸까//왜 안 나올까/나흘/닷새/엿새…….//오늘도 학교 길에/그 애는 없고,//문 닫은 빈 가게만/비에/젖는다

―「판자 가게 그 아이」 전문

판자로 얼기설기 집을 지었으니 허술한 구멍가게일 것이다. 구차하고 빈곤하게 살던 6·25 전쟁을 전후한 무렵 곤궁하던 그 시절에는 구멍가게도 초라해서 보잘것없었다. 아침 등굣길 눈이 마주치던 그 아이의 모습이 보이지 않자 화자는 궁금하기 짝이 없다. 골목길에서 늘 마주치고 눈인사로 정답던 그 아이가 보이지 않는다. 가게가 이사를 갔는지, 아파서 몸져 누웠는지 일주일이 되도록 소식을 모른다. 그 아이가 보이지 않는 외로운 학교길에 쓸쓸한 내 마음처럼 비가 내린다.

순이네 집/담너머/하얀/목련꽃.//주인 없는/집을 지켜/혼자/피었

네.//봄 살기가 어려워/도시로 나간/순이는/지금쯤/뭘하고 있는지.//아침/저녁/학교길에/정다운 그 꽃을,//순이야,/너를 보듯/보면서 간다.

- 「목련」 전문

보릿고개라고도 불리던 춘궁기, 양식이 떨어져 살기 어려운 봄이 되니 순이네가 살던 빈집에도 목련이 피었다. 먹고 살기가 힘들어 일자리를 찾아 도시로 이사를 간 순이네. 그 빈집에도 하얀 목련이 활짝 핀 것이다. 빈 집에 핀 꽃이어서 어둠 속의 촛불처럼 더 환하게 느껴지는 것이다. 화자는 하얀 꽃을 보며 가난한 집 아이 순이를 생각한다. 도시로 떠난 순이를 보듯 목련꽃을 보며 학교에 간다. 꽃을 보면 그리움이 승할 수밖에 없다. 화자에게 목련은 순이고 그리움의 대명사인 것이다.

고갯길 구비구비 어디로 가나/솔밭 새로 외줄기 호젓한 산길//저 고개 넘어가면 어디일까요/푸른 하늘 고요한 산 너머 마을//저 산 넘어 남쪽으로 자꾸만 가면/그리운 내 고향도 있을 테지요.

- 「고갯길」 전문

이 동요시는 7·5조의 외형률을 갖추고 있다. 고갯길을 보며 그리운 고향을 생각하는 동시이다. 이 시의 화자도 동심을 잃지 않은 어른이다. 향수에 젖어 있기 때문이다. 산길은 외줄기이고 호젓하다. 고개 넘고 산을 넘어가면 마을이 나올 것이다. 길은 마을과 마을을 이어주기 때문이다. 화자의 고향은 남쪽에 있다. 산 넘어 남쪽으로 자꾸만 가면 고향이 있을 거라며 향수를 달래고 있다.

> 소낙비에/얼굴을 감아 빗고/다가 앉는/산//초록빛 저고리/초록빛 치마/새 옷 입고 시집 간/누나/그립다.
>
> — 「누나 생각」 전문

소낙비가 내리고 나면 세상이 깨끗해진다. 미세먼지까지 씻겨 내려가 산도 더욱 선명하게 다가온다. 산을 의인화하여 '소낙비에 얼굴을 감아 빗고 다가 앉는 산'이라고 표현했다. 샤워를 마치고 거울 앞에 앉은 화자의 모습이다. 소낙비에 목욕한 산의 색깔은 온통 초록빛이어서 초록빛 치마저고리를 입은 누나가 떠오른다. 그런 산을 보니 초록빛 새 옷을 입고 시집간 누나가 그리워지는 것이다. 그리운 누나가 산처럼 다가온다.

Ⅲ. 나오는 말

최계락은 불과 40년이라는 짧은 생애를 살다 갔지만 그가 한국 아동문학사에 남긴 족적은 굵고 선명하다. 그의 대표작이라 할 수 있는 꽃씨와 꼬까신은 초등학교 국어 교과서와 음악 교과서에 실려 지금까지도 널리 애송되고 애창되고 있다.

이재철은 그를 "1950년대 초기의 설명적 동요 일변도로 인해 침체된 상태에 빠졌던 동시단에 이종택·이종기와 더불어 시의 순수성 옹호를 부르짖음으로써 1960년대 본격동시 완성의 가교를 마련하였다"[16]라고 평했다. 공재동은 그의 시『철뚝길의 들꽃』은 이원수 이후 동시에 현실을 수용하려는 노력을 보여주었다는 점에서 주목을 받아 마땅하다[17]고 하였다. 김형만은 '자유율과 순수 서정의 세계를 그려 짝짝쿵 동요를 넘어서는 디딤돌이 되었다는 점에서 의미를 지닌다'며 '그가 창작한 작품이 이러한 시대적 요구를 충족해 주는 시행의 압축과 독창적이 자기 시형의 확립을 보여주고 있다'[18]라고 평가했다. 신현득은 '최계락은 동시의 순수성을 지켰고, 그의 작품은 서정을 기저로 한 동시였다. 어떤 사물 어떤 상황이라도 그의 시제로 손에 잡히면 일단 이미지 흐름 속의 리듬에 갇히게 마련이다'[19]라고 하였다. 이준관은 최계락을 '동요 일변도의 동시단에서 시의 순수성을 지키며 본격 동시의 가교를 마련했고, 동시를 시로서의 미학으로 끌어올려 본격 동시의 가교를 마련했다'[20]라고 호평했다.

이러한 평들을 종합해 보면 최계락은 1960년대 본격동시 운동에 주도적으로 참여하여 순수 서정의 세계를 그리며 동시의 문학성 확립에 기여한 시인이라고 평가할 수 있다. 그는 동요시라는 시대적 조류에서 탈피하여 자유동시에 서정성과 현실성을 접목하여 문학성까지 확보한 1960년대를 대표하는 동시인이다.

꽃은 향기로 벌나비를 불러들여 씨앗을 맺게 하고, 그 씨앗은 대를

---

16 이재철,『한국아동문학대사전』, 계몽사, 1989, 346쪽.
17 공재동,『한국아동문학작가작품론』, 서문당, 1991, 747쪽.
18 김형만,『최계락 동시 연구』, 경상대학교 대학원 석사학위 논문, 2000, 73쪽.
19 신현득『한국 동시사 연구』, 단국대학교 대학원 박사학위 논문, 2000, 188~189쪽.
20 최계락,『최계락 동시선집』, 지식을 만드는지식, 2015. 이준관 해설.

이어 불멸한다. 최계락의 동시는 꽃과 같아서 향기가 오래 남고 그리움이라는 씨앗을 남겼다. 꽃을 사랑했던 시인은 능소화가 줄줄이 피고 배롱꽃이 함초롬히 피던 1970년 7월 4일 숨을 거두었다. 개나리 꽃그늘과 꽃씨 속 상상의 세계를 그리며 아내에게 '미안하다'라는 말을 남긴 채 한 송이 꽃이 지듯 세상을 떠났다. 유해는 부산 금정구 청룡동 시립공원묘지에 안장됐다.

향토적 음악성과 한국인의 정서
- 최순애 동요시론

I. 들어가는 말

　최순애(崔順愛)는 1914년 3월 10일(음력 2월 14일) 아버지 최경우와 어머니 마정심[1] 슬하의 1남 5녀 중 셋째딸로 수원면 북수리(현 수원시 북수동)에서 태어났다. 그가 살던 마을은 북수동 장안문에서 화홍문에 이르는 성곽 바로 아래동네[2]였다. 근처 숲에는 노송과 능수버들이

---

[1] 마정심은 소녀 시절 기독교 선교사의 집에서 거주하게 되면서 기독교 신자가 되었고, 서구문화에 눈을 뜬 개화지식인이었다.
[2] 순이는 한반에서 단짝인 한홍이와 파하는 길로 책보를 허리에 동여매고 집으로 오다가 용두각 곁의 방아수류정 활터까지 올라갑니다. 오랑캐, 민들레꽃이 닥지닥지 핀 언덕길에 꽃을 따며 모래를 부릅니다. -중략- 방아수류정 누상에 올라 정자 밑의 용못을 굽어보고 물오른 버드나무를 바라보며 옛날 동화 속의 마을을 생각합니다. 멀리 보이는 광교산 시루봉을 바라보며 크레용을 꺼내서 사생을 합니다. 동경으로 유학가신 오빠가 사 보낸 크레용과 도화지를 꺼내서 아무리 잘 그리려고 애쓰나 되지를 않습니다. 최순애, 「어린 시절의 추억」,

울창했다. 너른 벌판에는 논밭이 펼쳐져 있었다. 논에서는 뜸부기가, 숲에서는 뻐꾸기가 울었다. 그의 아버지는 상당한 토지 소유자로 큰 과수원을 하고 있었다.

최순애는 1922년 삼일여학교[3]에 입학했다. 독실한 기독교 집안에서 음악과 문학을 즐기며 어린 시절을 보냈다. 성곽 밑으로는 산책로가 있었다. 약간의 오르막길과 내리막길을 반복하면 성을 따라 계속 이어져 있었다. 성벽을 따라 산길을 오르면 나지막한 산이 이어지고 솔숲이 우거져 사시사철 산새가 날아와 울었다. 최순애는 날마다 학교가 파하여 집으로 돌아오면 산등성으로 올라갔다. 1928년 최순애는 삼일여자보통학교[4]를 졸업(16회)하고, 배화학당(배화여고)에 입학했으나 건강이 좋지 않아 자퇴를 하였다.

최순애의 집은 독실한 기독교 집안으로 과수원을 운영하여 유복한 편이었다. 1남 4녀 남매 중 최순애는 셋째이고, 넷째가 최영애이다. 영애는 열 살 때인 1925년 「꼬부랑 할머니」[5]가 《어린이》지 4월호에 입선

『오빠 생각』, 고향의봄기념사업회, 25~33쪽.
3 1902년 6월 개교한 수원의 종로교회의 매일학교(Day School)의 개교 당시의 명칭은 삼일소학당(三一小學堂)이었다. 1906년 학교명칭을 삼일여학당이라 개칭했다. 1909년 삼일여학당은 1909년 4월 28일 대한제국학부대신 이재곤으로부터 정식으로 근대적인 학교로서 설립인가를 받아 삼일여학교로 부르게 된다. 1913년 수원 장안동에서 오늘날 매향학원이 위치한 팔달고 매향동으로 이전하고 학제도 기존 4년제에서 6년제로 변경되었다. 1926년부터 교명도 삼일여자보통학교로 개명되었고, 1938년부터는 조선총독부에 의해 매향여자심상소학교로 강제개명되었다. 그 후 수차례 개명 변경 끝에 2010년 매향중학교로 개칭되었다.
4 교장은 미국인 여자 선교사 밀러(Lula Adelia Miller)였다.
5 꼬부랑 깡깡이 할머니는/ 집행이 집고서 어데 가나/ 꼬부랑 고개를 넘어가서/ 솔방울 줏으러 가신단다.// 꼬부랑 깡깡이 할머니는/ 저녁에 어데서 혼자 오나/ 꼬부랑 고개를 넘어가

작으로 뽑혔다. 배화여고를 졸업하고 이화여대 성악과를 나와 음악 교사를 하다 미국으로 이민을 갔다. 막내인 최경애는 배화여고 시절 높이뛰기 선수로 일본에서 열린 육상대회에도 출전하였다.

오빠 최신복(崔信福, 1906~1945)도 필명이 영주(永柱)로 아동문학[6]을 했다. 개벽사에 근무하며 소파 방정환을 지척에서 도왔다. 그는 1922년 배재고를 졸업하고 일본으로 유학 니혼대학을 다녔다. 1923년 9월 1일 관동대지진 때 제노사이드(집단학살) 참상을 목도하고 귀국하여 일경의 감시를 받으며 교사와 기자 생활을 했다.

최신복은 일본 유학을 포기하고 주로 서울에서 하숙하며 지냈다. 어머니가 일본 재유학을 강력하게 반대했고, 일경의 감시도 심해서였다. 수원에서 화성소년회를 조직하여 소년운동에 힘쓰고, 동아일보 수원지국 기자로 일하다 1927년 1월부터는 개벽사에서 소파 방정환을 도와 잡지 《어린이》, 《학생》, 《소년》 등의 편집에 종사하였고, 한국 최초의 수필 잡지 월간 《박문》을 발행하였다.

1931년 방정환 사후에도 서울 홍제원 화장장 납골당에 있던 방정환의 유골을 망우리 아차산으로 옮기는 일에 앞장섰다. 그는 방정환의 묘소를 돌보는 등 소파를 위하는 일을 하다 해방을 7개월 앞두고 폐결핵(인후암)으로 사망했다. 최신복은 방정환의 묘를 돌보기 위하여 부모의 묘도 방정환의 묘소 옆에 마련하고, 자신도 유언에 따라 그 아래에 묻

서/ 솔방울 이고서 오신단다.
[6] 최신복은 동요시인으로 알려져 있지만, 전해지는 작품이 많지 않아 그의 문학이 제대로 조명받지 못하고 있다. 부인 차원순이 6·25 피난길에 최신복의 원고 및 각종 자료 등이 들어있는 보따리를 분실했기 때문이다. "누구가 부는지 꺾지를 말아요/마디가 구슬픈 호드기오니/호드기 소리를 들을 적마다/내 엄마 생각에 더 섧습니다" -최신복의 「호드기」 전문-

했다.

　최순애는 1925년 《어린이》지 11월호에 「오빠 생각」[7]이 입선됐다. 마산에 살던 15세 소년 이원수는 이 잡지 1926년 4월호에 「고향의 봄」을 투고하여 입선했다. 《어린이》는 당시대 소년문사들이 글솜씨를 뽐내던 잔치마당이었다. 그 당시 《어린이》를 통해 이름을 떨친 소년문사들로는 「오뚜기」의 윤석중, 「오빠 생각」의 최순애, 「고향의 봄」의 이원수, 「우체통」의 신고송, 「별 따러가자」의 윤복진, 「봄편지」의 서덕출, 「수레」의 최경화 등이다. 이들은 윤석중을 중심으로 '기쁨사'라는 동인을 만들어 활동했다. 《기쁨》이라는 등사판 동인지를 연 4회 만들었고, 《굴렁쇠》라는 회람문집을 만들어 서로 돌려가며 동시를 쓰고 우정을 나누었다. 이들 중 여성은 최순애가 유일했다.

　이원수는 「오빠 생각」이란 동시가 마음에 들었다. 같은 잡지에 자신의 글이 실렸다는 구실로 최순애에게 편지를 써서 보냈다. 최순애도 기다렸다는 듯이 답장을 보냈다. 7~8년 동안 편지와 사진을 주고받았고, 두 사람은 사랑하는 사이가 되었다.

　최순애는 1928년 삼일여자보통학교(현 매향중학교)를 졸업하고, 배화학당(배화여고)에 입학했으나, 건강이 좋지 않아[8] 학교를 그만 두었다. 그는 중이염을 앓아 어른이 되어서도 청력 때문에 불편한 생활을

---

7 「오빠 생각」은 1929년 홍난파가 처음 작곡하였으나, 이듬해에 박태준이 곡을 붙여 유명해졌다.
8 과수원에서 일하시는 마음 좋으신 아버지한테 가서 물었습니다. 아버지는 약해빠진 어린 순이가 한없이 가엾고 귀여웠던 것입니다. 황새 다리 같이 마른 다리로 학교 가는 게 애처로우셔서, 아침을 입맛없다고 잘 안 먹고 가는 날이면 업어다 학교 근방까지 데려다 주십니다. 최순애, 앞의 책 27~28쪽.

했다.

　1935년 어느 날 이원수는 최순애가 사는 수원으로 가기 위해 설레는 마음을 안고 기차표를 끊었다. 하지만 어이없게도 만나기로 한 그날 일제 경찰에 검거되고 말았다. 이원수가 함안금융조합 서기[9]로 '함안독서회 사건'으로 검거됐다는 소식이 최순애 집에 전해지자 집안이 발칵 뒤집히고 말았다. 이원수를 처음 만나는 날 최순애는 숄을 두르고 윗옷에 꽃을 달고 나가겠다고 편지로 알렸다. 서로 금방 알아보기 위한 표시였다. 하지만 아버지가 대신 나갔다. 그런데 이원수가 나타나지 않았다. 이원수는 1935년 4월부터 1936년 1월까지 10개월의 수감생활(집행유예 5년)을 치르고 난 뒤에야 최순애를 만나볼 수 있었다.

　이원수와 최순애가 결혼하기까지는 우여곡절이 많았다. 이원수의 집안이 워낙 가난해서[10]이다. 최신복은 이원수의 문학적 재주를 일찍감치 알아보고 집안의 반대를 설득했다. 1936년 6월 여동생인 최순애와 결혼하도록 주선한 것이다. 두 사람은 1936년 6월 6일 서울 견지동교에서 결혼식을 올린 후, 마산 합포구 산호동에서 신접살림을 차렸다. 이원수는 사상범으로 출옥하여 직장을 잡을 수 없었다. 생활이 곤궁해지자 합포구 창동에 있는 건재상에 나갔지만, 집행유예 상태라 자유롭게

---

9 이원수는 마산상업학교를 졸업하고, 취직을 하여 농민들에게 이자를 받으러 다니는 일을 하였다. 그 때 농촌의 실상을 겪으며 농민과 문학에 대해 공부하자고 청년들이 모였는데, 독서회를 함께 한 6명이 1935년 2월말에 일경에 잡혀가게 되었다.
10 양산군 읍내면 북정동 하북정(현 양산시 북정동 하북정마을)에서 목수일을 하는 아버지 이문술(李文術)과 어머니 진순남(陳順南) 슬하에 외아들로 태어났는데(누나가 넷, 여 동생이 둘) 살림이 구차하였다. 열네살 때 아버지를 여의고, 창원, 김해 마산 등지로 이사를 다녔다.

활동할 수 없었다. 최순애는 아이를 임신하자 수원 친정으로 가서 편지로 안부를 묻곤했다.

1937년 이원수가 함안금융조합 가야지소로 복직되면서 최순애도 함안으로 가서 살게 된다. 최순애는 시어머니 시누이와 함께 함안에서 살며 장남 경화를 낳는다. 1939년에는 차남 창화를, 41년에는 장녀 영옥을, 45년에는 차녀 정옥을, 47년에는 3남 용화를, 49년에는 3녀 상옥을 낳았다.

해방이 되자 형부인 고백한의 권유로 서울로 이사했다. 이원수는 어머니를 마산의 누이에게 부탁하고 경기 공업학교에서 2년간 교사로 근무했다. 이후 박문출판사로 자리를 옮겨 편집 일을 했다. 그 무렵, 최순애는 이원수에게 「오빠 생각」을 비롯한 자신이 써 모은 수십 편의 원고 뭉치를 내밀며 출판을 해달라고 부탁했다. 동시집 제목은 〈반짇고리〉로 할 생각이었다.

이원수는 뭉치를 들고 종로로 나갔다. 그는 문인들과 어울려 술을 마시다 원고 뭉치를 술집에 놓고 나왔다. 술자리를 옮기느라 어느 집에 놓고 나왔는지 기억이 안 났다. 사나흘이 지났을 때 최순애가 원고를 인쇄소에 잘 넘겼는지 묻자, 이원수는 비로소 원고 생각이 났다. 그는 부리나케 술집으로 달려갔지만, 원고는 행방이 묘연했다. 뒤늦게 이 일을 안 최순애는 심장병이 생겨 병원에 입원까지[11] 했다. 이원수는 이를 늘 미안해 했고, 가끔씩 바가지를 긁히는 단초가 되었다.

---

11 아내는 그 어려운 살림에, 내게 덮치는 여러 가지 불행에 심장병이 생겼고, 지나친 질투로 더욱 중태에 빠졌다./ 아내는 입원을 해야 했다. 여자에 대한 쓸데없는 투기, 그걸 나는 엉뚱한 짓이라 생각하여 오히려 아내가 밉고 무서운 생각까지 들었으나, 중환자가 되어 입원해 있게 된 걸 보고는 가슴이 아팠다. 『오빠 생각』 47~48쪽.

1949년에는 안암동으로 이사했다. 출판사 월급이 제때에 나오지 않아 고생하기도 했다. 6·25 전쟁이 나자 이원수는 인민군 치하에서 피난을 가지 않고 부역했다는 이유 때문에 숨어지내게 되었다. 여섯 자녀의 생계를 책임지게 된 최순애는 안암동 집 근처 빈터에 옥수수를 심어 배고픔을 해결하고, 과일 행상으로 생계[12]를 꾸려 갔다. 1952년 전쟁으로 헤어졌던 남편과 만나 대구로 이사를 했다. 이원수는 그곳에서 《소년세계》 잡지의 편집을 맡았다. 휴전이 되자 서울 답십리로 이사를 한다.

Ⅱ. 최순애의 동심문학

1. 국민동요가 된「오빠 생각」

뜸북 뜸북 뜸북새 논에서 울고/뻐꾹 뻐꾹 뻐꾹새 숲에서 울제/우리 오빠 말타고 서울 가시며/비단구두 사가지고 오신다더니.//기럭 기럭 기러기 북에서 울고/귀뜰 귀뜰 귀뚜라미 슬피 울건만/서울 가신 오빠는 소식도 없고/나뭇잎만 우수수 떨어집니다.

－「오빠 생각」전문, (《어린이》[13], 1925.11)

---

12 장남, 장녀와 함께 태능 배나무 과수원에 가서 배를 사다 안암동 삼거리 대광학교 담 밑에 앉아 배를 팔았다. 결혼 때 혼수로 마련해 온 유성기마저 쌀 한되 값에 팔았다.
13 원문 옵바생각/水原 崔順愛/쯤북 쯤북 쯤북새/논에서울고/쎄국 쎄국 쎄국새/숲에서울제/우리업바 말타고/서울가시며/비단구두 사가지고/오신다더니//기럭 기럭 기럭이/北에서오고/귓들 귓들 귓드람이/슲히울것만/서울가신 옵바는/소식도업고/나무닙만 우수수/

「오빠 생각」은 「고향의 봄」과 더불어 지금도 국민동요로 애창되는 노래이다. 이 동요가 발표된 1925년은 일제가 강력한 문화정책을 펼치면서 우리 민족을 억압하던 시기였다. 그러기에 많은 청년은 고향에서 가족들과 행복하게 살지 못하고 만주나 북간도 등지로 떠날 수밖에 없었다. 최순애는 개벽사의 출판 일로 서울에 자주 가서 소식도 없는 여덟 살 위 신복 오빠를 그리워하며 이 작품을 썼다.

최신복은 수원에서 화성소년회를 조직하여 소년운동에 힘쓰고, 동아일보 수원지국 기자로 일하다 1927년 1월부터는 개벽사에서 소파 방정환을 도와 잡지 《어린이》, 《학생》, 《소년》 등의 편집에 종사하였고, 한국 최초의 수필 잡지 월간 《박문》을 발행하였다. 최순애가 《어린이》에 「오빠 생각」을 발표하던 1925년 가을(11월호 발표) 무렵에 순애의 오빠 신복은 주로 서울 사직동에서 하숙하며 지냈다. 어머니가 일본 재유학을 강력하게 반대했고, 일경의 감시도 심해서였다.

오빠는 서울로 가면서 나중에 비단 구두를 사다 준다고 약속했지만 뜸북새와 뻐꾹새가 우는 봄, 여름이 지나 기러기와 귀뚜라미 우는 가을이 되어도 소식조차 없다. 나뭇잎이 떨어지는 가을 언덕에서 오빠를 기다리는 어린 여동생의 안타까운 심정이 잘 드러나 있다. 최순애는 「오빠 생각」 초고에 '비단 구두' 대신 '비단 댕기'라고 썼는데, 최신복이 '비단 구두'로 고쳤다고 회고했다. 이 동요시는 작곡가 박태준[14]에 의해 작

쎠러짐니다.
14 박태준(1900~1986)은 대구 태생으로 계성중학을 거쳐 평양숭실전문에 입학하면서 본격적인 음악공부를 시작했다. 대학 시절에 이미 작곡가로 이름을 날려 「가을밤」, 「맴맴」('아버지는 나귀 타고 장에가시고~')과 초등학교에 입학하면 제일 먼저 배우는 「새 나라의 어린이」, 「동무 생각」 등의 한국적 정서가 담긴 가곡과 동요를 150여 곡이나 남겼다. 평양

곡되어 국민동요가 되었다.

뜸북새와 뻐꾹새는 한국을 대표하는 여름 철새였다. 뜸부기는 여름 철새로 국내에서는 5월 중순부터 10월 하순까지 볼 수 있다. 주로 논에서 서식하며 둥지는 벼 포기를 모아 만들거나, 습지 주변의 풀밭에 풀줄기를 이용해 접시 모양으로 만든다. 경계심이 강하다. 번식기에 수컷은 넓은 논 또는 풀밭에서 "뜸북 뿜북 뜸, 뜸, 뜸"하는 특유의 울음소리를 내기 때문에 뜸부기라는 이름이 붙었다. 이 동요시가 쓰여진 1920년대나 1970년대 이전만 하더라도 흔한 새였으나 현재는 천수만, 철원 평야, 파주 교하 등 넓은 논과 간척지에서 매우 적은 수가 번식한다. 따라서 천연기념물 446호로 환경부 멸종위기 야생동물 2급으로 보호종이다.

뻐꾸기도 우리나라에서 흔히 볼 수 있는 여름 철새이다. 5월 초순부터 9월 중순까지 관찰된다. 주로 붉은머리오목눈이 둥지에 알을 낳으며, 딱새, 검은딱새의 둥지에 탁란하는 경우도 확인되고 있다. 나뭇가지 위 또는 지상에서 곤충을 잡아먹는다. 나뭇가지, 전봇대에 앉아 꼬리를 위로 치켜세우고 "뻐꾹 뻐꾹" 하는 울음소리를 낸다. 울음소리로 다른 뻐꾸기류와 쉽게 구별된다. 날개는 폭이 좁고 길며, 꼬리가 길다. 배는 흰색이며, 머리와 몸 윗면, 가슴은 청회색이다.

기러기는 오리와 비슷하게 생겼으나 목이 길고 다리가 짧으며 강, 바다, 늪 가에서 서식한다. 우리나라에도 오는데 주로 가을에 와서 봄에 시베리아, 사할린, 알래스카 등지로 가는 겨울 철새이다. 기러기는 가

숭실전문대 교수, 연세대 음악대학장 등을 지냈다. 박태준은 「오빠 생각」의 마지막 구절을 작곡할 때는 흐르는 눈물이 5선지를 흥건히 적셨다고 회고했다.

을을 알리는 새인 동시에 소식을 전해주는 새로 인식되었다. 기러기는 그 울음소리가 구슬퍼서 가을이라는 계절의 풍광과 어울려 처량한 정서를 나타내 주는 새이며, 사람이 왕래하기 어려운 곳에 소식을 전하여 주는 동물로 인식되었다. 기러기는 암컷과 수컷이 의가 좋은 동물로 알려져 있다. 그래서 홀아비나 홀어미의 외로운 신세를 "짝 잃은 기러기 같다."라고 한다.

이 노래가 어린이뿐 아니라 어른들에게까지 널리 사랑받은 까닭은 나라 잃은 설움과 가족을 빼앗긴 한이 서려 있었기 때문이다. 징병으로 끌려간 오빠를 기다리는 누이, 징용 나간 남편을 기다리는 아내, 위안부와 정신근로대, 학도병으로 끌려간 자식을 기다리는 어버이, 그리고 조국의 광복을 기다리는 겨레의 마음에 이 노래가 파고들 수밖에 없었다.

최신복은 일본 관헌의 요시찰 인물이었기 때문에 숨어지내는 경우가 많아 고향에 다니러 오는 일은 극히 드물었다. 돌아올 줄 모르는 오빠를 최순애는 기다리고 또 기다렸다. 철 따라 울어대는 뜸부기, 뻐꾸기, 기러기, 귀뚜라미의 울음소리가 그리움을 더해줬다.

소학교 4학년이던 1927년 그 오빠를 그리워하며, 기다리는 간절한 마음으로 지은 동시가 「오빠 생각」이다. 「오빠 생각」으로 문단에 나와 윤석중, 이원수, 서덕출과 함께 '기쁨'의 동인으로 활약하며 동시 「그림자」, 「우산 모자」, 「가을」, 「낙엽」, 「애기와 별」 등을 발표하였다.

따스한 봄 볕,/마루 끝에 고양이가/사르르 조올고//살랑 살랑 봄바람/걸음마 배우는 울 애기/머리카락 날린다.//장다리밭 꽃 밑에/병아리,

병아리,/삐요 삐요 삐요요……/엄마 따라 조루루/나들이 가네.
- 「봄날」 전문, 《소년》, 1940.5)

　이 시를 쓸 때 최순애는 이원수와 결혼하여 경남 함안에 살고 있었다. 그가 살던 집 마루 끝에는 고양이가 해바라기하다 졸고, 봄바람은 아장아장 걸음마 하는 아가의 머리카락을 날린다. 텃밭 무·배추는 웃자라서 노란 장다리꽃이 함초롬히 피어있다. 그 꽃그늘 아래 병아리들이 엄마닭을 따라 봄나들이를 간다.
　2연의 걸음마 배우는 아기와 3연의 엄마 따라 봄나들이 하는 병아리들을 오버랩시키며 봄의 정취를 회화적으로 스케치했다. 봄의 이미지와 아기와 병아리는 잘 어울린다. 여리면서도 희망을 품고 있으며 '시작'이라는 공통점을 품고 있다.

댑싸리나무/한 아름/고염나무/한 포기/뜰 앞에서/조으는/암탉 한 마리/우리 집 마당은/고요합니다.//서리 맞아/시들은/풋고추 하나/햇볕 보고/다시 사는/호박순 아기/우리 집 가을은/고요합니다.
- 「가을」 전문, 《어린이》, 1927.1)

　식물의 수를 셀 때 흔히 '포기'나 '그루'를 사용한다. 풀이나 채소에는 '포기'를, 나무에는 '그루'라는 의존명사를 붙인다. 댑살이는 명아줏과의 한해살이풀이다. 그러므로 '그루'가 아니라 '포기'라고 해야 옳다. 댑사리는 키가 1.5m 정도로 자란다. 가지가 많고, 잎은 가늘고 길며 끝이 뾰족하다. 한여름에 연한 녹색 꽃이 피며 줄기는 비를 만드는 데 쓰인다.

고염나무는 고욤나무라고도 하는데 우리나라 중국, 일본 등지에 분포하는 낙엽활엽교목이다. 10월에 머루알만 한 작은 열매가 황색 또는 암자색으로 익는데, 덜 익은 열매를 따 저장하였다가 익으면 먹기도 한다. 씨를 뿌려서 난 고욤나무는 감나무 접목 때 대목 용도로도 널리 쓰인다. 따라서 '고욤나무'는 '포기'가 아니라 '그루'라고 해야 맞다.

어린 시절 최순애의 집 뜰에는 댑싸리와 고욤나무가 있었나 보다. 따스한 햇살이 쪼이는 고욤나무 아래서 암탉 한 마리가 졸고 있고, 서리 맞은 풋고추와 호박순은 햇볕에 기운을 차려 힘을 얻는다. 가을의 평화롭고 고요한 정취를 스케치하듯 노래하고 있다.

> 그림자 그림자/밤중에 나의 동무 벽에 그림자/낙엽소리 우수수 밤이 깊도록/잠 안 자고 너도 너도 일을 하누나.//버선 깁는 그림자 나의 그림자/아기 버선 한 짝에 밤이 깊어도/발 벗고 추워 떨던 어린 내 동생/좋아 날뛸 생각에 잠도 안 오네.
>
> ―「그림자」 전문, 《소년》, 1938. 2)

낙엽 소리가 들리는 것으로 보아 계절은 늦가을이다. 화자는 어린 동생의 버선을 깁고 있다. 낙엽 지는 소리가 들리는 한밤중 그림자가 벽에 비친다. 나처럼 잠 안 자고 있는 그림자는 나의 동무이다. 그 그림자는 버선을 깁고 있는 나의 그림자이다.

이 시가 쓰여진 1930년대에는 양말 대신 버선을 신었다. 버선은 광목·무명 따위의 천으로 발 모양과 비슷하게 만들어 신는 물건으로 겹버선·홑버선 따위가 있다. 화자는 발 벗고 추위에 떨던 어린 동생을 위해 정성껏 버선을 깁는다. 무척이나 좋아할 동생을 생각하니 피곤해도 잠이 안 온다. 동생을 생각하는 언니의 마음이 잘 표현되어 있다.

> 새엄마 환한 얼굴/지금 핀 나팔꽃 같다./새엄마의 빨간 치마/나팔꽃의 예쁜 빛깔//새엄마 등에 업혀/울보 동생이 웃고 있네./새엄마도 말 없이/생글생글 웃고 있네.//먼 산에 잠만 자는/어머니, 걱정 말아요./새엄마가 우릴 보고/방긋이 웃고 있어요.
> ―「새엄마」 전문

새엄마를 흔히 계모(繼母)라고 부른다. 아버지가 재혼하여 얻은 아내를 말한다. 우리나라 전래동화나 서양의 동화에서 계모는 흔히 악역으로 등장한다. 콩쥐팥쥐나 장화홍련전, 백설공주나 신데렐라에 등장하는 새어머니는 모두가 악한 인물들이다. 이 동시에 등장하는 새엄마는 환한 얼굴에 방긋이 웃고 있다. 그 환한 표정을 갓 피어난 나팔꽃에 비유하고 있다. 새엄마의 등에 업힌 울보 동생은 생글생글 웃고 있다. 돌아가신 엄마에게 안심하라고 위로하고 있다.

> 해가 지면 별 애기 놀러 나와도/울 애기는 엄마 품에 잠이 들지요.//해가 뜨면 울 애기 놀러 나와도/별 애기는 눈 감고 잠이 들지요.//애기하고 별하고 서로 만나서/함께 웃고 노는 게 보고 싶어요.
> ―「애기와 별」 전문, 《아이생활》, 1943.12)

이 동요시는 7·5조의 음수율을 가지고 있다. 이 시에는 아기와 아기별이 중심인물로 나온다. 별은 밤에만 볼 수 있기 때문에 자장가의 소재로도 많이 등장한다. 이 작품은 자장가라고 명시하지는 않았지만 자장가의 성격을 지니고 있다.

해가 지면 밤하늘에 아기별이 놀러 나온다. 아기는 엄마 품에 안겨 일찍 잠이 들기 때문에 눈빛으로라도 만날 수 없다. 아침이 되어 해가 뜨면 아기가 엄마 품에서 놀러 나온다. 하지만 하늘의 별아기는 잠을 자느라 사라지고 없다. 화자는 아기하고 별하고 서로 만나 함께 웃으며 노는 모습을 보고 싶어 한다. 아기와 아기별은 귀엽고 예뻐서 서로 동무가 될 수 있기 때문이다.

> 진주 가는 낮차는 느림보 돼서/열두 점 떼엥, 뗑, 쳐도 안 온다./정거장 손님은 할머니 손님/기다리다 졸려서 고개가 꼬-박.//진주 가는 낮차는 느림보 돼서/하나, 둘, 백꺼정 해도 안 온다./기차 탈 손님, 아기 손님은/흙에 앉어 띠! 띠!/기차 그림 그린다.//철로 뚝엔 아지랑이, 노랑나비/함께 얼려 춤추네, 꽃도 피었네./낮차는 오다 오다 한눈 파나 봐./철둑 담 꽃이 고와 한눈 파나 봐.
>
> — 「느림보 기차」 전문, 《소년》, 1940. 3)

「느림보 기차」는 1940년 《소년》 3월호에 실었던 작품을 일부 수정하여 1975년 어문각에서 펴낸 『아동문학선집』[15]에 수록되었다. 이 작품은

---

15 진주 가는 낮차는/느림보 기차/기다려도 기다려도/아직 안 오네.//정거장 손님은/아기 손님은/땅바닥에 칙칙폭폭/기차 그림 그리네.//진주 가는 낮차는/느림보 기차/열두 점 뗑 뗑/쳐도 안 오네.//기차는 아마도/놀며 오나 봐./철둑에 핀 꽃이 좋아/한눈 파나 봐. 〈어

화자가 살던 1930년대 후반 한국 철도교통의 실상을 생각할 수 있게 하는 동시이다. 이 무렵 최순애는 함안군 가야읍에 있는 가야역 근처에서 살았다. 최순애의 친정 수원에서 함안으로 올 때나 이원수와 신혼살림을 하던 창원에 갈 때에도 대구와 밀양, 진영, 창원, 마산을 경유하는 진주행 기차를 타야 했다. 지금처럼 고속철도가 없던 일제강점기에는 정차하는 역도 많았고, 완행으로 달려 시간도 무척 오래 걸렸다. 그래서 진주 가는 기차를 '느림보 기차'라고 이름 붙였다.

아지랑이가 피고 노랑나비가 꽃을 찾아 나는 것을 보니 봄기운이 완연하다. 진주행 낮 기차는 도착 예정 시각인 12시가 되어도 오지 않는다. 할머니 손님은 기다리다 지쳐 졸고 있다. 아기 손님은 100까지 세어도 오지 않자, 땅바닥에 앉아 기차 그림을 그린다. 동심을 지닌 화자는 기차가 철둑 담에 핀 꽃이 고와 한눈을 파느라 늦게 온다고 생각하고 있다.

> 오!/어머니가 이불을 피신다./어머니 큰 이불은 파아란 바다,/우리 작은 이불은 예쁜 꽃동산.//베개는 하얀 배,/바다에다 띄우고/우리 모두 꽃동산에/뒹굴자.
>
> -「이불」전문, (《아이생활》, 1943.12)

이불은 정겨움의 상징이다. 형제자매들이 많았던 옛날, 살림이 넉넉하지 못했던 시절에는 한방에 모여 오순도순 잠자리에 들었다. 한 이불을 덮고 이야기꽃을 피우다 잠이 들었다. 추울 때는 서로 꼭 껴안고 체

문각〉 수록 작품

온으로 서로를 감싸며 잠이 들기도 했다.

　엄마의 큰 이불을 파란 바다에, 아이들의 작은 이불은 꽃무늬가 있어서 꽃동산에 비유하고 있다. 하얀 베갯잇을 배에 비유한 상상력이 참신하다. 하얀 배를 푸른 바다에 띄워놓고 아이들은 꽃동산에서 뒹굴고 싶어 한다.

　　　빨간 사과 먹을 때/나는 생각합니다.//노래하는 능금나무 아래/꿈을 꾸는 아름다운 소년.//햇볕은 황금색/바람은 달고 신 향기,/애기나라의 그 소년은/ 만나보고 싶은 아이.//빨간 사과 먹을 때/나는 생각합니다./노래하는 사과밭에/화안한 달과 같이/처녀가 되는 내 모습을…….
　　　　　　　　　　　－「사과와 동화」전문,《아이생활》, 1942.1)

　화자는 사과를 먹다가 노래하는 능금나무 아래서 꿈꾸는 아름다운 소년을 생각한다. 화자는 애기나라에 사는 그 아름다운 소년을 만나보고 싶어 한다. 노래하는 사과밭의 달처럼 환하고 예쁜 얼굴을 가진 처녀가 되는 꿈을 꾼다. 능금나무가 노래하는 것은 다분히 동화적이다. 제목처럼 시에서 풍기는 전체적 분위기도 동화지향이다. 능금은 우리나라에서 나는 야생의 사과나무이다. 봄에 피는 연분홍색 화사한 꽃은 아름답고, 가을에 무르익는 탐스러운 주홍색의 능금은 우리 고유의 참사과라 할 수 있다. 열매에 달린 꽃받침 밑부분이 혹처럼 되어 있다. 개량종 사과보다 크기도 작다. 사과나 능금은 새콤달콤한 맛이 특징이다. 시각과 미각을 자극하는 시이다.

3. 희락과 애환이 깃든 글

> 정월 초하룻날 밤에 씨동이와 똘똘이가 자리에 누워 가만히 보니까 맛있는 약식을 벽장 속에 넣어두고 가셨습니다./그것을 보고 씨동이는/"똘똘이가 잠들거든 나 혼자 넌지시 꺼내 먹으리라."하고 헛코를 쿠르렁 쿠르렁 골고 있고/똘똘이도/"씨동이가 잠들거든 나 혼자 꺼내 먹으리라."/하고 잠든 채 하느라고 헛코를 드르렁 드르렁 골고 있었습니다.
>
> 그러니까 씨동이가 궁금증이 나서/똘똘이가 참말 잠이 들었나 안 들었나 보려고/부스스 일어나서/코를 끌면서 엉금엉금 기어가보니까/똘똘이가 눈을 말똥말똥 뜨고 코를 골고 있는지라/"이건 눈을 뜨고 코를 고니?"/하니까 똘똘이가 콧소리를 그치고/"너는 기어다니면서 코를 고니?"
>
> — 「너나 내나」 전문, 《어린이》, 1927. 1)

「너나 내나」는 최순애가 13세 때 《어린이지》에 투고하여 〈깔깔 소학교〉 코너에 실린 작품이다. 이 코너는 잡지 뒷부분에 희극적인 내용으로 만화 등과 함께 재미있는 글 위주로 실었었다. 이 작품은 씨동이와 똘똘이가 벽장 속의 약식을 몰래 먹으려고 잔꾀를 부리는 장면을 코믹하게 그리고 있다.

씨동이와 똘똘이는 형제인 듯하다. 그들은 설날 밤에 벽장 안에 든 약식을 서로 먹으려고 잠을 자는 척한다. 약식은 물에 불린 찹쌀을 시루에 쪄서 흑설탕, 참기름, 진간장, 밤, 대추, 곶감, 잣 등과, 대추를 쪄서 거른 물을 넣고 버무려 다시 시루에 찌거나 중탕한 밥이다. 잠을 자는 척 드르렁 드르렁 코를 고는 장면이나, "눈을 뜨고 코를 고니?", "너는 기어다니면서 코를 고니?"하고 묻는 에필로그는 웃음을 자아내기에 충분하다.

> 개구쟁이들의 환희가/충만한 운동장/내 모른 새 한숨과 미소가/스쳐 간다/뜨거운 맘을 달래는/이 지겨운 세월 속에/그리움의 아픔이란/이별의 후유증/세월이 가면 잊으려니/했더니라//4월에도 윤사월/광풍의 흩날리는/꽃이파리들의 난무여/눈감아도 눈을 떠도/자석 같은 아픔을 씹는다/정이란 핏줄이란/아 아픈 세월 속에 가누나//사월에도 윤사월/보담 더 예쁜 삼학년짜리/우리 원이 편지 왔다/우리 우리 원이야/우리 우리 원이야
>
> ―「그리움」전문

이 작품은 미국에 사는 손자 원이를 그리면서 쓴 시이다. 원이는 장남 경화[16]의 아들이다. 최순애가 살던 남현동 집 뒷뜰에서 50미터 거리에는 사당초등학교가 있다. 학교 운동장에서 뛰노는 아이들 소리 교실에서 부르는 노랫소리가 들릴 만큼 지근거리에 있었다. 최순애는 이따금씩 들려오는 「고향의 봄」과 「오빠 생각」 동요를 들으면 한없이 기뻤다.

원이는 초등학교 3학년이다. 이 작품은 동시가 아니라 일반 시에 해

---

16 이경화는 서울대 공과대학 전자공학과를 졸업하고, 미국으로 이민하여 뉴멕시코주에 살고 있다. 그 곳 한인교회에서 성가대 지휘를 하고 있고, 교회에서 발행하는 잡지 《광야의 소리》를 편집했다.

당된다. 울타리 너머 초등학교에서 아이들의 함성이 들린다. 그 때마다 최순애는 먼 타국에 있는 손자가 그리워진다. 보고 싶어도 너무 멀리 떨어져 살고 있으니 볼 수가 없다. 볼 수가 없으니 더욱 그리운, 그 원이한테 편지가 왔으니 얼마나 기쁘겠는가!

보고 싶은 혈육을 보지 못하는 마음을 떼려야 뗄 수 없는 '자석 같은 아픔'으로 표현하였다. 음력 윤사월은 양력으로 오뉴월이니 신록이 우거지고 꽃들이 만발하는 때이다. 이 윤사월 계절보다 더 예쁜 3학년 손자 원이에게 편지를 받고 기뻐하는 모습이 극명하게 나타나 있다.

Ⅲ. 나오는 말

최순애의 원고 〈반짇고리〉가 유실되지 않았다면 그의 문학적 위상은 더욱 높아졌을 것이다. 최순애는 이원수와 결혼하여 그를 내조하느라 6.25 전쟁 이후에는 글을 쓰지 못했다. 《어린이》지에 「오빠 생각」을 발표하기 2개월 전인 9월호에 「이약이 선생」이 선외 가작으로 뽑히지만, 작품은 게재되지 않아 전해지지 않는다.

최순애는 1970년 봄 답십리에서 관악산 기슭 남현동 예술인마을[17]로

---

17 남현동 예술인마을은 1969년 한국예술인총연합회와 서울시가 남현동 1053, 1054번지에 소형의 예술인아파트 3개동을 지으며 들어섰다. 이 곳에는 영화배우 최은희를 비롯해 주중녀, 희극 배우 이기동, 양훈 등 90여 명이 살았다. 1071번지 일대에는 단독주택 필지를 분양했는데, 이원수, 서정주, 황순원, 장수철, 이해랑 등이 살았고, 필자도 1989년부터 10년 간 살았다. 2003년 예술인아파트가 철거되면서 예술인이 사는 마을이라는 이름도 조금씩 퇴색했지만 동네 곳곳에는 여전히 예촌길, 예촌어린이공원 등 흔적이 남아 있다.

이사를 했다. 그곳의 조그만 양옥집 뒤뜰에는 쑥갓, 상추, 호박을 심고, 옥수수를 심었다. 가까운 관악산 기슭에 가서 울타리를 만들 싸리나무, 개암나무, 진달래, 철쭉 같은 어린나무들을 캐다 심었다.

한집 돌아내리면 미당 서정주의 집[18]이, 한집 올라가면 소설가 황순원의 집이 있었다. 특히 미당 집과는 담장을 사이에 두고 이웃사촌으로 지냈다. 서정주는 최순애 동요의 첫 구절에 나오는 '뜸부기'를 차용하여 최순애의 집을 '뜸부기 집', 그를 '뜸부기 할머니'로 불렀다. 그 애칭이 그대로 최순애의 별명이 되었다. 최순애는 별세할 때까지 그곳에서 살았다. 1951년 피난 중 영옥, 상옥, 용화를 잃는 아픔도 겪었다. 딸 영옥은 제주 보육원에서 찾았지만, 상옥과 용화는 전쟁터에서 사망하였다.

최순애는 이원수와의 사이에 3남 3녀(경화, 창화, 영옥, 정옥, 용화, 상옥)[19]를 낳아 기르며 가난한 집안살림을 꾸려 나가느라 작품을 더 쓰지는 못했다. 그는 신앙생활에 몰두하여, 임종하기 전까지 남성교회의 독실한 신자였다. 1998년 6월 28일 뜸북새와 뻐꾹새가 슬피 울던 날 향년 85세를 일기로 타계하였다. 그는 용인공원묘지에 있는 남편 이원수[20]의 곁에 묻혔다. 그런데 민족문제연구소가 펴낸 『친일인명사전』에 항일운동을 하여 일경의 감시를 받던 서정주, 이원수, 최신복이 모두 등재되어 있으니 참으로 아이러니하다.

---

18 미당 서정주(1915~2000)는 이 집을 봉산산방(蓬蒜山房)이라고 이름지었다. 봉(蓬)은 쑥을, 산(蒜)은 마늘을 의미하는 것으로 단군신화를 모티브로 삼은 것이다. 그는 1970년부터 별세할 때까지 살며 집필한 곳이다. 미당의 대표작 '국화 옆에서'는 1975년 가을 봉산산방에서 머물 때 지었다.
19 1.4후퇴 때 자녀인 영옥, 상옥, 용화를 잃어버렸다가 장녀 영옥은 제주도에서 찾았다.
20 1981년 1월 24일에 구강암으로 별세했다.

제2부

환상의 추구와 사랑의 구현
- 박성배 동화론

I. 작가에 대한 조명

　기독교의 핵심 사상은 두말할 것도 없이 사랑의 정신이다. 그 사랑은 힘들고, 그늘지고, 소외된 이웃들에게 나누어질 때 더 참된 가치가 있는 것이다. 박성배는 교육자이자 동화작가이면서 개신교 장로를 지낸 참된 신앙인이다. 그 때문에 박성배 동화에는 기독교적 사랑의 정신이 면면히 녹아 있다. 그의 동화에 나타나는 사랑의 정신은 가난하고, 공부 못하고, 힘없고, 자신감이 없어 늘 따돌림당하거나 사고 등으로 인한 좌절감 때문에 소외된 삶을 살아가는 어린이에 대해 집중되는 경향을 보인다.
　박성배는 1946년 전남 무안군 무안면 매곡리 수암에서 부친 박현국과 모친 정복덕 사이에서 출생했다. 그의 부친은 교도관으로 있다 후에 목회자의 길을 걸었는데 이는 그의 삶과 문학에 큰 영향을 끼치는 단초가 되었다. 목포 산정초등학교를 졸업하고, 유달중학교와 문태고등학교를 거쳐 1968년 서울교육대학을 졸업하였다. 이어 한국방송통신대학을 졸업한 후, 한양대학교 교육대학원에서 교육심리를 전공하여 석사학위를 취득하였다. 1968년 서울 송정초등학교 교사를 시작으로 교직의 길을 걷다 서울노원초 교장을 끝으로 정년퇴직한 전형적인 교단 작가이다. 그는 동화의 환상성을 중시하고 현실에 뿌리를 둔 판타지동화 창작에 전념하여 많은 성과를 거둔 작가이다.

1969년 월간《햇불》11월호에 동화「마귀를 이긴 선희」가 박홍근에 의해 추천되며 동화를 쓰기 시작하였다. 그 후 1975년 제2회 서울특별시교원문예작품 모집에 동화를 응모하여 최우수상을 받았고, 이듬해에는 소설을 응모해서 최우수상을 받았다. 이 무렵 권오훈, 김학선, 정용원, 정용한, 노원호, 유창근, 최영재 등과 함께 '서울아동문학동인회'를 결성하여 활동하기도 했다.

그가 본격적인 동화를 쓰기 시작한 것은 1978년《서울신문》신춘문예에 동화「선아만의 비밀」이 당선되면서부터이다. 그는 1986년「천사의 눈」으로 한국아동문학 작가상을, 1988년『꿈꾸는 아이』로 대한민국문학상 우수상을, 1994년에는「사랑의 빵」으로 한국동화문학상을, 2005년에는『고추잠자리 꿈쟁이의 흔적』으로 천등아동문학상을, 2012년에는 예총예술문화상 대상을, 2014년에는『행복한 비밀 하나』로 김영일 아동문학상, 2018년에는『꼬리에 리본을 단 꼬마쥐』로 삼봉문학상과 종로문학상, 펜문학상 등을 수상하였다.

지은 책으로는『새싹한테서 온 전화』(교학사, 1981),『달밤에 탄 스케이트』(꿈동산, 1983), 『천사의 눈』(꿈나무, 1985), 『꿈꾸는 아이』(아동문예사, 1988), 『쫓겨간 꼬마 도깨비』(교육문화사, 1988), 『부러운 연애편지』(상서각, 1993), 『천사를 만난 바람』(동아출판사, 1993), 『나팔꽃의 사랑』(꿈동산, 1995), 『초록색 초대장』(민지사, 1997), 『말괄량이와 개구쟁이』(관일미디어, 1997), 『벽 속에 갇힌 아이』(한국독서지도회, 2002), 『왕따 문숙이』(글사랑, 2006), 『아빠 구두 닦는 행복을 아세요?』(지팡이, 2008) 『행복한 비밀 하나』(푸른책들, 2011), 『꼬리에 리본을 단 꼬마쥐』(아침마중, 2017)등의 30여 권의 저서를 남겼다.

　박성배는 문단 활동에도 적극적이어서, 한국문인협회 부이사장, 도봉문인협회 회장, 계간문예작가회 회장 등을 지냈다. 2021년 봄 뇌일혈로 쓰러져 투병하다 10월 7일 타계하여 양주 하늘안 추모공원에 영면해 있다.

Ⅱ. 박성배 동화에 대한 미시적 접근

1. 꿈을 매개로 한 현실과 환상의 접목

　「꿈꾸는 아이」는 몽환적 판타지로 분류할 수 있는 본격 환상동화이다. 월간 《아동문예》에 연재했던 이 작품으로 작가는 대한민국문학상(우수상)을 수상하였다. 1980년대에 창작된 장편류는 아동소설이거나 생활동화가 대부분이었다. 「꿈꾸는 아이」는 현실과 환상의 세계를 이어주는 고리가 비교적 튼튼하게 설정되어 동화에 생명력을 획득하고 있다. 현실과 환상의 접경을 자연스럽게 연결시키는 기술이야말로 동화의 문학적 성패를 평가해 주는 척도이다.

이 동화의 주인공인 준석이는 바보로 따돌림을 당하는 아이다. 공부도 못하고 체육도 미술도 못하는 자신감 없는 아이이다. 그 때문에 주근깨, 왕고집, 바보 왕자, 외톨이 같은 별명으로 통하는 아이이다. 어느 날 자신을 놀리는 아이들에게 주먹을 휘두르다가 짝인 보라의 코피를 터뜨리고, 아이들에게 쫓겨 '철거예정 건물'인 창고 속으로 숨는다. 창고 안에 있던 낡은 뜀틀에서 손 짚고 공중돌기하려던 준석이는 뜀틀이 무너지는 바람에 곤두박질치고 만다.

창고 안이 뱅그르르 돌아갑니다. 희미하게나마 일어나야겠다고 생각했지만 깊은 잠에 빠져들 듯 점점 더 까무러집니다. 그때, 창고 밖에서 준석이네 반 아이들이 준석이를 부르는 소리가 났습니다.

-중략-

"얘, 일어나."

한참을 그대로 누워있는 준석이를 누군가 흔들어 깨웠습니다.

'난 못 일어나.'

준석이는 입 밖으로 소리를 낼 기운조차 없었지만 그런 대꾸를 하고 싶었습니다.

-중략-

준석이는 그 아이가 하는 대로 조금씩 나누어 따라 했습니다. 그러자, 이상한 일이 벌어졌습니다. 햇살이 깔린 듯한 환한 길이 눈앞에 훤히 나타났습니다.

창고 안으로 숨어 들어간 준석이가 뜀틀을 넘다 곤두박질쳐 의식을 잃고 환상의 세계로 나아가는 장면이다. 환상의 세계로의 이입 과정이 스르르 잠 속에 빠져들 듯 매끄럽게 설정되어 거부반응을 느낄 수 없다. 준석이가 만난 아이는 그의 분신인 환상의 아이이다. 환상아이는 준석이를 이끌고 환상의 세계로 안내한다. 하늘에서 땅까지 구름계단이 만들어지고, 꽃비가 내리고, 무지개로 만든 집이 구름처럼 떠다니는 환상세계로 가서 환상세계의 왕을 만난다. 환상세계의 왕으로부터 칠색 구슬을 받아든 준석이는 '일곱 빛깔이 다 없어져야 현실 세계로 갈 수 있다'는 말을 듣고 환상아이의 도움을 받아 일곱 빛깔의 별을 찾아가게 된다.

빨강빛깔의 별에서는 '노력'이라는 거인 소년을 만나 수영과 뜀틀운동, 만들기를 잘하게 되고, 주황빛깔의 별에 가서는 '친절'을 만나 서로 돕는 생활을 배우고, 노랑 빛깔의 별에서는 '불안'을 만나 용기를 배운다. 또 희망 나라인 초록별에서는 '생각'을 만나 산수 문제를 풀어주고, 파랑별에서는 '의욕'을 만나 멈춰 있던 꽃시계의 바늘을 돌리고, 남색별에서는 청도깨비와 마라톤 경주를 하여 이기고, 보라색별에서는 불칼아이를 만나 '할 수 있다'는 자신감을 배워 노래도 잘하게 된다.

보라색별이 사라지게 되자 준석이는 맨 처음 환상아이를 따라서 왔던 곳에 서 있게 된다. 준석이가 무엇이든 다 할 수 있을 것 같은 자신감을 갖게 되었을 때 환상세계의 왕이 나타나 이별의 악수를 하고 환상아이와도 악수를 나눈다.

준석이가 뜀틀 운동을 하다 다쳐 정신을 잃고 환상의 세계를 여행하다 정신을 차리고 현실 세계로 돌아온다. 준석이가 체험한 판타지 세계는 꿈일 수도 있고, 주인공의 몽미한 의식이 엮어내는 심리적 판타지일 수도 있다. 이를 뒷받침하기 위하여 작가는 준석이가 엉뚱한 상상 때문에 병원에 입원까지 했었다는 삽화로 치밀하게 사전 조율을 해놓고 있다.

  정신을 차린 준석이가 창고 문을 힘껏 열려고 했지만 문 앞에 쌓아둔 책상과 의자들 때문에 나갈 수가 없었다. 준석이가 창고 속에서 정신을 잃고 있는 동안 새로 들여온 책상과 의자를 창고 문 앞에 쌓아두었기 때문이다. 반 아이들과 선생님이 쉬는 시간에 없어진 준석이를 찾아 나섰지만 책상이 쌓인 창고 안은 들여다볼 생각을 안 한 것이다. 이처럼 명료하게 설정된 리얼리티는 이 동화의 환상성에 힘을 불어넣어 주는 원동력이 되고 있다.

  준석이가 "밖에 아무도 없어요"하고 큰 소리로 외치자, 손전등을 든 부모님과 선생님, 아이들이 책상과 의자를 치운다. 엄마 품에 안기게 된 준석이의 당당하고 의젓한 모습을 본 모두는 나무라거나 핀잔줄 생각은커녕 소중하게 생각한다. 바보라고 놀림을 당하던 준석이가 환상 여행을 하면서 의젓하고 자신감 넘치는 아이로 거듭나게 된 것이다.

  박성배는 환상의 개념을 기독교적 신앙의 관점으로 해석하고 있다. 즉 천지창조를 하나님의 환상의 산물로 본 것이다. 천지를 창조할 때 '빛이 있으라'한 것이나 우주 만물과 사람을 창조한 것도 하나님의 환상의 산물로 보고, 우주의 삼라만상 또한 하나님의 환상으로 접근하고 있다. 그러면서 아담과 이브의 선악과 신화 역시 환상의 고리로 연결하고 있다.

박성배는 환상의 보고라고 할 수 있는 성경을 동화라는 그릇에 담아 거부감 없이 재수용하고 있다. 성경이나 불경, 코란경 같은 경전은 신화라는 특성 때문에 경이와 신비로 가득 찬 환상의 보고일 수밖에 없다. 박성배는 이처럼 성경의 일부 혹은 신화 모티브를 동화에 접목하는 수법으로 환상의 지경을 넓히고 있다. 이와 같은 접근은 경전의 스토리를 전폭 수용하여 재구성하는 성경 동화나 대장경 동화와는 다른 시도로 환상의 역동성을 무너뜨리지 않고 문학성까지 증폭시킬 수 있는 반면 잘못 다루면 치졸함을 면할 수 없는 이중구조를 갖고 있다.

2. 공동체적 사랑의 정신

「무엇이 꽃으로 피나?」는 서로 돕고 살아가는 공동체 생활에서 감사하는 마음의 소중함을 그린 동화이다. 산기슭에서 한 번도 꽃을 피워보지 못한 채 살던 난초가 감사하는 마음을 품게 되면서 향기로운 꽃을 피우게 된다는 이야기이다. 꽃을 피우지 못해 자신을 초라하게 생각하던 난초는 코스모스와 들국화가 꽃을 피운 후 자신들이 꽃을 피울 수 있게 도와준 모두에게 감사하는 것을 본다. 그때 죽음을 앞둔 잠자리가 난초잎에 내려앉아 서로 대화를 나눈다.

난초는 지친 잠자리를 어떻게 하든 도와주고 싶었습니다.
"난 나에게 날개를 주신 분께 감사해. 그동안 세상을 마음껏 구경했거든. 세상은 정말 넓고도 아름다워. 난 나의 모습을 닮은 잠자리가 될 알을 낳고 왔어. 이젠 할 일을 다한 거야. 그리고⋯ 네 곁에서 눈을 감게 돼서 더 행복해."

-중략-

난초는 꽃도 피우지 못한 보잘것없는 자기 곁에 있고 싶어한 잠자리가 고마웠습니다.

그러자 이상한 일이었습니다. 닫혔던 문이 활짝 열리듯, 난초의 눈에 보이는 모든 것이 달라져 보였습니다.

난초는 마음을 열고 햇살과 맑은 공기와 흙에 고마움을 느끼고, 주위의 모두에게 감사하는 마음을 갖게 된다. 불평만 하던 지난날들을 부끄럽게 여기며 감사하는 생활을 하게 되자 향기로운 꽃을 피우게 된다. 박성배의 동화에는 이처럼 사랑과 감사의 정신이 주제로 녹아 있다. 이는 작가 자신이 투철한 기독교 신앙인임과 무관하지 않다.

이러한 기독교 사상을 바탕으로 한 사랑의 정신은 「사랑의 빵」에도 잘 나타나 있다. 은주는 새 옷을 입고 교회에서 나누어 준 '사랑의 빵' 저금통에 정성껏 모은 용돈을 가지고 주일학교에 간다. 은주는 교회에서 준미를 만나자 왜 자기를 생일잔치에 초대하지 않았냐며 따진다. 그런데 준미가 가지고 온 '사랑의 빵 저금통'에는 동전 대신 만 원짜리가 십만 원도 넘게 들어 있었다. 준미는 신문에서 본 소말리아의 굶주린 아이들을 돕기 위해 자신의 생일잔치를 하지 않고 성금으로 가져온 것이다.

"그래, 네 생일에 꼭 필요한 친구들을 초대했구나."

선생님은 신문을 접으며 손수건을 꺼내 눈물을 훔쳤습니다.

-중략-

"은주 참 예쁜 옷 입었구나."

사찰 집사님이 은주를 보고 말씀하셨습니다. 그러나 은주는 못 들은 척 걸었습니다.

'할 수만 있다면 옷을 벗어서 사랑의 빵 저금통에 넣고 싶어.'

은주는 아까부터 이런 생각을 하고 있었습니다.

준미가 가져온 신문에 난 소말리아 어린이들의 뼈만 남은 사진을 보고 선생님이 우는 장면과 함께 준미를 오해했던 은주의 마음을 그린 이 동화의 에필로그이다. 그런데 이러한 삽화는 주제를 노출해 문학성을 훼손시키는 요인이 될 수도 있다. 그럼에도 불구하고 이 동화는 빈틈없는 구성에 힘입어 문학성의 폄하를 찾아보기 힘들다. 이것은 동화에서 짜임새 있는 구성의 역할이 중차대함을 방증하는 예이다.

3. 행동으로 실천하는 사랑의 구현

「천사를 만난 바람」은 그의 필력이 무르익은 90년대 전반기에 쓰여진 장편 동화이다. 이 동화는 부제를 통해 스스로 밝혔듯이 사람의 혼을 안고 살다가 간 바람의 이야기이다. 설화문학의 범주에 드는 민담이나 전설, 전래동화에는 귀신 이야기가 많이 등장한다. 애니미즘에 입각한 설화문학은 물론 현대문학에서도 영혼이나 마귀를 소재로 한 소설이나 동화들을 심심치 않게 찾아볼 수 있다.

동화에서 귀신이나 혼령의 이야기를 흥미 본위로 접근하게 되면 문학성을 떨어뜨리는 딜레마에 빠져버릴 수밖에 없다. 그런데 이 작품은 사람의 혼을 안고 살아가는 바람을 의인화한 우의적 판타지임에도 불구하고 탁월한 문학성에 힘입어 완성도가 돋보이는 가작이다. 그것은 유려한 필체와 짜임새 있게 전개되는 작품의 구성력에 기인한다.

바람을 의인화한 동화들은 많이 있다. 바람은 시공을 초월하여 세상을 마음껏 떠돌아다닐 수 있고, 눈에 보이지 않는다는 은닉성 때문에 동화의 소재로 선호도가 높을 수밖에 없다. 하지만 이러한 유의 동화들은 대부분 바람 자체를 의인화하는데 머물러 판타지의 동력이 미약하다는 한계를 안고 있다. 그 때문에 단순히 내레이터에 머물거나 주변 인물의 역할을 수행하는 게 고작이며, 비록 중심인물이라 하더라도 역동성을 수반하지 못하기 때문에 판타지의 한계를 극복할 수 없는 원인이 되고 있다. 하지만 「천사를 만난 바람」은 바람 자체가 사람의 혼을 지닌 정체성이 있기 때문에 리얼리티가 살아있고, 그 결과 판타지에 역동성을 공급하여 힘 있는 동화가 되고 있다.

이 동화는 제목에서 엿볼 수 있듯이 기독교 사상의 핵인 사랑의 정신을 근간으로 하고 있다. 장래 희망이 발레리나인 지예는 꿈을 이루기 위하여 열심히 발레를 배운다. 어느 날 체육 시간에 뜀틀 운동을 하다가 친구인 희라를 사고의 위험으로부터 구하려다 다리를 다쳐 목발 신세를 지게 된다. 좌절감에 빠진 지예는 가출하여 횡단보도를 건너다가 교통사고를 당하게 되고 혼절하게 된다. 이 때 빠져나간 지예의 혼을 지나가던 바람이 안게 된 것이다. 혼을 지닌 바람은 하늘 높이 올라갔다가 바람을 다스리는 천사를 만난다. 천사는 바람에게 지예의 혼은 아직 하늘나라에 올 때가 되지 않았다며 돌려줄 것을 요구하지만 바람은 욕심 때문에 듣지 않는다. 결국 바람은 앙젤리라는 천사와 함께 세상 구경을 나선다.

바람은 사고로 다리를 못 쓰게 되어 휠체어를 탄 민호와 어머니의 사랑을 지켜보다 혼자라는 외로움과 슬픔을 느끼기도 하고, 성적이 떨어졌다고 자살을 한 준식이를 보며 많은 혼의 정체를 깨닫는다.

"저 불빛들이 모두 천사니?"
"천사들은 사람들의 기도를 모아 오르기도 하고 죽은 사람의 혼을 나르기도 하느라고 조금도 쉴 틈이 없이 하늘을 오르내린단다."
"그런데 왜 색깔들이 모두 다르지?"
-중략-
"결국 사람들의 몸이란 혼을 담고 있는 그릇과 같은거야. 물이 그릇에 담겨 있지 않으면 쓸 수 없듯이 혼도 몸 안에 담겨 있어야 쓸모가 있는 거야."
천사의 말은 이번에도 지예의 혼을 돌려줘야 한다는 말로 이어지고 있었습니다.

이렇게 천사는 바람에게 지예의 혼을 돌려줄 것을 요구하지만 바람은 번번이 그 요구를 묵살한다. 때로는 들어줄 것 같기도 하다가 들어주지 않고, 필요 없는 아집과 변덕을 일삼는 바람의 행위는 열한 살 소녀의 혼을 담고 있기 때문에 오히려 자연스럽다. 그러한 아집과 묵살은 이야기에 긴장감을 조성하는 긍정적 요소로 작용한다. 풀릴 듯 풀리지 않고, 밀고 당기는 팽팽한 이야기의 긴장감은 독자들의 시선을 집중시킬 수 있다. 박성배는 이 동화를 통해 때로는 '어린 왕자'의 멘트를 연상할 만큼 울림이 있는 철학적 메시지를 제시하고 있다. 그것은 바람을 설득하는 대화에서도 나타난다.

"네 혼을 지예에게 돌려줄 수 있는 용기를 갖는다면 넌 네가 할 수 있는 가장 훌륭한 일을 하는 셈일 거야."
천사는 나의 눈치를 보며 말했습니다.
"훌륭한 일을 하게 되면 어떤 결과가 있지?"
"기억에 남게 되지."
-중략-
"남의 기억에 아름다운 모습으로 남아 있는 것은 행복한 일이야."

동화나 시를 쓰든, 음악이나 미술을 하든, 모든 예술 행위의 궁극적 목적은 결국 작가에 대한 기억을 현세나 후세에 널리 전승하는 데 있다고도 할 수 있다. 물론 예술 그 자체에 탐닉하여 창작혼을 불사르며, 성취감에서 오는 희열 그 자체에 만족하는 경우도 있겠지만, 그것은 가람이 아니고 냇물일 뿐이다. 어디 예술뿐이랴! 세상을 전설처럼 아름답게 살다 들꽃 같은 향기를 남기며 간 인물들의 삶과 추억을 향수하는 것도 같은 맥락으로 접근할 수 있다. 그러한 향수는 자신도 훗날 그러한 모습으로 기억되기를 바라는 소망이자 대리만족의 소산인지도 모른다.

4. 인간성 회복과 자연 사랑

「쫓겨간 아기 도깨비」는 운동에 소질이 없어 친구들로부터 따돌림을 받던 기돌이가 화를 풀려고 산에 갔다가 도깨비방망이를 줍게 되면서부터 이야기가 펼쳐진다. 이 동화의 배경은 서울의 위성도시인 신도시로 다이너마이트로 산을 무너뜨려 아파트를 짓는 개발지역이다.

기돌이가 주운 울퉁불퉁한 방망이는 다이너마이트 폭음에 놀란 꼬마 도깨비가 허겁지겁 달아나다 빠뜨리고 간 것이다. 그 방망이를 기돌이 삼촌이 대패질하여 매끈하게 다듬어 준다. 마을 대항 야구 시합이 벌어졌을 때 기돌이는 그 방망이를 이용하여 역전 만루홈런을 쳐 주위 사람을 놀라게 한다. 기돌이가 밤늦게 잠자리에 누웠을 때 꼬마 도깨비가 찾아온다.

> 꼬마도깨비는 혹처럼 작은 뿔이 나 있었습니다. 눈은 길게 찢어졌고 코와 입이 유난히 컸습니다. 몸은 약간 푸른색이었으며 털이 많이 나 있었습니다. 자세히 살피면서 있는 동안 서서히 무서움이 가시는 듯했습니다. -중략- 기돌이는 무심코 손을 내밀어 꼬마도깨비의 손을 잡으려다가 흠칫했습니다.
> "손을 안 잡아도 괜찮아."
> 둘이는 조심조심 기돌이 방으로 올라갔습니다.
> "불을 켜지 마."
> 기돌이가 전깃불을 켜려고 하자 꼬마도깨비가 애원하는 목소리로 말했습니다.

이 작품에 등장하는 도깨비 또한 여느 작품에 나오는 도깨비들처럼 전깃불을 싫어한다. 그런데 도깨비는 힘이 없어 보인다. 박성배는 도깨비의 입을 빌려 '사람들이 자연을 병들게 하면서 도깨비들도 시름시름 앓다가 죽어 가는 병에 걸리게 되었다'라고 말한다. 도깨비는 방망이가 깎여진 것을 보고 실망을 하지만 효력을 알아보기 위하여 "꽃 나와라 뚝딱!"을 외친다. 종래의 도깨비방망이들이 금이나 돈 등 재물을 나오게 하는 구조에 비하여 꽃을 주문한 것은 이미지가 신선하다. 이는 작가가 날로 팽배해지는 황금만능주의와 배금사상을 경계한 의도적인 포석이라 할 수 있다.

그런데 꽃은 나오지 않고, 창가에 있던 선인장에서 꽃이 핀다. 결국 방망이는 새로운 것을 만들 수 있는 효력 대신 이미 있던 물건을 변화시킬 수 있는 힘만 남아 있는 것이다. 기돌이는 꼬마 도깨비에게 학급대항 야구시합에서 쓸 수 있도록 하루만 더 빌려달라고 부탁하여, 비밀을 지켜줄 것을 약속하고 허락을 얻는다. 작가는 도깨비방망이의 효용성을 존속시키기 위하여 기돌이의 팔에 도깨비방망이의 신통력을 불어넣어 알통을 나오게 하는 수법으로 판타지의 동력장치를 설정하는 것을 잊지 않았다.

기돌이는 운동회 전날 밤 도깨비를 학교로 데리고 가서 교실 마루 밑에 숨게 한 후 운동회 때 함께 탈춤을 춘다. 기돌이를 비롯한 아이들은 탈을 썼지만 도깨비는 탈을 쓰지 않은 채로 등장시킨다. 그런데도 사람들은 "와! 저 아인 진짜 도깨비 같다"라고만 말하며 도깨비를 의심하지 않는다. 과연 현실적으로 사람들이 대낮에 도깨비를 보고도 도깨비 탈을 쓴 아이로 생각할 수 있을까? 이러한 사소한 비현실적 접근이, 다시 말하여 리얼리티의 부분적 상실이 환상의 풍선에 바늘구멍을 내는 행위가 될 수 있음을 간과하지 말아야 할 것이다.

　　꼬마 도깨비는 흥에 겨운 나머지 방망이를 휘두르다가 내리치며 소리쳤습니다.
　　"꽃 피어라 뚝딱!"
　　"열매 맺어라 뚝딱!"
　　그러자 꽃밭에서 아직 덜 핀 국화가 활짝활짝 꽃을 피웠습니다. 봄에 피는 목련도 하얗게 피어났습니다. 개나리꽃, 진달래꽃, 아카시아꽃도 피어났습니다. 한 번도 열매를 맺은 적이 없던 은행나무가 열매를 맺었고 감나무, 참나무, 벚나무들이 주렁주렁 열매를 맺었습니다.

　이러한 기이한 일들이 일어나자 도깨비방망이임을 알아차린 어른들이 그것을 빼앗기 위하여 꼬마 도깨비에게 달려든다. 산으로 달아난 도깨비를 잡기 위해 사람들은 사냥개와 총까지 동원하여 뒤를 쫓지만 놓치고 만다. 기돌이가 도깨비를 쫓아버린 사람들이 야속해 돌팔매질하자 돌멩이는 어른이 던진 것만큼이나 멀리 날아간다. 꼬마도깨비가 팔에 넣어준 방망이의 신통력이 발휘된 것이다. 이 동화가 도깨비가 도망친 것으로 끝을 맺었다면 동화의 지향점이 바르게 설정되었다고 할 수 없을 것이다.

　도깨비를 소재로 한 동화는 많이 창작되었다. 그런데 도깨비방망이의 효력을 사람의 몸에 불어넣어 힘을 발휘하게 한 경우는 거의 없는 것으로 파악하고 있다. 문학의 창작 행위는 상투성과의 끊임없는 싸움이요, 이 상투성을 타파하기 위한 몸부림인 것이다. 이 동화는 산업화와 도시개발에 밀려 숲이 사라지고, 자연이 파괴되는 데에도 물질과 허영만을 쫓다 자멸해 가는 인간들의 이기심을 질타하고 있다. 그러면서도 도깨비가 힘을 넣어준 팔로 열심히 연습하여 훌륭한 야구 선수가 되겠다고 한 기돌이의 결심은 환상적이고 희망적이어서 동화가 추구해야 할 지향점을 보여 주고 있다.

Ⅲ. 맺는 말

박성배는 동화를 '산문으로 쓴 시'[1]로 정의하고, 자신을 환상에서 시작되고 환상에서 끝나는 동화의 매력에 빠진 작가[2]로 규정하였다. 그는 1969년 「마귀를 이긴 선희」로 동화를 쓰기 시작한 이래 50여 년 동안 동화의 핵심 요소인 환상동화 창작에 주력하였다. 그는 동화작가이기 전에 성실한 교육자로서 어린이 글짓기 지도에도 힘써 2004년에 제35회 한인현글짓기 지도상을 받았다.

김영훈은 박성배 동화의 특성을 환상성 추구, 동심의 회복, 교육적이고 기독교적인 윤리의식[3]으로 요약하고 있다. 오태호는 박성배의 동화문학은 우정의 회복, 장애에 대한 편견 극복, 환상성의 차용, 계도성의 강조 등의 핵심 요소를 텍스트에 기입하면서 형성된다[4]고 하며 '우정과 사랑의 표현'에 주력한다고 파악했다. 김경흠은 박성배 동화의 열쇠어

---

1 『박성배동화선집』, 지식을만든느지식, 2013. 작가의 말.
2 위의 책, 179쪽.
3 김영훈, 『작가를 만나다 그의 작품을 읽다』, 기획출판 오름, 76~107쪽.
4 『박성배동화선집』, 175쪽.

를 합일 정신으로 요약하고, 결말의 현현과 합일 정신, 상반합의 합일, 상련적 합일, 언어 유희를 통한 합일[5]로 정리하였다.

박성배는 세속적인 삶과는 거리가 먼 독실한 신앙인이었다. 그가 가지고 있는 투철한 종교적 신앙 이외에 또 다른 굳건한 믿음이 있다면 동화애요 어린이 사랑[6]일 것이다. 권모술수나 세속적 이재추구에는 낯선 박성배 문학의 고갱이는 소외 계층에 대한 사랑의 구현이다. 그들을 끌어안고 더불어 살아가는 따뜻한 사랑의 실천인 것이다.

그의 이러한 사랑의 정신은 기독교적 신앙에 모태를 두고 있다. 그의 대표작이라 할 수 있는 작품에 천사가 많이 등장하는 것은 그의 동화가 의식적이든 무의식적이든 기독교의 영향을 많이 받고 있다는 예증이다. 「천사를 만난 바람」에 등장하는 다양한 실체적 천사나 「천사의 눈」, 「천사의 날개」 등에 등장하는 상징적이고 관념적인 천사들이 그러한 사실을 반증하고 있다.

그의 동화에 등장하는 소외된 이웃들은 한결같이 공부도 못하고, 운동도 못하며, 말주변도 없어 늘 어눌한, 그러기 때문에 또래들로부터 따돌림을 받는 아이들이다. 「꿈꾸는 아이」의 준석이, 「쫓겨간 아기 도깨비」의 기돌이, 「진짜 어린이」의 성민이, 「이티보다 멋있는 친구」의 성철이 등은 한결같이 자신감이 없고, 의기소침한 인물들인 것이다. 그들은 환상과 사랑의 내면화를 통해 닫힌 마음의 문을 열고 당당하고 희망찬

---

5 김경흠, 「현현적 의식을 지지하는 미적 구조 탐구」, 계간 《아동문학평론》, 2020 겨울, 66~77쪽.
6 1989년 어린이 신자가 많은 꽃동산교회 장로로 임직되며 《꽃동산》 어린이 주보에 동화를 연재하였고, 주간 한국문학신문에 원고지 10매 정도의 '종소리 동화'를 140여회 연재하였다.

어린이로 새롭게 태어나고 있다.

　박성배 동화에는 장애와 좌절을 딛고 굳건히 일어서는 아동상이 제시되고 있다. 집에 불이 났을 때 새를 구해주다 입은 화상으로 고민하다 꿈속에서 만난 요정의 도움으로 웃음을 되찾게 된 「선아만의 비밀」의 선아, 불의의 사고로 다리를 다쳐 발레리나의 꿈을 포기하고 교통사고로 목숨을 잃을 뻔했던 「천사를 만난 바람」의 지예나, 시각 장애로 어둠 속에서 살지만 아름다운 노래로 그늘에서 살아가는 이웃들을 위로하다 불치의 병으로 숨져가며 안구를 기증한 혜선 언니의 도움으로 광명을 되찾은 「천사의 눈」의 송이, 다리가 성하지 못해 좌절 속에서 살다 혜란 누나의 따뜻한 사랑과 관심으로 재활치료를 받으며 굳세게 일어서는 「천사의 날개」의 준구 등은 박성배 동화에 나타나는 좌절을 딛고 새 삶을 찾는 전형적인 어린이상인 것이다. 박성배가 추구한 동화의 대주제는 인간성 회복과 더불어 살아가는 이웃 사랑의 정신이라고 할 수 있다.

작고 여린 것에 대한 노스텔지어
- 박화목 동화론

Ⅰ. 들어가는 말

 은종(銀鍾) 박화목(朴和穆)은 1924년 2월 15일 황해도 황주군 장천리(긴내 마을)에서 부친 박승환과 모친 이덕환 슬하의 4남 3녀 중 여섯째(3남)로 태어났다. 기독교[1]를 믿는 그의 집안은 부유한 편이었는데, 백부는 장천리에서 큰 과수원을 경영했다. 그의 부친은 그가 어렸을 때 평양으로 이주하여 양복점을 경영했다. 평양에서 초중등학교를 마치고, 1942년 평양 신학교 예과 및 본과 2년을 졸업했다. 1943년 중국 하얼빈 영어 전문학원에서 공부하고, 1945년 만주 선양시(봉천) 동북신학교 본과를 졸업했다. 그 후 월남하여 한신대 선교신학대학원을

---

[1] 그가 필명을 '은종'이라고 한 것도 크리스마스를 알리는 "실버벨(Silver Bells)"이란 크리스마스 캐럴 같은 삶을 살고 싶어서라고 했다.

졸업했다.

문단 이력을 보면 1939년 어린이 잡지 《아이생활》에 동시 「겨울 밤」이, 1941년에 「피라미드」가 추천[2]되었다. 박화목은 광복 직전 중국에서 귀국해서 평양 근처의 누나 집에서 기거했다. 당시 북한의 상황이 기독 신앙을 가진 그가 살기에 적절치 않음을 깨닫고 1946년 2월 선배 아동 문학가인 함처식 함처식[3]과 함께 월남을 결심한다. 한밤중에 걸어서 삼팔선을 넘은 그는 여관에서 서울행 열차를 기다리며 동시 「38도선」[4]을 썼다. 서울에 도착한 직후 이 작품을 윤석중이 펴내던 월간잡지 《소학생》 현상공모에 응모하여 당선되면서 공식적으로 등단하게 된다. 당시 '백 원'이라는 상금도 받아 수중에 돈이 없던 그가 서울에 정착할 수 있는 밑천이 되었다.

1948년부터 1950년까지 서울중앙방송국 편성과 문예 담당 프로듀서로 일하며 동인지 《죽순(竹筍)》[5]과 시지 《등불》의 동인으로 작품활

---

[2] 주일학교 교사였던 이헌구에게 동시 2편을 보여주자, 《아이생활》에 투고하여 「겨울밤」이 게재되었고, 그 다음 해에 「피라미드」가 추천되었다.
[3] 함처식(咸處植, 1910 ~1980) 평양 출생. 호는 영천(靈泉). 평양 광성고보 수료. 1932년 《아이생활》 《기독신보》에 작품을 발표하면서 등단. 대표작에 「벼개애기」, 「혼자만 아는 그림」, 「성난 손자국」, 「말하는 벙어리」 등이 있고, 「탄일종」의 작사가이다.
[4] 솔밭 길 산비탈 길/사십 리 길은/초생달 기울어진/으스름 밤길.//내 나라 내 땅 안에 /내 길 걷는데/무엇이 무서워서/밤을 새워 걷나요.//서러운 국경./들에 참새들도/하늘의 아기별도/잠들었는데 //산 고갤 살금살금/기어 넘고요./풀숲 새 몰래몰래 /걸었습니다. - 「38도선」 전문.
[5] 『죽순』은 1946년 창간되어 해방 공간 4년 동안 12집이 발간되었으며, 1979년 봄 복간호를 낸 이후에도 현재까지 계속 발행하고 있는 대구 지역의 시 동인지이다. 『죽순』은 중앙과 대타적인 지점에서 지역 문학의 성과를 보여주었으며, 해방기 대구지역의 시문학에 대한 열망을 제대로 수용해 나간 매체였다. 『죽순』은 이윤수, 이호우, 박목월 등 대구지역 시

동을 하였다. 1950년 한국일보 문화부장을 역임했고, 1952년 도서출판 민교사 편집국장을 지냈다. 1954년부터 기독교방송에 입사하여 교양부장 및 편성국장을 지내다 1971년에 퇴사했다. 1980년부터 10년 동안은 서울신학대학 강사를 역임했다.

박화목의 연보를 바탕으로 출간한 작품집을 동화집과 동시집으로 분류해 보면 다음과 같다. 동화·아동소설집은 『밤을 걸어가는 아이』(소년 소설집, 1954), 『부엉이와 할아버지』(1955), 『꽃팔이 소녀의 그림』(1963), 『저녁놀처럼』(1970), 『눈 소녀』(1974), 『램프 속의 소녀』, 『비바람 속의 아이들』(소년소설집, 1979), 『마징가의 꿈』(1981), 『현주의 봄 여름 가을 겨울』(1981), 『얼룩 염소의 모험』(장편 동화, 1982), 『개똥벌레 삼형제』(1983), 『인형의 눈물』(1987), 『아파트 소녀와 나비』(1988), 『아기별과 개똥벌레』(1988) 『욕심많은 개구리』(1990), 『잃어버린 나비』(1990), 『무지개를 타고 온 아이』(1991), 『내가 잃어버린 무지개』(1993), 『꽃별이 된 떡갈나무』(1994), 『꿈을 먹는 나비』(1994), 『다리부러진 인형』(1994) 등 20권이다.

동시집은 『초롱불』(1957), 『꽃이파리가 된 나비』(1973), 『아이들의 행진』(1978), 『봄을 파는 꽃가게』(1981), 『봄 그림자』(1985), 『아파트와 나비』(1989) 등 6권이다. 출간한 작품집의 권수로 단순 비교해도 알 수 있듯이, 박화목은 동시보다 동화를 훨씬 많이 창작하였다. 그럼에도 불구하고 그에 대한 많지 않은 아동문학 작품론이 동시에 국한되어 있음은 추후 연구자들이 참고해야 할 사항이다.

인들 외에 유치환, 김춘수, 조지훈, 박두진, 설창수, 조향 등 타지역의 유명 시인들도 참가시켜 필진의 위상을 높였다.

그가 받은 문학상으로는 제4회 한정동아동문학상(1972), 기독교문학상(1975), 대한민국문학상(1978), 한국전쟁문학상(1990), 서울시문화상(1989), 대한민국 옥관문화훈장(1994), 황희 문화예술대상(1999), 국제문화예술 협회 공로상(2000) 등이 있다.

문단활동으로는 조선청년문학가협회 아동문학 위원을 비롯하여 전국문화단체총연합회중앙위원, 한국아동문학회 회장, 국제 펜클럽 한국본부 위원, 한국문인협회 아동문학분과 회장 등을 역임하였다.

김숙희와 결혼하여 슬하에 1녀 1남(혜은, 성혁)을 두었다. 2005년 7월 9일 향년 82세를 일기로 서울에서 영면했다. 그는 경기도 양주시 봉양동 홍성교회 묘지에 잠들어 있다.

Ⅱ. 박화목 동화의 세계

박화목 문학의 연구는 동시에 편중되어 있고 동화에 대한 연구는 거의 찾아볼 수 없다. 동시 연구에 대해서도 본격적으로 깊이 있게 다루어진 것은 없다. 이는 박화목 관련 학위 논문을 찾아볼 수 없다는 점에서도 알 수 있다. 일반적으로 그의 동시는 '상상과 동경과 애수의 세계'[6]로 평가되고 있으며, 그의 동화는 '허무적 이상주의, 기독교적 이상주의'[7]로 대변되기도 한다. 그러나 아동문학의 사적 체계를 위해서도 본격적으로 그의 작품 세계를 꼼꼼히 읽고 그 특징을 파악하는 연구 및 논의가 필

---

6 이재철, 『한국현대아동문학사』, 일지사, 1978, 415~417쪽.
7 이재철, 『세계아동문학사전』, 계몽사, 1989, 131쪽.

요하다.

본고에서는 박화목이 동시로 문단에 등단하여 60여 년간 이룬 작품 활동 가운데 특히 그의 동화 세계를 중심으로 주요 특성을 살펴보고자 한다. 그리하여 박화목의 동화 및 동화관을 탐색하여 우리 아동문학계의 작가·작품 연구 및 아동문학사적 연구의 기반을 다지는 데 이바지하고자 한다.

박화목 문학을 조명한 연구물로는 박덕은의 「박화목 동시의 세계」(『한국아동문학작가작품론』, 서문당, 1991), 진선희의 「박화목 동시 연구 1」(『한국아동문학연구』 19호, 2010), 「본향에 대한 그리움의 감각적 구체화-박화목 동시 연구 2」(『한국초등교육』, 대구교육대학교, 2011), 지기원의 『은종 박화목의 시에 나타난 기독교 세계관』(장로회신학대학교 석사학위 논문, 2019) 등이 있다. 본고는 『다리부러진 인형』(1994)과 박화목 동화선집 『부엉이와 할아버지』(1994)를 기본 텍스트로 삼고자 한다.

「개똥벌레 삼형제」는 풀숲에 사는 개똥벌레 3형제가 밤길을 가는 소년을 도와주는 내용이다. 박화목 동화에서 많은 비중을 차지하는 의인화 동화로 초가집이 있는 산골마을을 배경으로 한다. 개똥벌레 3형제는 마을로 날아가서 사람들이 사는 방 안을 살핀다.

> 초가집 지붕에 열린 박이랑, 뜰에 감나무랑, 창문에 비친 빨간 호롱불 빛이 모두 같았습니다.
> -중략-
> 어머니께서는 더욱 더 아파하십니다. 배를 움켜 쥐고 아파하십니다.

소년은 더 보고만 앉아 있을 수가 없습니다.

"어머니, 제가 얼른 읍내에 가서 약을 사올게요?"

하고 말합니다.

"아니다, 괜찮다. 5리가 넘는 밤길을 네가 어떻게 갔다 오겠니."

"무섭지 않아요."

소년은 어머니의 만류에도 불구하고 약을 사기 위해 2Km가 넘는 밤길을 간다. 이런 류의 효행담은 진부하지만, 어두운 밤길을 반딧불이들이 길을 밝혀준다는 점이 동화적이다. 개똥벌레 삼 형제는 소년이 약을 지어 돌아오는 동안 어두운 길을 밝혀준다. 개똥벌레가 등장하는 의인화 동화인데 옛이야기에 나오는 도덕적 미담을 듣는 것 같은 느낌이다. 그런데 "아마 소년은 개똥벌레 3형제 이야기를 어머니께 했을 거예요."와 같은 에필로그는 사족일 수밖에 없다.

「목마의 꿈」은 일곱 살 준이가 주인공이다. 준이는 외삼촌이 생일 선물로 사준 목마를 타고 논다. 또래의 아이들이 몰려와서 준이를 부러워한다. 준이는 그런 아이들을 보며 으쓱해한다. 한 번만 타보자는 기수의 간절한 부탁을 준이는 거절한다. 기수가 방송국에 다니는 자기 아빠가 TV에 나왔다고 뻐기던 일이 생각났기 때문이다. 기수는 동네 아이들을 데리고 빈터로 가서 축구를 하고 논다. 준이는 혼자서 목마를 타니 재미도 없다. 한낮이 되니까 볕도 따갑다.

준이는 목마의 이마를 쓰다듬어 주었습니다.

그 때였습니다. 준이의 눈길이 목마 얼굴에 쏠렸습니다.

글쎄 이상도 하지요. 목마의 두 눈에서 눈물이 쭈르르 흐르고 있지 않겠어요?

살아 있는 말도 눈물을 흘리는 법은 없습니다. 그런데 나무로 깎아 만든 목마가 눈물을 흘리고 있는 것입니다.

-중략-

그러자 목마는 꼭 사람처럼,

"그래요, 울고 있어요."

하고 대답을 합니다.

"야. 목마가 말을 할 줄 아는구나. 그래, 왜 우는 거니?"

"도련님이 그렇게 욕심쟁인 줄 몰랐어요."

"내가 욕심쟁이라구?"

"네, 그래요. 혼자만 타겠다구 욕심을 부렸잖아요."

목마가 눈물을 흘리고 말까지 하는 일은 현실에서는 있을 수 없다. 판타지의 세계라면 가능하지만 갑자기 펼쳐지는 얼토당토않은 이야기라면 황당할 수밖에 없다. 하지만 이런 기우는 다음 이야기에서 해결이 된다. 시장에 다녀오던 준이 엄마가 목마를 탄 채 졸고 있는 준이를 보았기 때문이다. 준이가 잠깐 꿈을 꾸었다는 것을 알 수 있는 대목이다. "어머! 우리 준이가 목마를 타고 졸고 있네. 쯧쯧!……" 그런데 이러한 꿈의 처리는 너무 식상하고 진부하다. "아마 준이는 내일 꼭 기수며 미나며 동네 아이들에게 목마를 태워 줄 거예요." 이 동화의 에필로그이다. 이런 작법은 작가가 이야기속에 들어가 관여하기 때문에 바람직한 일이 아니다. 독자가 스스로 깨닫게 해야지 주제를 겉으로 드러내서는 문학성이 훼손된다.

「염소와 달밤」은 점박이라는 염소가 주관자 시점으로 등장하는 동화이다. 이 동화에 등장하는 아저씨는 염소를 치며 그림을 그리는 화가이다. 그런데 오른손이 없어 쇠갈구리 의수를 하고 있다. 그는 마른풀을 먹기 싫어하는 염소에게 가끔 도화지를 먹이기도 한다. 화가 아저씨는 자신의 그림을 공모전에 출품하지만 고배를 마신다. 그 때문에 자신의 처지를 비관하고 사회를 원망하기까지 한다. 화가 아저씨는 그림을 그려야 할 도화지를 염소에게 먹이며 자신의 그림을 비하한다. 점박이는 귀한 도화지를 아깝지 않게 먹여 주는 아저씨가 더없이 멋있는 분이라고 생각한다.

어느 날 아저씨는 읍내로 간 뒤 해가 진 뒤에도 돌아오지 않는다. 그 때 읍내 학교에 갔다 돌아오는 동네 아이들이 염소들이 울고 있는 곳으로 온다. 염소 아저씨가 없는 것을 안 아이들이 저마다 한마디씩 한다.

그 때, 여태 점잖게 있던 김인동이라는 아이가 무슨 생각이 들었는지 목소리를 낮추어,
"얘들아, 요즘 말야. 염소 아저씨가 무슨 고민이 있는 것 같더라."
-중략-
"잘 몰라. 하여튼 접때 그린 염소 그림 있잖아? 국전(대한민국 미술 전람회)에 출품했다던 거 말야. 근데 아직 보내지도 않았다는 거야."
"왜 그랬을까? 그 그림은 특선도 될 수 있는 건데……."
"접때 아저씨 말이, 자기는 미술학교에 안 다녔기 때문에 입선도 되기 어렵다는 거야. 보내 봐야 말짱 헛것이니까 안 보냈다는 거야……."

하고 인동이는 사뭇 심각한 얼굴이었습니다.

"그럴지도 몰라. 염소 아저씨 말이 맞을지도 몰라."

옆의 아이가 고개를 끄덕이었습니다.

"요즘 세상은 말이야. 문학이구 미술이구 줄이 있어야, 입선도 되고 출세도 한다잖아?"

아이들의 입을 통해 사회에 팽배해진 비리와 부조리를 고발하고 있다. 줄이 있어야 출세한다고 말하는 아이들의 대화는 왜곡된 사회 질서와 만연된 불공정과 부정을 풍자하고 있다. 미술학교에 안 다녔기 때문에 자신을 밀어줄 심사위원이 없어 작품을 출품하지 않았다는 화가 아저씨의 말은 동심을 멍들게 한다. 사회에 만연된 부정부패를 질타하는 내용은 독자들을 슬프게 한다. '문학이고 미술이구 줄이 있어야, 입선도 되고 출세도 한다'라는 주장은 부분이지 전체는 아니다. 순진무구해야 할 아이들의 입을 통해 일부의 비리를 사회 전체에 만연된 풍조인 양 매도하는 것은 지나친 비약이라 할 수 있다.

아이들이 돌아가고 달이 떠오르자 점박이는 돌아오지 않는 아저씨가 걱정이 된다. 점박이가 풀벌레 소리를 들으며 쓸쓸함을 느낄 때 달빛 속에서 목청이 째지는 듯한 노랫소리가 들린다.

술에 담뿍 취해 있는 듯 발걸음이 적이 비틀거렸습니다. 바른팔을 치켜들 때, 갈고리 손의 쇠붙이가 달빛을 받아 반짝였습니다.

-중략-

"하아! 이놈들, 여태 여기 있었구나. 나를 원망하면서 기다렸겠지.

미안 미안!"

아저씨는 우리들 염소의 고삐를 풀어 한 손에 쥐고, 또 다른 갈고리 손으로는 캔버스를 걷어 어깨에 메었습니다.

–중략–

"야아, 이 점박이야. 너는 내 맘을 알아주겠지? 난 그 속물들에게 내 그림을 보이기 싫단 말야! 특선? 그건 또 뭐 말라 빠진 거야? 차라리 내 소중한 그림을 외양간에다 걸어 놓겠다. 네놈들이 한겨울을 지낼 그 외양간에다 말이다. 암 그래야지, 너희들은 내 소중한 그림을 이해할 거야. 아 아, 내 귀여운 염소들아!"

아저씨는 고삐를 힘껏 당겼습니다. 목덜미가 조금은 아팠으나 그것은 즐거운 아픔이었습니다.

나는 아저씨의 눈물이 함빡 고인 두 눈망울에 달빛이 비치어서, 마치 사파이어처럼 빛을 내고있는 것을 쳐다보았습니다.

염세주의자가 된 화가 아저씨는 술에 취해 비틀거리며 세상을 원망한다. 갈고리 손의 쇠붙이가 달빛에 반짝이는 장면은 세상을 향한 분노의 표현이며 저항이다. 이 동화에서 화가 아저씨가 왜 오른팔이 없어져 의수를 착용했는지는 나타나 있지 않다. 우리의 헌법에는 표현, 출판의 자유가 보장되지만 타인의 명예를 훼손하거나 공익성을 해치는 내용을 허용하는 것은 아니다. 미술전람회의 심사위원들을 '속물'들로 규정하고, 자신의 소중한 그림을 외양간에 걸어놓겠다는 선언은 제도권에 대한 도전이고 저항이다. 심사위원 중에는 부패한 부류도 있을 수 있지만, 부분을 전체인 양 매도하는 것도 바람직하지 않다.

불굴의 의지로 열심히 노력하여 뜻을 이루는 예술가들의 혼도 기억해야 한다. 힘든 고난과 역경을 천신만고 끝에 극복하고 성공에 이르러야 더욱 영광스럽고 값진 것이다. 이 동화는 염세주의에 빠져 세상을 비난하는 화가의 행동을 미화하고 있다. 화가가 고삐를 당겼을 때의 목덜미의 아픔은 즐거운 아픔이고, 화가의 눈물을 사파이어처럼 빛을 낸다고 한 표현이 그것이다. 이 작품의 주제는 부패한 사회에 대한 고발일 뿐 문학적 감동을 안겨주지는 못하고 있다. 좌절과 불행을 딛고 일어서는 반전의 메시지는 보이지 않는다. 아동문학은 어린이들의 영혼을 물들이는 특수문학인 만큼 예술성에 반하지 않는 교훈성도 염두에 두어야 한다.
　「골목길의 눈사람」은 눈이 오는 날 아이들이 골목길에서 만든 눈사람들이 펼치는 이야기이다. 골목길에서 동네 아이들이 모여 눈사람을 만드는 이야기와, 깊은 밤에 그 눈사람들이 펼치는 이야기가 큰축을 이룬다. 눈사람은 동화에 흔한 소재로 등장한다. 아이들이 직접 만들어 정감이 가고, 인형처럼 친숙하게 느껴지는 영향도 있다. 또한 사람이긴 하지만 말도 못하고 움직일 수 없다는 특징이 있기 때문이다.

　　"눈이 온다, 눈이 온다!"
　　조무래기들이 좋아라고 골목길로 뛰어나옵니다. 아이들이 좋아할 수밖에요.
　　올 겨울 들어 모처럼 내리는 눈이랍니다. 그 동안 좀처럼 눈이 내리지 않다가 오늘 저녁녘 드디어 눈이 내리는 것입니다.
　　눈송이가 큼직큼직한 함박눈입니다. 금세 길바닥에 하얗게 깔렸습니다.

눈이 내리면 특히 아이들이 좋아한다. 골목길의 아이들은 어서어서 눈이 많이 쌓이기를 기다린다. 눈덩이를 굴려 눈사람을 만들고 싶어서이다. 박화목 동화에는 '조무래기'라는 말이 자주 등장한다. 이는 어린 아이를 얕잡아 이르는 말이다. '6살, 7살, 준이와 같은 나이 또래의 조무래기들입니다. (목마의 꿈)' '동네 조무래기들 몇 명이 이리로 오고 있었습니다.'(염소와 달밤) 이렇게 '조무래기'란 군더더기 말이 등장한다. 어린이를 위하는 글에 어린이를 하대하는 말을 쓰는 것은 잘못된 언어 습관이라고 할 수 있다.

골목길이 있는 마을에 사는 아이들은 눈덩이를 굴려 눈사람을 만든다. 그런데 낯선 아이 한 명이 눈덩이를 굴리자 아이들은 왜 남의 동네에 와서 눈덩이를 굴리냐고 캐묻는다. 낯선 아이는 이웃 아파트에 산다. 그는 아파트 단지에는 차가 많이 다녀 눈이 쌓이지 않는다고 말한다. 마침내 골목에 사는 아이들이 눈사람 만드는 것을 허락하자 아파트 아이도 한쪽에 눈사람을 세워 놓는다.

이 동화가 창작된 1990년 대에만 해도 아파트 단지에 제설제인 염화칼슘을 많이 살포하지 않았다. 요즘은 염화칼슘을 많이 뿌려 눈이 녹으며 쌓이지 않는다. 이런 측면에서 보면 수긍이 가는 삽화이다. 골목길 아이들은 아파트 아이에게 눈덩이를 굴려 눈사람을 만들도록 한다. 저녁이 되어 아이들이 집으로 돌아가자 눈사람들만 남아 골목을 지킨다.

한밤중이 되어 초록별들이 깜박이기 시작하자, 눈사람들은 말을 나눕니다. 눈사람들의 말입니다. 아니, 어쩌면 눈사람을 만든 아이들은 알아들을지도 모릅니다.

"엇, 추위!"

하고 눈사람 하나가 입을 열었습니다.

그 때 마침 한줄기 차가운 바람이 불어 왔기 때문입니다.

"눈사람이 춥다니, 무슨 말이야?"

다른 눈사람이 말대꾸를 합니다.

"그래 그래. 우리는 말야, 눈사람이잖아? 눈사람이 춥다는 건 겁을 먹어서 그러는 거야."

하고 또 다른 눈사람이 말했습니다.

"우리가 이렇게 여럿이 있는데 말야, 겁을 먹어선 안 되는 거야."

"겁을 먹어서 춥다는 게 아냐. 추우니까 추운 거지. 안 그래?"

"그래, 네 말이 맞아. 눈사람도 깊은 겨울 밤에는 추운 거라구."

저 쪽에서 꼬마 눈사람이 말참견을 합니다.

이렇게 눈사람들이 말하고, 핀잔을 주고, 말다툼하기도 한다. 사람들이 없는 밤에 눈사람끼리 대화하는 장면은 굳이 개연성을 확보하지 않더라도 억지스럽지는 않다. 이는 동화적 분위기 때문이다. 분위기(atmosphere)란 작품 전체에 흐르고 있는 상황이 주는 느낌을 말한다. 그것은 작품이 서정적이라든지 서구적이라든지 하는 톤(tone)과 달리 작품 전체의 흐름과 배경이 주는 인상을 말한다.[8] 눈이 쌓여 있고 별이 반짝이는 밤의 분위기는 환상적이어서 판타지 세계로 접근하기가 용이하다.

---

8 박상재, 『동화창작의 이론과 실제』, 집문당, 2002, 141쪽.

골목에 있는 눈사람은 다양하다. 몸집이 작은 꼬마 눈사람도 있고, 커다란 눈사람도 있다. 골목 아이들과 어울리지 못해 아파트 아이가 한쪽에서 만들어 외따로 떨어져 있는 눈사람도 있다. 아파트 아이가 만든 눈사람은 외톨이가 되어 외롭다. 다른 눈사람이 무시하기 때문이다. 그러자 골목대장 노릇을 하는 기동이가 만든 눈사람이 '똑같이 눈사람이니 함께 어울려 놀아'야 한다고 말한다. 그러자 다른 눈사람들도 동의한다.

"우리 눈사람은 얼굴과 손, 팔. 몸뚱이만 있고 다리는 없는데, 어떻게 움직인다지?"
"합치고 싶어도 안 된다는 거 아니야?"
서로 고개를 갸웃거렸습니다.
그 때였습니다.
저만치서 또렷또렷한 말소리가 들려 왔습니다.
"난 갈 수 있어. 난 너희들과 똑같은 눈사람이니까 말야. 너희들과 함께 있고 싶어. 그리로 갈 거야."
이튿날 아침.
아침 해가 밝게 떠올랐을 때, 밖으로 나온 골목길 아이들은 눈이 휘둥그레졌습니다.
아파트에 사는 아이가 만든 눈사람도 골목길에 사는 아이들의 눈사람과 함께 있으니까요.

기동이가 만든 눈사람이 "거기 서 있지 말고, 이리 와서 함께 이야기하며 놀자"고 제안한다. 하지만 "다리가 없는 눈사람이 어떻게 움직일 수 있냐"라며 난감해한다. 그러자 아파트 아이가 만든 눈사람이 "난 갈 수 있다"라고 자신있게 말한다. 이튿날 골목에 나온 아이들은 떨어져 있어야 할 눈사람이 함께 있는 것을 보고 눈을 휘둥그렇게 뜬다.

밤사이에 눈사람이 스스로 움직였다는 것은 억지스러워서 핍진성이 떨어진다. 아무도 몰래 누가 눈사람을 옮겨 놓은 것으로 설정했어야 한다. 그 주체자가 아파트 아이이거나 기동이일 수도 있고, 밤늦게 귀가하던 술 취한 아저씨가 되어도 좋다. 개연성이 없는 사건은 핍진성을 떨어뜨려 이야기의 동력을 떨어뜨린다.

「수나와 까치」는 나래이터인 수나 엄마가 이끌어가는 1인칭 주관자 시점의 동화이다. 수나네는 몇 년 전 변두리 동네로 이사 오며 감나무 한 그루를 사다 심었다. 그 감나무가 자라 감이 열리고 홍시가 된다. 수나는 엄마에게 까치밥으로 홍시를 남겨놓아야 한다고 말한다. 어느 날 밖에 나가 놀던 수나가 상기된 표정으로 들어온다. 엄마가 이유를 물으니 둔덕 포플러나무(마루나무)에 있는 까치둥지에 까치가 안 돌아와 빈 둥지라서 그런다는 것이다. 수나 엄마는 까치가 제 둥지를 잊지 않고 찾아올 거라고 위로했지만 여러 날이 지나도 까치둥지에 까치는 나타나지 않는다. 수나는 잠자리에서 일어나자마자 까치가 왔나 보려고 둔덕에 달려가기도 한다. 이런 행동은 순수한 동심이 있기에 가능하다.

어느 날 수나네 식구 귀에 집에 땅을 파헤치는 기계 소리가 들린다. 엄청나게 큰 땅 차가 움직이며 흙을 퍼내는 소리이다. 까치가 오지 않는 이유가 밝혀진 것이다. 고층 아파트를 세우려고 땅을 파기 때문이다. 수나 아빠는 집을 팔고 아파트로 이사를 가자고 하지만 수나가 적극 반대를 한다. 감나무에 열리는 감을 볼 수 없다는 이유에서다. 수나 엄마도 어린아이를 기르는 데는 뜰이 있어야 한다며 수나 의견에 동조한다. 요즈음 세태와는 동떨어진 견해지만, 사람마다 가치관이 다를 수 있으므로 억지스럽지는 않다.

　　아파트 공사가 시작된 것입니다. 큰 차들이 나타나서는 땅을 파고 흙을 퍼내는 일을 시작한 것입니다. 그 요란한 기계 소리가 우리 동네에까지 들려 왔습니다.
　　우리 사람들 귀에도 시끄럽다고 생각되었습니다. 그러니까 까치 같은 날짐승은 그 소리에 겁을 집어먹을 만도 하였습니다.
　　"엄마 엄마, 까치가요. 저 소리가 싫어서 안 돌아오나 봐요."
하고 수나가 다시 말하였습니다. 나는 고개를 끄덕였습니다.
　　"정말 그럴지도 모르겠구나."
　　"까치가 안 돌아오면 어떡해, 엄마."
　　"까치가 돌아와야 하는데…… ."
　　나는 담장 너머로 저만치 멀리 흙먼지 피어 오르는 하늘을 하염없이 바라보고 있었습니다.

　이 동화의 에필로그이다. 작금의 대한민국은 온 나라가 아파트 공사로 몸살을 앓는다. 고령화 사회로 독거노인 층이 많아지고, 비혼주의자가 늘어나 1인 가구가 증가하다 보니 주거 공간이 부족해지고 있다. 주택이 부족하니 건설은 해야 하겠지만, 얻는 것이 있으면 잃는 것도 있기 마련이다. 이 동화는 기계문명과 생태환경의 대립구조를 부각하고 있다.

이 동화가 쓰여졌던 1990년대에는 기쁜 소식을 전해준다는 민간신앙으로 까치가 길조의 대명사로 자리 잡았었다. 하지만 요즈음은 시끄럽게 우짖는다는 이유로 공해로 전락되기도 한다. 또한 농작물을 해친다는 이유로 해조로 배척받게 된 것도 현실이다. 시대 상황에 따라 진리도 변하는 것이다. 시대 상황은 바뀌어도 동심은 변하지 않는다. 까치밥을 보며 까치를 기다리는 동심이 있기에 세상은 정화되는 것이다.

「부엉이와 할아버지」는 아기부엉이와 빈집에서 혼자 외롭게 지내는 병든 할아버지와의 애틋한 정을 담은 동화이다. 어느 날 밤 엄마 부엉이가 배고파하는 아기 부엉이에게 줄 먹이를 구하러 간다. 혼자 남아 있는 아기부엉이는 심심하다. 아기부엉이는 조금만 놀다 올 생각으로 숲속을 벗어나서, 산 고개로 날아간다. 산 고개를 넘어서자 저만치 멀리 사람들이 모여 사는 마을의 깜박이는 호롱불이 보인다. 아기 부엉이는 동네 가까이까지 날아가고 싶지만, 힘에 부쳐 둥지가 있는 숲으로 돌아온다.

여름이 되자 아기 부엉이도 부쩍 자라게 된다. 아기 부엉이는 불빛이 비치는 마을을 구경하고 싶어 한다. 엄마에게 허락을 겨우 받은 아기 부엉이는 마을을 찾아가지만 온 동네가 캄캄하다.

　　　　집집마다 방 안이 깜깜하였습니다.
　　　　'이상한 일이다. 무슨 일이 생긴 거야.'
　　　하고 아기부엉이는 동네 가까이 날아가지 않고, 그만 돌아오고 말았습니다. 그리고 엄마부엉이에게 그 이야기를 하였습니다.

엄마부엉이는,

"나쁜 사람들이 몰려온 모양이구나."

하고 말하였습니다. 엄마는 무슨 일이건 죄다 알고 있는 듯 싶었습니다.

"엄마 엄마, 사람들 중에는 나쁜 사람이 있어요?"

"그럼 있고말고, 나쁜 사람은 우리 부엉이들을 총으로 쏘아 죽인단다."

"사람들이 우릴 죽여요?"

"아니야. 어떤 사람은 부엉이를 무척 사랑하지. 어느 마을엔 새하구 이야기를 하는 할아버지도 있단다. 그 할아버지는 우리 부엉이를 무척 사랑해 주신단다."

"그처럼 마음 좋은 할아버지를 만나 보았으면……."

아기부엉이는 혼자말처럼 중얼거렸습니다.

　

의인화 동화에서 동물과 사람이 자연스럽게 대화할 수 있도록 설정하는 것은 판타지 세계로 가는 통로 구축이나 만큼 중요하다. 작가는 이 수수께끼를 해결하는 열쇠로 '새 하고 이야기를 하는 할아버지'를 꺼내 들었다. 그 할아버지는 부엉이를 무척 사랑하는 마음씨 좋은 할아버지이다. 어느 날 밤 아기 부엉이는 동네에서 조금 떨어져 있는 작은 외딴집 하나를 찾아낸다. 아기 부엉이는 호롱불을 밝힌 그 초가집으로 날아간다. 아기 부엉이가 그 집 뒤뜰에 있는 나뭇가지에 앉아 울자 창문이 열리고 할아버지가 나타난다. 할아버지는 부엉이를 부르는 듯 손을 젓는다. 아기 부엉이는 할아버지가 손짓하는 대로 창 가까이 날아간다. 몸이 무척 여윈 할아버지는 창 가까이 잠자리를 펴고 누워 있다.

아기부엉이는,

"할아버지, 할아버지?"

하고 말을 건넸습니다.

"오냐. 왜 그러니?"

할아버지는 힘없는 목소리로 대답하였습니다. 부엉이의 말소리를 알아듣는 듯싶었습니다.

"할아버지, 이 마을엔 왜 집집마다 등불을 안 켜고 있어요?"

"응, 그건…… 그건 말이다. 동네 사람들이 지금 살고 있지 않기 때문이란다."

"어머, 어째서 동네 사람들이 살고 있지 않지요?"

"모두 피난을 갔어. 전쟁이 일어나서 나쁜 사람들이 몰려올 거라며 모두 이 마을을 떠난 거야."

"그럼 할아버지는 왜 안 떠났어요?"

"이렇게 앓고 있으니 몸을 움직일 수가 있어야지. 그래서 나 혼자 이 마을에 남아 있는 거란다."

"어쩜! 불쌍한 할아버지!"

하고 아기부엉이는 중얼거렸습니다.

아기 부엉이가 피난을 떠나지 못하고 혼자 누워있는 할아버지와 대화하는 삽화이다. 밑줄 친 것처럼 대화문의 끝을 '~하고 말을 건넸습니다'나 '하고 아기 부엉이는'처럼 자주 설명하고 있다. 이는 주로 시를 창작한 시인이 동화를 쓸 때 나타나는 습관으로 풀이된다. 이러한 군말의

213

사용은 깔끔한 문장을 저해하는 요소가 된다. 부엉이와 할아버지가 대화하는 장면이 억지스럽지 않은 것은 사전에 깔아 둔 포석 때문이다. 밑줄 친 '알아듣는 듯싶었습니다.'처럼 단정적으로 말하지 않거나 '어느 마을엔 새하구 이야기를 하는 할아버지도 있단다.'라고 개연성을 살리기 위한 사전 작업 때문이다. 이는 의인화동화나 판타지 동화를 쓸 때 개연성을 확보하기 위해 필요한 핍진성의 강화라 할 수 있다.

'할아버지가 어디 갔을까?'
하지만 병을 앓아 누워있는 할아버지가 이 밤중에 어디 갔을 리가 없습니다.
아기부엉이는 창문 가에 내려와서 주둥이로 창문을 열었습니다. 마침 떠오른 하얀 달빛이 방 안을 환하게 비췄습니다. 그 달빛 속에 할아버지의 흰 수염과 흰 얼굴이 어슴푸레 떠올랐습니다.
"할아버지?"
하고 아기부엉이가 불렀으나 할아버지의 입은 열리지 않았습니다. 입 가에 고요한 웃음만이 남아 있었습니다.
석류나무 가지에서 마지막 잎이 하느작거리며 떨어졌습니다. 달은 더 솟아올라 환하게 비치고 그 달빛 속에 할아버지의 얼굴도 달같이 떠올랐습니다.

이 동화는 부엉이가 등장하는 부분적 의인화 동화이다. 아기부엉이가 창문가로 내려와서 주둥이로 창문을 여는 삽화는 자연스러워 핍진성을 확보하고 있다. 앞의 인용문에서 할아버지는 스스로 창문을 열었지만, 위 인용문에서는 할아버지는 병석에 누워있기 때문에 창문을 열 수가 없다. 할아버지의 병이 더 깊어졌다는 것을 암시하는 대목이다.

　하얀 달빛이 방안을 비추고, 그 달빛 속에 흰 수염의 할아버지가 혼자 누워있는 장면은 쓸쓸하기도 하지만 몽환스럽다. 그런데 병을 앓아 누워있는 할아버지의 '입가에 고요한 웃음만이 남아 있었다'라는 표현은 부자연스럽다. 병들어 혼자 남아 있는 아픈 할아버지가 고요한 웃음을 띨 일이 없어 보이기 때문이다. 이러한 비개연성은 가독성을 떨어뜨리는 원인이 된다.

　　'가엾은 할아버지!'
　　아기부엉이의 큰 두 눈에 눈물이 함빡 괴었습니다.
　　그리고 이제는 정말 아무도 듣는 사람 없는데 혼자서, 부엉 부엉 부엉…… 자꾸 울었습니다.
　　그 밤이 지새도록 울었습니다.
　　날이 환하게 밝아 와도 아기부엉이는 할아버지의 곁을 떠나지 않았습니다.
　　산너머 숲 속의 보금자리에서 기다리고 있을 엄마도 또 다른 부엉이들도 모두 잊고 있었습니다. 또 부엉이를 물어간다는 큰 들짐승도 무섭지 않았습니다. 아기부엉이는 언제까지든 할아버지 옆에 있고 싶었습니다.
　　쌀쌀한 초겨울 바람이 불어와서 들에 쌓인 가랑잎들을 날렸습니다.
　　그리고 아기부엉이도 할아버지 옆에서 죽었습니다.

이 동화의 에필로그이다. 아기 부엉이는 외롭고 불쌍한 할아버지 곁을 밤새 지킨다. 산 너머 숲속에서 기다리는 엄마에게도 가지 않고, 큰 짐승들도 무서워하지 않고 병든 할아버지를 지키며 사랑을 듬뿍 쏟는다, 그런데 마지막은 할아버지도 아기 부엉이도 함께 죽는 것으로 끝난다. 이 동화는 6·25 전쟁을 시공적 배경으로 하고 있다. 모두 피난을 떠나고 텅 빈 마을, 거동을 못 하여 혼자 남아 마을을 지키는 병든 할아버지는 전쟁이 빚어낸 비극적 상황을 그리고 있다. 이 동화는 애상적이어서 독자들의 눈물샘을 자극하고 동정심을 유발할 수도 있다. 동화의 일반적 경향인 해피엔딩이 아니라 비극적 결말을 표방하고 있다.

「꽃별이 된 떡갈나무」는 바위틈에 뿌리를 내리고 사는 난쟁이 떡갈나무가 주인공인 이야기이다. 척박한 바위틈에서 살아가는 떡갈나무는 성장이 느릴 수밖에 없다. 그런데 어느 날부터 먼발치에서 이상한 소리가 자주 들려온다. 그 소리는 여태 들어 본 적이 없는 언짢은 소리지만 누구에게 물어볼 친구도 없다. 어느 날 떡갈나무에게 다람쥐 부부가 찾아온다. 외롭게 지내던 떡갈나무는 다람쥐 부부와 친구가 되니 즐겁고 행복하다. 떡갈나무는 도토리를 많이 열어 양식을 주겠다고 약속한다. 다람쥐 부부는 근처에 보금자리를 틀기로 하고 자신들이 살던 곳을 버리고 이사 온 사연을 이야기한다.

"그럼 너희들도 그 괴상한 소리를 듣고 겁이 나서 도망을 친 것이구나. 대체 어떤 짐승이 그런 소리를 내는 거냐?"
"떡갈나무 아저씨, 그건 짐승이 아니에요. 사람이 부리는 기계라구요. 들짐승보다 더 엄청나게 큰 쇠뭉치예요."

"그래, 그 기계라는 것이 너희들을 잡아먹으려 들더냐?"

"떡갈나무 아저씬 뭘 모르네. 사람들이 그 기계를 부려서 산을 온통 허물어뜨리고 있는 거예요. 떡갈나무 숲도 다 없어지구요. 그러니까 저희 보금자리도 다 파헤쳐져 없어졌단 말예요."

다람쥐들은 그때 일이 떠올려지는 듯 몸을 부르르 떨었습니다. 떡갈나무도 끔찍스런 일이라 생각했습니다.

-중략-

산을 흔들어 대는 굉장한 소리가 들렸을 때는 그 고약한 냄새가 온 산에 퍼지는 것이었습니다. 떡갈나무는 그것이 화약 냄새인 것을 알 턱이 없었습니다. 영리한 다람쥐들도 몰랐습니다.

다람쥐들이 말한 괴상한 소리의 정체는 포크레인이다. 골프장을 만들기 위해 기계로 떡갈나무 숲을 파헤치는 것이다. 다람쥐 부부가 새로 꾸민 보금자리에서 아기 다람쥐들이 태어난다. 떡갈나무는 다람쥐 식구들을 위해 더 많은 도토리를 키운다. 그동안에도 쿵쿵거리는 소리는 계속 들리는데, 어떤 때는 뽀얀 먼지 바람까지 불어온다. 그 먼지바람 속에 고약한 냄새가 풍겨 오기도 했는데 바위를 발파할 때 나는 화약 냄새인 것이다. 돌산을 파헤치느라 화약을 이용하여 폭파 작업을 하는 것이다. 인간들의 취미와 여가를 위해 자연을 함부로 파괴하는 반생태적인 행위를 고발하고 있다.

그런데 비가 오고 나면 고약한 냄새는 말끔히 가신다. 그래서 떡갈나무는 비가 내리기를 기다린다. 어느 날 몹시 세찬 비가 내린다. 하지만 다람쥐네 식구들도 보금자리 깊숙이 들어앉아 있으니까 안심이 된다.

하지만 장대비가 계속 내리자 떡갈나무가 서 있는 땅속이 진동하는 수상한 소리가 들린다. 그러더니 산마루 쪽에서 흙물과 돌덩이들이 쏟아져 내려오기 시작한다. 떡갈나무는 다람쥐네 보금자리가 땅속 깊이 묻혀 버릴까 봐 걱정이다. 사람들이 골프장을 만든다고 산을 파헤쳐 놓아 산사태가 일어난 것이다. 마침내 떡갈나무는 뿌리째 뽑혀 쓰러지고 만다. 날이 밝고 몇 시간이 지나자 비가 그치고 먹구름도 걷힌다.

그제야 다람쥐네 식구는 땅 밖으로 살며시 고개를 내밀어 보았습니다. 다행히 땅구멍이 막혀 있지 않았습니다. 그것은 떡갈나무가 쓰러져 떠내려오는 흙더미를 막아 주었기 때문이었습니다.
"떡갈나무 아저씨가 우릴 보호해 줬어."
간밤에 일어난 일을 짐작할 수가 있었습니다.
"떡갈나무 아저씨, 정말 고마워요. 은혜를 잊지 않겠어요. 하지만 아저씬 쓰러져서 어떡해요?"
어미다람쥐가 말했습니다.
하지만 떡갈나무는 아무 대꾸가 없었습니다.
어디선가 빗방울이 후드득 떨어졌습니다.

이 작품 역시 떡갈나무의 운명은 비극적으로 막을 내린다. 키 작은 떡갈나무는 친구도 없이 외롭게 지냈기 때문에 이웃이 되어준 다람쥐를 고마워한다. 큰비로 산사태가 났을 때도 다람쥐 가족이 사는 보금자리를 지키기 위해 안간힘을 쓰던 떡갈나무이다. 그런 떡갈나무는 산사태로 쓰러져 희생양이 된다.

작가는 인간의 사욕을 채우기 위해 자연을 파괴하는 세태를 고발하기 위해 떡갈나무를 희생시키는 극약처방을 쓴 것이다. 오늘날에도 장마철이나 태풍이 불 때마다 산이 무너지고 마을이 매몰되는 뉴스를 목도하게 된다. 우이독경 식으로 무분별하게 펼치는 난개발로 인해 산사태를 초래하는 것이다. 그런데 이 동화의 결말은 「꽃별이 된 떡갈나무」와는 거리가 있어 보인다. 날이 개고 떡갈나무는 쓰러져 죽는 것으로 막을 내릴 뿐 '꽃별'과는 연관이 없기 때문이다.

  「심술쟁이 다람쥐」는 떡갈나무 우거진 가을 숲을 배경으로 펼쳐지고 있다. 떡갈나무 숲에 다람쥐 마을이 있다. 다람이와 토실이는 부부 사이로 이 마을에서 보금자리를 꾸미고 살아간다. 다람쥐 마을에 걱정거리가 하나 있는데 그것은 마음씨 나쁜 다람쥐 한 마리가 심술을 부리기 때문이다. 심술쟁이 다람쥐는 혼자 살며 남의 먹이를 빼앗기도 하고 훔치기도 한다.

  다람쥐들은 덩치도 크고 종류도 다른 그 심술 다람쥐를 피하는 게 상책이다. 어느 날 두더지로부터 심술쟁이 다람쥐가 버섯을 뜯어 먹고 있다는 것을 알게 된다. 다람이 부부는 독버섯을 먹으면 목숨이 잃을 수 있다고 걱정한다.

　　"그 버섯을 많이 먹으면 목숨을 잃는 수도 있대요."
　　토실이가 말을 이었습니다.
　　두더지는 그 말을 듣고 모르겠다는 듯이 눈을 껌벅이었습니다.
　　"잘 됐잖아? 그 녀석이 독버섯을 실컷 먹고 죽으면 말야. 골칫거리가 없어지는 거 아냐?"

"그래도 그렇지가 않아, 심술쟁이 다람쥐라도 독버섯을 먹고 죽는 걸 그냥 두고 볼 수는 없어."

"그럼 어떻게 하겠다는 거야?"

"독버섯을 못 먹게 해야지, 목숨을 빼앗기는 걸 보고도 못 본 체하는 것은 옳은 일이 아니야."

"그 나쁜 짓만 골라 하는 녀석을 살려 주자는 거니?"

"살려야 하고말고! 어서 우리 버섯밭으로 가보자. 그 동안 벌써 많이 먹었으면 큰일인데……."

심술쟁이 다람쥐는 반동 인물이다. 반동 인물인 심술쟁이 다람쥐가 독버섯을 먹고 죽게 된다면 잘된 일이라고 손뼉을 치는 것이 대다수 성인의 정상적인 사고이다. 반동 인물이 얄미운 짓을 많이 하면 할수록 그 강도는 진해질 수밖에 없는 것이다. 하지만 심술쟁이 다람쥐를 걱정하며 살리기 위해 버섯밭으로 가려는 다람이 부부의 행동은 동심 지향적이다. 그런데 위의 인용문에서도 오류가 보인다. 두더지가 '모르겠다는 듯이 눈을 껌벅'이는 대목이다. '껌벅이다'는 자꾸 느리게 감았다 떴다가 하다는 뜻이다. 햇빛이 없는 땅속 생활을 하는 두더지는 눈이 아주 작거나 퇴화되어 없다. 그러므로 '눈을 껌벅이'다는 표현은 오류일 수밖에 없다. 특히 생태 동화를 쓸 때 작고 사소한 표현에도 사실에서 어긋나지 않도록 늘 경계해야 할 일이다.

그 다람쥐는 버섯밭 한가운데 있었습니다. 그 독버섯을 욕심을 부려 많이 따 먹은 것이 틀림없었습니다.

다람이네 둘은 조심조심 다가갔습니다. 그러자 그 다람쥐는 누가 가까이 오는 것을 알았는지, 달려들 듯이 발을 휘저었습니다. 하지만 그 발의 움직임은 힘이 없어 보였습니다. 허공을 향해 휘적거릴 뿐이었습니다.

-중략-

그토록 못살게 굴던 심술쟁이 다람쥐였지만 죽어 있는 모양을 보자, 측은한 마음이 생겼습니다. 하지만 더 이상 그 다람쥐를 위해 아무것도 할 수 없었습니다.

"욕심을 부리는 건 안 좋은 일이야. 더구나 심술을 부리며 남을 해치는 건 결국 자신을 해치는 거와 마찬가지라구……."

다람이가 중얼거렸습니다.

그러자 토실이도 그 말을 받아.

"그럼요, 제 분수껏 먹이를 모아 살아가야 한다구요."

하고 말했습니다.

이런 슬픈 일이 생긴 것을 아는 듯 모르는 듯, 가을 하늘은 마냥 푸르기만 했습니다.

이 동화의 에필로그이다. 욕심을 부리고 심술을 부리며 남을 괴롭히던 다람쥐는 결국 독버섯을 먹고 죽는다. 작가의 상상력으로 낳은 동화이기에 다람쥐가 버섯을 먹을 수 있게 설정할 수도 있다고 본다. 하지만 생태적으로 다람쥐가 좋아하는 먹이는 도토리와 밤 같은 견과류이고, 작은 새알이나 곤충도 먹는다. 그런데 다람쥐가 독버섯을 먹고 죽었다는 설정은 비약일 수밖에 없다. 이 세상에 사는 동물 중에서 식중

독에 걸려 생명을 잃는 어리석은 존재는 탐욕의 대명사인 인간뿐이기 때문이다.

자신들을 못살게 굴던 심술쟁이 다람쥐가 죽어있는 모습을 본 다람이네는 측은한 마음이 생긴다. 그런데 그를 보고 '욕심을 부리는 것은 안 좋은 일'이, '제 분수껏 먹이를 모아 살아가야 한다'라고 한 다람이와 토실이의 말은 교훈성이 노정되어 문학성을 폄하하는 원인이 되고 있다. 주제는 작품 속에 스며들어 있어야지 겉으로 드러나서는 도덕 교과서가 될 수밖에 없다.

「빨간 창문」은 전설에나 나오는 인어가 등장하는 동화이다. 사철 바닷물결이 철썩이고, 흰 모래톱이 펼쳐지고 해당화가 핀 바닷가가 배경이다. 바다가 보이고 소나무가 서 있는 언덕 위에 빨간 창문의 집이 있다. 이 집에는 열두 살쯤 되는 순이와 어머니가 단둘이 살고 있다. 순이가 이 집에 살게 된 까닭은 병약해서이다. 순이 어머니는 순이에게 여러 이야기를 해주는데, 안데르센의 「인어공주」도 들려준다. 그런데 이 이야기는 열두 살이라는 순이의 눈높이에는 어울리지 않는 동화이다.

순이는 어머니에게 인어가 바닷속에 살고 있는지를 묻는다. 순이가 어느 날 밤에 인어가 부르는 노래를 들었기 때문이다. 순이 어머니는 꿈을 꾼 모양이라고 대수롭지 않게 여긴다. 인어는 상반신은 사람의 몸을 가졌으나 하반신은 물고기의 꼬리가 달린 상상의 동물이다. 대부분이 여성인데 준수한 외모로 묘사되지만, 이 동화에 나오는 인어는 못생긴 얼굴로 묘사되고 있다.

그런데 인어는 순이의 꿈속에 나타난 것이 아니었습니다. 아니, 인어는 별들의 그림자가 수없이 비치는 바다 한 가운데 조용히 떠 있었습니다.
먼 바다 깊은 곳에 인어는 살고 있었습니다.
그리고 밤이 깊어지면 인어는 바다 위로 떠올랐습니다.
-중략-
"엄마, 이런 달 밝은 밤에는 인어도 달 구경을 나올까요?"
소녀가 다시 말하였습니다. 그 말소리가 인어의 귀에 똑똑히 들렸습니다.
"그럼요, 아가씨. 인어도 달을 많이 좋아한답니다."
인어는 오랫동안 기다렸다가 창문이 열려, 달빛 아래서 소녀의 얼굴을 바라볼 수 있었던 것이 여간 기쁘지 않았습니다.

이처럼 이 동화에서 인어는 먼바다 깊은 곳에 살고 있다. 밤이 깊어지면 바다 위로 떠올라 육지로 향한다. 그런데 이 동화에 등장하는 인어는 '비늘을 가진 몸뚱어리에다, 허리 위로부터 사람의 모습을 닮긴 했어도 사람은 아니고, 두 눈이며 코가 사람의 그것과 조금은 비슷하긴 했어도 무척 미운 얼굴'로 묘사되고 있다. 이 못생긴 인어는 비늘이 덮인 꼬리를 철썩이며 말한다. 인어는 사람을 보고 싶어서 불빛이 흘러나오는 소녀의 집 창문을 바라보며 창문이 열리기를 고대한다. 마침내 창문이 열리고 달빛 아래서 소녀의 얼굴을 바라보게 되자 무척 기뻐한다. 그런데 보편적인 인어와 달리 못생긴 인어로 묘사한 특별한 이유는 없다. 이러한 추한 인어의 등장은 동화의 환상성을 떨어뜨린다. 꿈과 희망을 주는 문학에 특별한 이유도 없이 못생긴 인어를 등장시킬 당위성은 없다.

"엄마 엄마, 어젯밤 꿈에 인어를 봤어요. 인어가 바다기슭 이 쪽으로 헤엄쳐 와서 꼼짝 않고 있었어요. 먼 바다 깊은 속에요. 정말 인어가 살고 있나 봐요."

혼자말처럼 중얼거렸습니다.

순이 어머니가 창문을 여니까, 잔잔한 바다가 순이의 두 눈에 가득 들어왔습니다.

철썩 철썩 철썩…

바위에 부딪치는 물결 소리도 들려 왔습니다.

하지만 지난 밤에 생겼던 일을 순이도 순이 어머니도, 또 아무도 몰랐습니다.

빨간 창문 너머로 소녀의 얼굴을 본 인어는 창문이 닫히자 다시 열리기를 기다린다. 그런데 소녀를 절실히 보고 싶어 하는 간절한 이유가 없어 보인다. 검은 구름이 몰려와 달빛을 가리고 날씨가 거칠어져도 제 집으로 돌아갈 생각을 않고 꼼짝하지 않고 있는 인어이다. 인어가 소녀를 보고 싶어하는 당위성이 확보되지 않아 감동이 다가오지 않는다. 인용문은 이 동화의 에필로그이다. 병약한 소녀는 꿈속에서 인어를 만나는 것으로 설정되어 있다. 꿈 이야기는 판타지의 동력을 떨어뜨린다. 소녀가 인어를 만나 대화하고, 그 대화를 통해 꿈과 희망을 갖도록 설정했다면 이야기의 감동은 달라졌을 것이다.

「얼굴바위의 슬픈 이야기」는 훼손되고 오염되는 해양 생태 문제를 고발하는 동화이다. 사람의 얼굴을 닮은 바위가 주인공으로 작가 관찰자 시점의 동화이다. 얼굴바위가 있는 곳은 남쪽, 아름다운 어느 섬의 바닷가이다. 그곳은 호젓한 곳이어서 찾아오는 사람들이 적고, 이따금 낚시꾼들이 찾을 뿐이다. 어느 날 새벽녘 꽃게가 얼굴바위 밑에서 소란을 피운다. 꽃게는 다른 곳으로 이사를 가겠다는 것이다.

"사람들이 찾아오면 좋은 일이지 뭐니."
"바위 아저씨, 아저씨에겐 별일 없을지 모르지만, 우리 꽃게 식구들은 싫어요."
"싫다니? 왜 그러지?"
"사람들이 말예요. 바닷물을 온통 흐려 놓는다구요."
"바닷물을 흐려 놓다니, 그게 무슨 말이야? 난 알 수가 없구나."
얼굴바위는 꽃게의 말이 믿어지지가 않았습니다.

꽃게는 갈수록 더러운 것들이 떠내려와 바닷물이 오염될 것이므로 더 외딴곳으로 이사를 가려는 것이라고 한다. 바위는 초록별에게 바다가 온통 더러워진다는 말이 사실이냐고 물어보려 한다. 어느 날 밤 검은 물건들이 바다 위를 떠다니면서 별빛을 삼킨다. 그 기분 나쁜 물건들 사이에 초록별 하나가 깜박이고 있다. 그 초록별은 빛이 흐려지고, 눈물이 고여 있다. 초록별을 의인화한 대목이다.

"초록별아, 왜 눈물이 고였니? 누가 너를 슬프게 하는 거니?"
"바위 아저씨, 저 쓰레기들 때문이에요."

"무어? 저 괴물 같은 것들 말이냐?"

"예, 저건 사람들이 마구 버린 쓰레기라는 것이예요. 저것들 때문에 저도 이 곳에 올 수 없었다구요. 아저씨, 저것들을 이 바다에서 쫓아내 주세요!"

초록별은 하소연하듯 슬프게 말했습니다.

초록별과 얼굴바위의 대화는 환경오염의 폐해와 그 심각성을 명징하게 고발한 말이다. 유원지는 물론이지만 특히 바닷가는 밀려든 쓰레기로 몸살을 앓는다. 사람들이 함부로 버린 비닐, 프라스틱류, 나무조각, 1회용품, 음식찌꺼기, 각종 폐기물 등이 바닷물을 오염시키고, 해양 생물들까지 병들게 한다. 울고 있는 초록별은 바다의 오염에 희생되는 여러 생물을 대변한다. 사람들이 함부로 버린 비닐봉지를 먹은 바다거북이 폐사하고, 각종 기형 물고기들의 모습이 언론에 등장하기도 한다. 바다 환경이 오염되면 사람도 피해를 입게 된다는 만고의 진리를 꽃게와 초록별의 목소리를 통해 호소하고 있다.

Ⅲ. 나오는 말

박화목은 시인과 동시인으로 더 많이 알려져 있다. 하지만 그가 출간한 작품집을 보면 오히려 창작동화가 더 많은 것을 알 수 있다. 그럼에도 불구하고 그의 동화를 다룬 논문이나 평론은 찾아볼 수 없다. 이는 「보리밭」과 「과수원길」로 알려진 박화목의 표상이 시인이나 동시인이라는 고정 관념에 정체되어 있기 때문이다.

그는 첫 동시집 『호롱불』(1957)을 내기 전에 소년소설집 『밤을 걸어가는 아이』(1954)와 동화집 『부엉이와 할아버지』(1955)를 먼저 출간했다. 이후 1962년에 『박화목 아동문학 독본』(을유문화사)을 발간한다. 이 책에는 소년소설 「첫눈 내리는 밤」을 포함한 5편, 동화 「키다리 사나이와 아이들」을 비롯한 10편, 동시 「꽃이파리가 된 나비」를 비롯한 40편, 동극 「포도원」 1편, 평론, 수필 「아동문학의 문학적 위치」 등 5편이 실려 있다.

박화목 문학의 키워드는 소녀, 꽃, 아이, 인형, 눈물, 별, 무지개 등 작고 여리고 여성 편향적인 낱말들이다. 표제어에 소녀가 들어간 동화책만 보아도 『꽃팔이 소녀의 그림』, 『눈 소녀』, 『램프 속의 소녀』, 『아파트 소녀와 나비』 등 4권이다. 6권의 동시집 중에서도 나비, 봄, 꽃 등이 키워드로 등장한다.

그가 펴낸 동시집은 6권인데 비하여 동화·아동소설집은 20권으로 세 배 이상 많다. 따라서 박화목 문학을 논할 때 동시만으로 국한한다면 편린에 지나지 않음을 깨닫고 동화와 소년소설을 눈여겨 보아야 할 것이다.

동화와 소설을 접목한 아동문학가
- 방기환 동화론

Ⅰ. 들어가는 말

방기환(方基煥)은 1923년 1월 16일 서울에서 태어났다. 그는 어린 시절 부모를 잃고, 소설가 이종환과 함께 같은 고아원에서 생활하였다. 1943년 용산에 있는 철도종업원양성소를 수료하고, 1948년 서울대 사대 중등교원양성소를 수료했다. 하지만 철도원이나 교직에 진출하지는 않았다. 1944년 극단 〈청춘좌(靑春座)〉에서 현상 공모한 희곡이 당선되어 등단했다. 1948년 7월 아동잡지 《소년》(1950. 6월호 종간)을 창간하여 이 잡지에 장편 소년소설 「꽃 필 때까지」를 연재(1948~49)하며 아동문학가로 활동했다.

신문과 잡지에 장편소년소설 『잃어버린 구슬』(1955, 새벗), 『웃지않는 아이』(1956, 한국일보), 『꽃바람 부는 집』(1964. 새소년) 등을 연재하였다. 주요 단편으로는 「아랫목과 마루밑」, 「금으로 만든 사슬」(《새벗》, 59. 3), 「집짓는 형제」(《소년세계》, 53. 10), 「흰 돛단배」(《소년세계》, 54. 5) 등이 있다.

1948년 한국아동문학회를 조직하여 사무국장으로 피선되었다. 이 단체는 유명무실하여 거의 활동을 하지 않다가 6·25 전쟁 후인 1953년 12월 20일에 발기인대회[1]를 열고 회의 명칭을 〈한국아동문학회〉로 정했다. 한국아동문학회 창립 발기인으로는 44명이 참여했다. 한국아동문학회 창립총회는 1954년 1월 10일 서울 서린동의 태화관(泰和館)에서 있었다. 창립총회에 참석한 사람은 한정동, 이원수, 김영일 등 18명[2]이었다.

저서로는 『누나를 찾아서』(1948), 『꽃 필 때까지』(1949, 문화당), 아동소설 『언덕길 좋은 길』(1954, 상문사), 『바람아 불어라』(1964, 구미서관), 『소년과 말』(1985, 동아일보사), 동화집 『나비의 집』(계진문화사, 1963), 아동극집 『손목잡고』(문화당, 1949), 『우리겨레의 옛이야기』(삼성출판사, 1964) 등이 있다. 소설집으로는 『동첩(童妾)』(백조사,

---

[1] 윤석중, 임인수, 김영일, 손복원, 홍은순, 박영종, 박화목, 이종기, 한정동, 박흥민, 박경종, 이원수, 이종택, 김태오, 박홍근, 목일신, 김원룡, 피천득, 김요섭, 이주훈, 서정봉, 이종환, 김상덕, 김상옥, 한인현, 이영철, 방기환, 이주홍, 최태호, 정홍교, 박창해, 김진수, 홍웅선, 마해송, 어효선, 윤태영, 강소천, 전영택, 최계락, 함처식, 장수철, 조풍연, 손동인, 모기윤(무순 44명) 등이다.

[2] 강소천(월간 《새벗》 주간), 김상덕(〈인문각〉 대표), 김영일(《소년태양》 편집국장), 김진수(극작가), 박목월(교원), 박창해(후에 연세대 교수), 박화목(기독교방송 교양부장), 어효선(서울남산초등학교 교사, 조선일보 〈어린이판〉 편집), 이원수(《소년세계》 주간), 이종환(교사, 후에 소설 등단), 임인수(《현대공론》 편집장), 방기환(《학생계》 편집장), 손복원(출판업), 윤태영(서울동덕초등학교 교장), 장수철(신문잡지편집), 최호(문교부 편수관), 한정동(덕성여고 교사), 홍웅선(문교부 편수관) 등이다.

1952), 『옥루몽』(선민문화사. 1961), 『이벽』(현대문학사. 1983) 등이 있다. 그는 역사적인 인물에 관심을 보이면서 「왕손」(1956), 「단종역란」(1961.1~1968.12), 「낭자검」, 「후궁의 일월」 등을 신문에 연재했다.

1949년에는 최초의 동극집 『손목 잡고』[3]가 출판되었는데, 이 책에 들어있는 「봄이 오면」은 국민학교 교과서에 수록되었다. 1957년에는 〈한국동화작가협회〉 마해송, 강소천, 이종환, 최태호 등과 더불어 '어린이 헌장'을 기초하여 1959년 창경궁에 그 헌장비를 세웠다.

Ⅱ. 방기환의 작품 세계

방기환은 1948년 아동문학으로 등단 후 60년대 중반까지는 아동문학가로 활발히 활동했지만 이후에는 소설가로 활약했다. 따라서 본고에서는 그가 창작했던 동화와 아동소설 중 대표작을 중심으로 논의하고자 한다.

그의 작품이 가지는 치밀한 구성은 필연적으로 줄거리 진행상의 밀도와 긴박감을 부여하여 독자로 하여금 잠시도 긴장감을 늦출 수 없게 한다.[4] 또한 현실의 비정과 냉담함 속에서도 따뜻한 인간애를 추구함으로써 그 갈등을 해결하려는데 특징이 있다.

이재철의 촌평처럼 방기환은 구성과 묘사력에 뛰어난 작가이다. 그

---

3 아동극에 노면 밖으로 노출된 작가의 목소리가 구성과 묘사의 치밀성을 파괴할 만큼 작위적인 형태로 나타나기까지 한다, 곧 신발을 감춰서 고생을 시킨 친구를 결정적인 이유도 없이 용서를 해준다, 이재철, 『한국아동문학작가작품론』, 개문사, 1992, 170쪽.
4 이재철, 앞의 책, 168쪽.

러나 이러한 강점은 1950년대 아동문학의 주류에서 나타나는 오락성. 대중성과 관계가 있다. 그의 작품은 때때로 지나친 주제 의식 때문에 현실감이 결여된 뒤처리를 보이는 경우가 많다. 그의 작품에 등장하는 아동은 다분히 현실 수용적인 아동으로 이것은 현실에 충실하려는 의미의 교육성을 의미하는 것이며, 그 결과 현실에서 존재 불가능한 성인적인 아동을 그리게 되는 수가 많다.[5]

이원수도 작품 해설에서 "한번 읽기 시작하면 뒤를 이어 계속되는 스토리의 궁금증 - 이것은 재미있는 소설에서라야 느낄 수 있는 것입니다."라고 전제한 후, 방기환씨의 작품 세계에는 심각한 것은 보기 어렵습니다. 처절한 것은 없습니다. 언제나 따스한 선의 속에서 정답게 살아가려는 인간들이 있는 것입니다. 이러한 작품들이 대중성을 띠게 되는 것은 어쩔 수 없는 일이겠지만, 한편 평범하고 파탄 없는 생활로 이끄는 힘이 있습니다. 그것은 말하자면 현실에 충실하려는 의미의 교육성이라고 할 수 있습니다라고 언급하고 있다.[6] 이들의 촌평을 종합하면 방기환은 뛰어난 구성력을 바탕으로 오락성, 대중성, 교육성이 강한 아동소설을 집필한 1950년대에 활약한 대표 작가라고 할 수 있다.

1. 의인화 동화에 나타난 교훈성

「창살」은 순박한 토끼네 가족과 교활한 원숭이를 대비시켜 악의 무리에게 속아서는 안 된다는 교훈성이 담긴 동화이다. 산속에 여러 무리의

---

5 이재철,『한국아동문학작가론』, 개문사, 1983, 170~171쪽.
6 이원수,『한국아동문학전집 9권』, 민중서관, 1965, 8쪽.

짐승들이 사는데 힘이 센 짐승이 약한 짐승들을 잡아먹고 산다. 힘이 약한 짐승은 살아남기 위해 애를 쓴다. 재빠르게 도망치기도 하고, 숨기도 하고, 고약한 냄새를 풍기기도 하고 꾀를 내어 자기 목숨을 보호한다.

어느 날 늑대가 나타나자 힘이 약한 토끼 가족들은 도망치지만 아기 토끼를 구하기 위해 아빠가 막아서며 희생을 한다. 아버지를 잃은 토끼 가족이 슬퍼하고 있을 때 원숭이가 나타난다.

> 그 때, 해뜩해뜩 원숭이 한 마리가 나타났습니다.
> "꾀가 없으니까 잡혀 죽는 거야."
> 원숭이는 이렇게 말했읍니다.
> "아무리 강한 짐승에게도 잡혀 먹히지 않는 법을 가르쳐 줄까?"
> 토끼네 가족들은 귀가 솔깃해서 원숭이를 따라갔읍니다.
> 원숭이가 데리고 간 곳은 굵은 통나무 창살이 박힌 굴이었읍니다.
> "이 속에 들어가 살면 절대 안전이지. 어떤 짐승도 들어오지 못 한단 말야."
> 토끼네 가족들은 굴 속으로 들어갔읍니다. 그러자, 원숭이는 창살 문을 덜컥 잠가 버렸읍니다. 원숭이는 손을 쓸 줄 아니까 창 살 문을 잠갔다 열었다 할 수 있었지만, 손을 쓸 줄 모르는 토끼들은 꼼짝없이 갇혀 버렸읍니다.
> ―「창살」,『한국아동문학전집 9』, (민중서관, 1965, 168~169쪽)

원숭이는 창살 틈으로 날마다 먹을 것을 들여보내 준다. 토끼들이 살이 찌면 힘센 짐승에게 바치기 위해서다. 원숭이는 남의 목숨을 희생시켜 제 목숨을 지키려는 꾀를 쓴 것이다. 토끼들은 원숭이에게 속은 것을 후회했지만 창살에 갇힌 채 자유스러운 창살 밖으로 나갈 날만 기다린다.

어느 날, 큰비로 산사태가 나자 창살도 부서지는 바람에 토끼들은 뜻하지 않게 해방이 된다. 그렇지만 해방의 기쁨도 오래가지 않아 다시 호랑이가 나타난다. 토끼들이 도망치자 원숭이가 다시 나타나 굴속으로 들어가라고 꾄다. 그러자 엄마 토끼가 "또 속으면 안 된다"라고 소리치자 토끼들은 사뭇 달리며 막을 내린다.

카나리아의 입에서는 군침이 싹 걷히었읍니다. 분해서 온몸의 터럭이 곤두섭니다.

"아니 날더러 몸소 먹을 것을 찾으란 말야? 금빛 고운 이 터럭을 지푸라기 같은 너희놈 터럭과 마주 비비며 썩어빠진 이삭을 주워 먹는단 말야? 당치 않은 일! 나는 카나리아다! 점잖은 노인이나 깨끗한 소녀가 은 쟁반에 담아 주는 햇곡만 가려 먹던 나는 카나리아다! 카나리아야!"

-중략-

어지러움을 참기에도 힘이 드는데, 철없는 새끼 카나리아는 졸라댑니다.

"엄마, 배고파. 엄마두 내려가서 저것 좀 주워 와!"

먹을 것을 찾는 참새들을 가리킵니다.

"무슨 소리냐? 날머리 저런 짓을 하란 말이냐? 우리는 카나리아다. 의젓해야 한다."

엄마 카나리아는 군침 넘어가는 소리가 행여나 새끼들에게 들릴까 염려하며 이렇게 꾸짖습니다.

- 「바람과 카나리아」, 위의 책, 165~166쪽.

새장 속에서 살던 카나리아 가족은 어느 날, 모진 바람에 날려가 허허벌판에 던져진다. 새장이 망가지자 마른 나뭇가지에 쪼그리고 앉아 있던 카나리아는 몹시 배가 고프다. 엄마 카나리아는 점잖게 고개를 들어 흰 눈이 덮인 들판을 둘러보았지만 먹을 것은 없고 쏘다니는 참새들 뿐이다. 엄마 카나리아는 배고픔을 참으며 노래를 부르지만 허허벌판에 좁쌀 한 톨 갖다주는 이가 없다. 카나리아는 배가 고프다고 울부짖으며 먹이를 주워 오라는 새끼 카나리아들에게 카나리아는 의젓해야 하므로 먹이를 주워 먹으면 안 된다고 나무란다. 배고픈 새끼들은 언 땅으로 먹이를 주워 먹으러 뛰어내리다 모두 머리를 부딪쳐 죽는다. 그런데도 어미 카나리아는 "나는 카나리아다. 깨끗해야 한다."라고 노래만 할 뿐이다. 이 동화는 체면을 중시하는 어른들의 세태를 질타하며 어린 아기가 굶주리는 위급한 상황에서도 허세만 부리는 기성세대를 풍자하고 있다.

「꼬부랑 할머니 집의 밤」은 꼬부랑 할머니 집 초가집에 사는 개(바둑이)와 고양이(나비)가 벌이는 이야기이다. 바둑이와 나비는 두 살 동갑으로 꼬부랑 할머니와 산다. 그런데 둘은 자신이 더 잘났고, 할머니한테 사랑을 더 받는다며 다툰다. 나비는 자신은 점잖게 마루에 앉아 있는데 바둑이는 땅바닥에서 뒹구는 신세가 따분하다고 놀린다. 바둑이는 자신은 자유를 즐긴다고 말하자 나비는 쇠사슬에 목이 묶여 있는데 무슨 자유냐고 핀잔을 한다. 바둑이는 할머니를 따라 장에도 못 가보고 밤에만 도둑처럼 돌아다니는 주제라며 서로 다툰다.

"뭐, 어쩌구 어째? 자유스럽다구? 애, 네 모가지에 매어달린 쇠사슬이나 풀구 그따위 소리를 해라. 하루 종일 쇠사슬에 묶여서 그렇게 문간을 떠나 보지도 못하는데 자유란 말야?"
"말은 잘한다. 이래 뵈두 할머니가 장에 가실 때엔 꼭 나만 데리구 가시거든. 너 장이라는 데 구경이나 해 봤니? 가지가지 물건들, 별의 별 사람들을 다 구경할 수 있단 말이거든. 네 말대로 네 목에는 쇠사슬이 매여 있지 않지. 그렇지만 너는 이렇게 밝은 날에 한 걸음이라도 대문 밖에는 나가 보았느냐 말야. 캄캄한 밤에나 도둑놈처럼 살살 돌아다닐 뿐이지."
바둑이와 나비는 늘 이런 주로 아옹다옹하는 것이었읍니다.
— 「꼬부랑 할머니 집의 밤」, 위의 책, 173쪽.

바둑이는 어느 날 밤 할머니 집에 도둑이 담을 넘으려는 것을 발견한다. 바둑이는 목청껏 짖어댔으나 할머니가 깨지 않자 조바심이 나서 견딜 수가 없다. 마침 쥐를 잡으러 밖에 나갔던 나비가 지붕을 타고 돌아오자 바둑이가 나비에게 알린다. 담 위에 엎드린 도둑을 발견한 나비는 방으로 달려가 할머니의 뺨을 핥아 깨운다. 바둑이가 짖어대는 소리를 들은 할머니는 "누구요!"하고 소리를 지른다.

할머니의 고함 소리에 도둑은 그만 기겁을 해 달아났읍니다.

도둑이 달아난 뒤, 할머니는 나비를 무릎에 앉히고 머리를 쓸어 주며,
　　"이게 아주 신통하거든. 내가 잠이 들었다구 내 뺨을 찾아서 깨워 주구……."
　　방 안 화로에는 숯불이 뻘겋고, 방바닥은 뜨끈뜨끈합니다. 할머니의 귀여움을 받으며 나비는 꼬꼬록 잠이 들었읍니다. 그러나 이 때, 정작 도둑을 발견하고 애를 태운 바둑이는 추운 바람이 부는 한데서 쇠사슬에 묶여, 잠도 못 자고, 또 도둑이 들어오면 어쩌나 걱정을 하며 서성대고 있었읍니다.

- 위의 책, 175쪽.

　　결국 바둑이와 나비의 합동 작전으로 도둑을 내쫓은 것이다. 나비는 따뜻한 방안에서 할머니의 무릎에 앉아 칭찬을 받고, 바둑이는 쇠사슬에 묶인 채 추위에 떨며 도둑을 지키고 있다. 같은 처지에 있으면서도 한쪽은 대접을 받고, 한쪽은 홀대를 받는 현실을 풍자한 것이다. 같은 업종에서 더 힘든 일을 하는데도 학력의 차이라는 이유로 보수나 대우에 차별을 받는 현실을 에둘러 고발한 것이다. 이 동화는 잡지에 발표할 때는 제목이 「아랫목과 마루밑」이었는데, 전집에 수록될 때는 개제되었다.

　　「참새들의 노래」는 의인화 동화로 중심인물은 어린 참새이다. 참새는 제 노래가 남달리 아름답다고 생각은 하지 않았지만 듣기 흉한 소리라고 느껴 본 일도 없다. 여러 동무와 함께 요란하게 지꺼리면 그저 즐겁고 힘이 솟는다. 어느 봄날 짚 더미를 쑤석거리고 있을 때 숲에서 처음 듣는 꾀꼬리 노래소리가 들린다. 참새는 그 소리가 들리는 나뭇가지로

날아간다. 참새는 두 마리의 꾀꼬리가 아랫마을에서 여기까지 왜 왔느냐고 묻자 노랫소리가 너무 고와서 왔다고 대답한다. 꾀꼬리들은 참새에게 노래를 한번 불러보라고 한다. 참새는 있는 힘을 다해 열심히 노래를 불렀지만, 목소리가 곱지 않고 깨지는 소리라는 핀잔을 듣는다. 어린 참새는 창피해서 샘물가 버드나무 가지로 날아가 울다 달밤에 제 모습을 비춰본다.

> 참새는 눈물을 닦고 또 닦고 샘물에 비치는 제 모양을 살펴보았읍니다.
> 조그만 몸둥아리! 그러나 그것 때문에 노래를 못 부른다고는 생각이 들지 않았읍니다.
> 짤막한 두발! 역시 그것도 노래 못부를 이유는 되지 않을 것 같았읍니다.
> 뚱뚱하고 보기 흉한 주둥이! 그렇구나 이것 때문에 노래를 못 부르는 모양이다.
> 이렇게 생각이 든 어린 참새는 샘물가에 놓여있는 바위 위에 뛰어내려 뭉뚝하고 보기 흉한 주둥이를 갈기 시작했읍니다.
> 쓰윽 싸악. 쓰윽 싸악.
> 뾰죽하고 아름다운 그 노란색의 주둥이와 같이 아름다워지라고 어린 참새는 자꾸 주둥이를 갈았읍니다.
> 줄줄 샛빨간 피가 흘러나오기까지 했건마는 어린 참새는 아픈 줄도 모르고 그저 뭉뚝하고 보기 흉한 제 주둥이를 갈고 또 갈았읍니다.
>
> ―「참새들의 노래」, 《어린이나라》, 1950. 1. 30쪽.

날이 밝을 때까지 바위에 주둥이를 뾰족하게 간 어린 참새는 가슴을 쭉 펴고 떠오르는 아침 해를 향하여 소리껏 노래를 부른다. 그러나 "꾀꼴 꾀꼴"하는 아름다운 노래는 나오지를 않는다. 나는 힘조차 잃어버린 어린 참새는 제집으로 가다 마을 한가운데 서 있는 느티나무 아래까지 이른다. 느티나무 가지에는 수십 마리 참새들이 즐겁게 아침의 노래를 부르고 있었다. "찌륵째륵 찌륵째륵 짹짹 찍찍 짹짹 찍찍." 그때까지 꾀꼬리의 목소리에만 취했던 어린 참새는 오랜 잠에서 깨어나는 듯싶었다.

"노란 새의 소리만이 아름다운 것은 아니구나."
어린 참새는 가슴이 벅차게 즐거웠읍니다. 그 자리에서 호르륵 재주를 한 번 넘었읍니다. 그리고는 푸르륵 동무들 틈에 끼어들어가
"찌륵째륵 찌륵째륵"
마음껏 소리껏 아침의 노래를 하늘 높이 불렀읍니다.
　　　　　　　　　　　　　　　　- 「참새들의 노래」, 위의 책, 30쪽.

이 동화의 마지막 부분이다. 남의 것을 부러워하여 자기 주둥이를 뾰족이 가는 어린 참새의 행위는 처절하다 못해 측은하다. '남의 떡이 커 보인다'라는 속담이 있듯이 자신의 장점을 간과하고, 남을 맹목적으로 추종하는 것에 대한 비판이 담긴 동화이다. 자신을 업신여기고 남을 숭상하는 사대주의적 사고를 경계하고 우리 것을 소중히 여기라는 교훈도 담겨 있다. 자신의 것도 충분히 소중하니 남의 것을 탐내지 말고, 내 것을 더 계발하고 자긍심을 가지라는 뜻도 담겨 있는 동화이다.

2. 단편 아동소설에 나타난 흥미성

「양옥집 소녀」는 『눈이 큰 아이』에 수록되어 있다. 이 작품은 소설적 구성과 짜임을 바탕으로 한 다분히 감상적인 내용이다. 한 도시의 사철나무 울타리에 둘러싸인 새빨간 지붕과 새하얀 벽을 한 양옥집이 공간적 배경이다. 이 집에는 폐결핵으로 기침을 심하게 하는 주인 남자와 그를 돌보는 영이라는 소녀가 살고 있다. 영이는 아침 일찍 일어나 커피를 끓여주고, 아저씨를 부축하여 마당을 산책하는 것이 일과의 시작이다.

영이는 아저씨의 생일 선물로 줄 털실 목도리를 짜느라 밤을 새우다 늦잠을 잔다. 잠에서 깨니 아저씨가 보이지 않자, 영이는 은근히 화가 난다. 자신이 없어도 아저씨가 활동할 수 있다고 생각해서이다.

'나라고 아저씨가 있어야 하나? 아저씨 없어도 혼자 살 수 있어!'
영이는 커튼을 내려고 옷을 갈아입은 다음 밖으로 나갔다.
영이가 나가고 얼마 있지 않아서 아저씨는 산책을 그만 두고 방으로 돌아왔다.
커피 잔과 주전자를 들고 살며시 영이의 방문을 열었다. 이번에는 아저씨가 깜짝 놀랐다.
영이가 없었다. 그리고 자리도 깨끗이 치워 있었다. 아저씨는 움푹 팬 눈을 감고 생각에 잠겼다. 아저씨는 다 알고 있었다. 앓는 사람이라 아저씨는 잠이 적었다. 그래서 어젯밤 영이가 하던 일을 다 알고 있었다.
 아저씨는 고맙고 슬펐다. 그래서 영이가 잠들자 몰래 일어나서 커피도 끓여 마시고, 산책도 혼자 한 것이었다.
 – 「양옥집 소녀」, 『눈이 큰 아이』, (상서각, 2006, 122~123쪽)

 걱정이 된 아저씨는 대문 밖에까지 나가 영이를 찾았지만 없다. 집을 나온 영이는 은행에 들러 돈을 찾아 빵을 사서 먹었지만 한 개를 채 다 못 먹고 목이 메인다. 영이는 찻집에 들러 커피를 시켜 마셔도 맛이 없고 극장에 들러 영화를 보아도 재미가 없어 도중에 나온다.
 영이는 일요일이어서 수업이 없는 줄 알고, 혹시나 하고 학교에 갔지만 역시 아무도 없다. 거리를 배회하고 교외로 나가 걷다가 날이 저물고 밤이 되자 집으로 돌아간다.

 "무서워서 가는 게 아냐. 아저씨가 보고 싶어서 가는 게 아냐, 내 인형을 찾으러 가는 거야."
 이 소리를 자꾸 되풀이하면서, 뽐내면서 방 안을 들여다보다가 양이는 울상이 되고 말았다. 아저씨가 앉아서 팔에 주사를 놓는 중이었다.
 '진정제구나!'
 속상한 일이 생기면 아저씨는 심장이 뛰며 아파했다. 그럴 적이면 진정제를 놓아야 나았고, 영이가 항상 놓아 드렸다.
 아저씨는 팔에 주사기를 댄 채 얼굴을 잔뜩 찌푸리고 놓지를 못했다. 남의 주사 놓는 것도 보지 못하는 아저씨였다.
 영이는 문을 박차고 뛰어들어갔다. 아저씨의 주사를 빼앗아 들었다.

"거 보세요. 내가 없으면 되나…."

아저씨는 불편한 몸으로 불까지 지폈나 보았다. 방 안이 훈훈했다. 영이는 자랑스럽게 주사를 놓으며,

"그것 보세요. 내가 없으면 되나?"

하고 소리를 질렀다.

— 위의 책, 128~129쪽.

아저씨를 돌보던 영이가 아저씨가 안 보이자 밖으로 나가 떠돌다가 다시 집으로 돌아오는 장면이다. 학교에 간 것으로 보아 영이는 고등학생쯤으로 보인다. 고등학생 소녀가 혼자 사는 환자 아저씨를 돌보는 일이 낯설게 느껴진다. 이 작품이 발표된 당시에는 가능했는지는 몰라도 여학생이 찻집을 들어가 커피를 마시고 극장을 마음대로 출입할 수 있었는지도 의문이다. 영이가 화가 나서 집을 나간 이유도 자신이 늦잠을 자고 일어나자 돌보던 아저씨가 안 보였기 때문이란 것도 설득력이 부족하다. 그럼에도 이 아동소설은 전개되는 영이의 행동이 호기심을 자아내기에는 충분하다. 방기환은 이처럼 치밀한 구성과 주인공의 디테일한 심리묘사를 바탕으로 흥미성을 부추겨 가독력 있는 아동소설이 되게 하였다.

「집 짓는 형제」는 1955년에 발표한 동화로 형제간의 우애를 주제로 다루고 있다. 티격태격 싸우다가도 결국 어려운 상황에서는 형제애를 발휘한다는 내용이다. 철수와 인수는 연년생인 형제이다. 철수는 중학 1학년이고, 인수는 국민학교 6학년이다. 인수는 형에게 지고 싶지가 않아서 뭣이든지 죽기로 경쟁을 하지만, 번번이 형에게 조금씩 지고 만

다. 달리기 시합도, 아침에 일찍 일어나기 내기도, 학교 성적도, 집 안 청소도 물 길어 오기도 번번이 지고 만다.

 두 형제는 냇가 언덕길 부근에 있는 집터에 돌들을 주워다 성처럼 쌓는다. 이 집터는 큰형이 군대에 가기 전에 경치 좋은 언덕에 지은 초가집이 있던 자리이다. 그런데 6.25 전쟁에 폭격을 맞아 폐허가 된 것이다. 어머니는 두 형제와 아랫마을에 세방 하나를 얻어서 살지만, 여간 불편하지가 않다.

 피난을 갔다 서울로 올라와서 허물어진 집터를 처음 보았을 때, 두 형제는 큰형님에게 미안한 생각이 들었다. 온갖 정성을 다해 집을 지은 큰형님이 빈터만 남은 것을 와서 본다면 무척 섭섭할 것 같아서, 큰형님이 돌아올 때까지 둘이서 전처럼 지어 놓자고 약속을 한 것이다.

 냇물로 뛰어들어 돌을 날라 온 두 형제는 제가끔 날라 온 돌을 비교해 본다. 철수가 제 것이 더 많다고 자꾸 뻐기자, 인수는 쌓아 놓은 돌담을 발길로 걷어차서 허물어뜨린다. 그러자 철수는 인수의 머리를 한 대 쥐어박는다.

　　　그러니까, 이번에는 철수에게로 돌아선 인수는 머리를 기관차처럼 앞으로 내밀어 철수 배에다 밀어 박고서,
 "왜 때리는 거야. 왜 때리는 거야!"
 -중략-
 인수는 더 씩씩거리며 머리를 더욱 철수 배에 들이민다.
 "왜 때리는 거야, 왜 때리는 거야!"
 "임마! 조그만 애를 왜 때리는 거야."

등뒤에 굵직한 소리가 들어졌다. 돌아보니, 옆집 태식이었다. 철수와 같은 중학교 한 반인데 몸집이 철수보다 무척 크다. 조회 같은 때 정렬을 하게 되면, 철수는 맨 앞에 서지만 태식이는 맨 뒤에 설 만큼 몸집에 차이가 있다.

그러나, 태식이가 참견을 하니, 사실은 동생을 때리고 싶지 않던 철수였지만 때리지 않을 수가 없다. 한 대 더 쥐어박고 나서.

"네 따위가 무슨 상관야?"

철수가 이렇게 나오니. 태식이도 곱게 물러갈 수는 없다.

-「집 짓는 형제」,『눈이 큰 아이』, (상서각, 2006, 92~93쪽)

반에서 가장 몸집도 크고 힘이 센 태식이는 철수와 엉켜 싸우게 된다. 태식이는 철수를 깔고 앉아 "요렇게 네 동생을 때렸지?" 하며 알밤을 만들어 머리를 한 대 쥐어박는다. 이를 본 인수의 얼굴에는 웃음이 가득해진다. 화가 난 철수는 목을 누르고 있는 태식이의 손을 깨문다. 부아가 치민 태식이는 머리고, 뺨이고 사정없이 후려갈긴다. 고소해서 웃고 있던 인수는 얼굴이 차차 울상으로 변해 간다. 태식이와 철수의 싸움은 더욱 심해진다. 철수는 밑에서 깨물고 할퀴고, 태식이는 큰 주먹으로 사뭇 갈긴다. 철수는 콧등을 맞았는지 코에서 붉은 피가 흐른다.

인수의 얼굴은 완전히 울상이 되었다. 인수는 태식이에게로 달려들었다. 엉엉 울면서 태식이 등을 사뭇 때린다. 인수가 달려드니, 태식이는 어이가 없었다. 깔고 앉았던 철수에게서 일어나 인수의 주먹을 피

하며,

"임마, 왜 이러는 거야, 제 편 들어 주는데."

-중략-

"왜 피를 내 줬어. 우리 형 왜 피를 내 줬어?"

이 말을 듣자, 태식이는 철수를 건너다보며 피투성이가 된 얼굴에 씩 웃음을 띠었다.

그리고는, 주머니에서 새하얀 손수건을 꺼내 철수에게 던져 주었다. 철수는 그 손수건으로 코피를 닦는다.

이것을 본 인수, 저도 울던 얼굴에 어색한 웃음을 씩 띠었다.

-「집 짓는 형제」, 위의 책, 96쪽.

이 동화의 에필로그이다. 은근히 태식이를 고마워하던 인수가 갑자기 형 편을 드는 장면이다. '피는 물보다 진하다.'는 속담이 있다. 이는 원래 서양의 격언으로 가족 간의 유대감이 항상 다른 관계보다 우선하게 마련이라는 의미인데, 한국에서도 속담처럼 굳어지게 된 것이다. 서로 다툴 때는 형이 얄미워 그런 형을 혼내주니 고소해하다가도 막상 형이 맞아 코피를 흘리자 태도가 돌변한 인수의 행동은 인지상정이다. 이 동화에는 동생 인수의 마음 변화가 잘 묘사되어 있어 공감을 자아낸다.

3. 장편 아동소설에 나타난 대중성

본고에서는 그가 쓴 장편 아동소설『꽃 필 때까지』,『바람아 불어라』, 『잃어버린 구슬』,『웃지 않는 아이』 중에서『꽃 필 때까지』와『바람아 불어라』를 살펴보겠다.

『꽃 필 때까지』는 방기환이 창간한 《소년》[7]에 16회 동안 연재한 소년소녀소설(아동소설)이다. 이 작품은 고난에 빠진 소년이 불굴의 의지와 선인의 도움으로 역경을 딛고 행복하게 산다는 소년소설의 전형적인 스토리를 보여 주고 있다.

철수는 부모를 잃고 학교를 그만둔 채 신문팔이로 어렵게 생활하는 소년이다. 그에게는 영애라는 아픈 여동생이 있는데 병원비를 구하지 못해 치료조차 못 하고 있다. 어느 날 광화문 네거리에서 신문을 팔던 철수는 같은 반이었던 혜정을 우연히 만나지만 아는 척하지 못한다.

> "내일 아침 세계일봅니다. 내일아침 동아일보도 있습니다."
> 철수는 오늘도 광화문 네거리에 서서 목메인 목소리로 이렇게 외치고 있었으나, 단 한사람도 발을 멈추고 신문을 청하는 이는 없었다.
> 장마비 퍼붓는 밤거리- 그 누가 비를 맞아가며 산문을 읽고 싶으랴?
> "내일 아침 세계일보 나왔습니다. 내일아침 동아일보도 나오고요."
> 철수는 다시한번 용기를 새로하여 외우쳐 보았다. 허나 마찬가지로 이 조그만 신문장수를 거들떠 보는 사람은 없었다.
> 비는 자꾸 쏟아만 진다.
> "어떡할까? 그만 갈까?"
> 길모퉁이 약방 시계를 보니 벌써 열시, 다른 때 같으면 이미 집에 들어가 있을 때다.
>
> —「비오는 거리」, (《소년》, 1948. 8. 24쪽)

---

[7] 1948년 8월호(창간호)부터 1949년 11월호까지.

혜정은 자신을 피하는 철수를 몰래 따라갔다가 그의 어려운 형편을 알게 된다. 그 후 철수의 집을 찾아 자신이 모은 용돈을 놓고 오곤 한다. 그러한 혜정의 뒷모습을 보게 된 철수는 그의 뒤를 쫓아갔다가 혜정이 아버지의 원수인 배영문의 딸이라는 것을 알게 된다. 사업을 크게 하던 아버지가 배영문 때문에 파산하고, 실의에 빠져 지내다 돌아가셨기 때문이다. 철수는 혜정이 놓고 간 돈을 돌려주며 배영문에게 복수를 하리라 결심한다.

3년이 지난 어느 날 집세조차 내지 못해 쫓겨나게 된 철수는 답답한 마음에 영애와 함께 뒷산에 올랐다가 우연히 혜정과 그의 오빠 종구를 만나지만 차마 도와달라고 하지 못한다. 무거운 마음으로 산을 내려오던 중 철수는 길가에 떨어진 가방을 발견하고 이를 경찰서에 넘겨준다. 그런데 우연하게도 그 가방 주인이 철수의 아버지 밑에서 일하던 차 서방으로 밝혀진다. 파산한 회사를 떠나 중국 상해에 들어가 돈을 벌어 나온 차 서방은 그간의 철수 사정을 듣고, 철수와 영애를 자신의 집에 머물게 한다.

그렇게 다시 학교를 다니게 된 철수는 신문에서 종구가 T대학의 대표로 각종 마라톤 대회에서 신기록을 세우고 있다는 소식을 접한다. 종구를 이기고 말겠다는 굳은 결심으로 혹독하게 마라톤 연습을 하던 철수는 길거리에서 쓰러지고 지나가던 종구가 그를 병원으로 데리고 간다. 같이 있던 혜정은 철수가 쓰러지는 것에 놀라 차에서 뛰어내리다가 다리를 다쳐 철수가 입원한 병원에 입원하게 된다. 철수는 이를 알지 못한 채 퇴원하고 뒤늦게 영애가 혜정을 찾아와 철수가 마라톤 대회에서

지고 실의에 빠져 지낸다고 알려 준다.

그렇게 얼마간의 시간이 흐른 후 혜정은 퇴원하고, 뒷산에 올랐던 철수가 혜정의 집에 불이 난 것을 발견한다. 철수는 불길 속에서 혜정과 배영문을 구하지만 배영문은 끝내 목숨을 잃고 만다. 혜정은 일전에 다친 다리의 상처가 덧나 온전히 걸을 수 없다는 진단을 받는다. 혼자 남은 여동생을 위해 종구는 파리에서 열리는 세계 마라톤 대회에 참가하여 우승을 하게 된다. 병실에서 이를 전해 들은 혜정과 철수는 기쁨을 참지 못한다. 철수는 혜정의 다리를 고칠 수 있는 의사가 되고자 다짐하며 막을 내린다.

이처럼 이 소년소설은 비교적 구성이 치밀하고 묘사력도 우수하여 가독력이 높은 편이다. 다분히 소설적인 구성으로 갈등적 요소를 극복하고 해피엔딩으로 아동문학의 지향점을 향하고 있다. 방기환의 작가로서의 장점은 이러한 치밀한 구성에 있다. 그는 동화보다는 소년소설을 주로 창작하였다.

『바람아 불어라』는 1964년에 출간한 장편 아동소설이다. 이 소설의 구성은 다음과 같다. (바람이 불기까지(서울의 부유한 집에서 사는 종수 종길 형제는 집안 연못에서 장난감 요트놀이를 한다 → 이사 가는 날(어선을 보유하며 수산업을 하던 아버지는 태풍으로 배가 침몰하여 몰락하는 바람에 아버지 고향인 두메산골로 이사를 간다) → 시골 살림(빚 때문에 초라한 이삿짐을 싣고 트럭도 들어가지 않는 두메산골에 걸어 들어가 산골 살림을 시작한다. → 성냥갑 학교(학교는 아버지가 보낸 성금으로 지은 교실 두 칸짜리 미니학교로 저학년 한 교실, 고학년이 한 교실에서 공부한다. 교사는 종수 아버지인 원장과 박 선생 2명뿐이다.) → 산에 사는 아이들(종길이와 종수는 산골학교 아이들 어울려 실습도 하다 사고를 당해 동생 종길이가 어려움에 처한다. 우리 힘, 우리 손으로(학교 원장인 아버지는 박 선생, 아이들과 함께 벽돌을 만들고 교실을 한 칸 더짓는다) → 시골 아이, 서울 아이(종수는 도래인 경수라는 시골 아이와 대립한다. 종수는 경수에게 뱀도 무서워하는 겁쟁이라고 놀림을 받자 스스로 뱀을 잡아 아이들에게 가지고 가려 한다.) → 독한 뱀(종수는 큰언니의 도움으로 뱀을 잡아 칡올미로 묶어 가지고 경수한테 가져 가지만 도중에 개에게 물려 뱀 꼬리가 잘려나가 낭패를 본다) → 이기는 길(교실을 한칸 더 짓던 아버지가 뇌일혈로 쓰러져 돌아가시자 아이들과 함께 장례를 치른다. → 맨발로 가는 길(종수 형제는 싯골 아이들과 더 친해지려고 맨발로 다니고, 교실도 완공이 된다. 박 선생이 군대에 가게 되자 교사가 없게 되자 큰언니의 애인인 아줌마가 교사를 하며 학교가 활기를 띤다. → 새 선생님 가신다. (얼굴에 난 흉터 때문에 혐오감을 준다는 이유로 한사코 거부하던 종수 큰형님도 교사로 합류하며 아버지의 뒤를 이어 원장이 된다.)

　　아이들은 못에 배를 띄우고 있읍니다. 두꺼운 나무껍질을 배모양으로 깎고 거기에 종이를 붙인 대나무 돛을 세운 장난감 배입니다.
　　그러나 아이들은 그것을 요트라고 부릅니다. 그리고 지금 이렇게 배를 띄우는 것을 요트 경기 대회라고 뽐냅니다.
　　이편 못가에 각각 자기가 만든 나무껍질 배를 띄워 놓고 종이 돛에 바람이 맞아 저편 못가에 누가 먼저 가느냐 내기를 하는 것인데, 오늘은 배들이 꼼짝을 하지 않읍니다.

바람이 도무지 불지 않는 것입니다.

"바람아 불어라!"

아이들이 소리칩니다.

"바람아 불어라."

종수도 소리칩니다.

― 「바람이 불기까지」, 『바람아 불어라』, 구미서관, 1964, 7쪽.

장편 소년소녀소설 『바람아 불어라』의 프롤로그이다. 서울 성북동 큰 저택에 사는 종수는 4학년 종길이는 1학년으로 형제이다. 집안 연못에 장난감 돛단배를 띄워놓고 '바람아 불어라'를 외치는 것이다. 어버지가 어선을 소유하고 수산업을 할 때는 부유했지만 태풍으로 배가 침몰하는 바람에 하루아침에 가세가 기울게 된 것이다. 게다가 큰언니[8]마저 약혼자 집에 화재가 났을 때 불길 속으로 뛰어들어 구해주다가 한쪽 얼굴에 큰 화상을 입게 되어 결혼도 스스로 포기하고 세상을 비관하게 된다.

잘되던 사업이 갑자기 망하게 되자 아버지는 빚에 몰려 저택을 처분하고 급히 두메산골로 낙향을 하게 된다. 그 산골은 아버지의 고향이다. 큰언니는 화상으로 남은 얼굴의 흉터 때문에 대인기피증을 앓으며 담배만 피워대는 염세주의자이다. 종길이는 큰언니에게 다가가며 응석도 부려보지만 큰언니의 닫힌 마음은 열리지 않는다. 하지만 종수네 시골 생활은 조금씩 안정되고 익숙해진다.

---

[8] 1960년대까지만 해도 서울에서는 남자 형제를 언니라고 호칭했다.

큰언니는 길가 나무 그늘에 가서 주저앉더니 담배 한 대를 뻐끔뻐끔 피우면 먼 산만 바라보았읍니다.

-중략-

"언니! 언닌 왜 일 안해?"

큰언니는 잠자코 먼 산만 바라봅니다.

-중략-

그래도 종길이는 무서워하지 않았읍니다.

"응? 같이 일해! 큰언니도..."하면서, 큰언니의 손을 잡아끌려고 했읍니다. 그러나, "왜 까불어!"소리치며 큰언니가 종길이의 손을 뿌리쳤읍니다.

- 위의 책, 40~41쪽.

마당에 멍석을 깔고 이야기에 밤가는 줄 몰랐읍니다.

찾아온 사람들이 들고 온 수박이랑 참외랑, 복숭아랑 흠뻑 먹으며 놀았읍니다.

-중략-

아이들하고 이내 친해질 수 있었읍니다.

그렇지만 큰언니만은 얼굴의 상처가 부끄러운 때문인지 방안에만 들어앉아 있었읍니다.

- 위의 책, 56쪽.

종수 아버지는 교실 두 칸짜리 사립 미니학교(분교)에서 학생들을 가르친다. 교사는 종수 아버지인 원장과 박 선생 두 명뿐이다. 어느 날 종길이와 종수는 산골학교 아이들과 함께 실습을 하다 낭떨어지로 떨어질 위기를 겪기도 하고, 뱀을 무서워하여 겁쟁이라고 놀림을 받기도 한다. 그런 와중에서도 교실 한 칸을 더 짓던 아버지가 뇌일혈로 쓰러져 돌아가시자 아이들과 함께 장례를 치른다.

> 선생님이 타신 버스가 산모퉁이로 사라졌읍니다. 그래도 아이들은 손을 흔들면서 만세를 불렀읍니다.
> 선생님이 타신 버스가 산모퉁이로 사라졌읍니다. 그래도 아이들은 손을 흔들면서 만세를 불렀읍니다. 누구의 눈에나 눈물이 글썽글썽했읍니다.
> -중략-
> 여선생님이 불어 주시는 하모니카 소리에 맞추어 한바탕 유희를 하고 나면 공부로 피로했던 머리와 작업으로 지친 몸이 개운하게 풀리는 것 같았읍니다.
>
> ― 위의 책, 181~183쪽.

박 선생이 입대하게 되어 아이들이 전송하는 장면이다. 새로 부임한 여선생은 아이들에게 무용과 하모니카를 지도한다. 학교에 풍금도 피아노도 없자 여선생님이 하모니카로 반주를 하는 장면이다. 아버지의 죽음과 박 선생의 입대로 학교에 교사가 모자라고 여선생님도 아파서 학교에 못나오자 아이들은 종수 언니에게 선생님이 되어주기를 간청한다. 마침내 종수 언니도 그 청을 받아들여 아버지를 대신해 율원학원의 새 원장이 된다.

> 이 이야기는 여기 끝납니다. 그러나 그 후의 율원학원이 어떻게 되었는가 궁금한 분에게 몇 마디 소식을 알려 드립니다.
> 　종수의 큰언니는 원장님이 되셨읍니다. 여선생님은 병환이 나으셔서 다시 학교 일을 보시게 되었읍니다. 참! 새 원장님과 결혼도 하셨읍니다.
> 　서울서 음악가로 성공한 큰누나는 율원학원에 피아노를 기부했읍니다.
> 　그리고, 멀지 않아 박 선생님이 제대하시면, 율원학원에도 선생님이 세 분이나 되는 셈입니다.
>
> – 위의 책, 195쪽.

『바람아 불어라』의 에필로그이다. 종수의 큰형은 아버지의 대를 이어 원장이 되고, 여선생과 결혼을 한다. 피아니스트로 성공한 누나는 율원학원에 피아노를 선물한다. 군대에 간 박 선생까지 제대하면 교사가 세 명이 되면서 학교도 정상적인 골격을 갖추게 된다. 이 작품도 꼬리를 물고 펼쳐지던 사건이 잘 해결되고 해피엔딩으로 마무리되면서 아동소설의 특성을 잘 구현하고 있다. 하지만 50년대 소설가들이 남발하던 소설적 구성의 전형을 보여 아동문학으로서의 차별화 측면에서는 거리가 있는 작품이라 하겠다.

Ⅲ. 나오는 말

방기환은 1950년대 활약한 아동문학 작가이다. 그는 1944년 모 극단에서 현상 공모한 희곡이 당선되어 등단한 후 1948년 어린이 방송극을 집필하고, 아동 잡지 《소년》(1950. 6월호 종간)을 창간하여 이 잡지에 장편 소년소설 「꽃 필 때까지」를 연재하면서 아동문단에 스스로 발을 들여놓았다. 1954년 아동 잡지 《학생계》[9] 편집장으로 근무하며, 1955년 종합지 《전장》의 주간, 1956년 문예지 《사조》 주간을 역임하고, 1960년 대한일보 문화부장으로 있으면서 동화와 소설을 함께 창작했다.

방기환이 창작한 아동소설의 장점은 뛰어난 구성력과 세밀한 묘사력에 있다. 그의 묘사력은 치밀하고 디테일하고 정경과 심리 모두에 해당한다. 정경묘사는 선명한 시각적인 이미지를 형성하여 분위기 조성의 난관을 잘 극복하게 되는 특징이 있다. 방기환의 묘사력은 정경 묘사에만 그치는 것이 아니라 인물의 심리 묘사에도 적용되어 문학적 특징을 부각시키는 데에도 큰 몫을 하고 있다. 그와 함께 문체의 간결성, 인물의 개성과 어울리는 분위기 설정 등에 있다. 특히, 구성은 필연적으로 줄거리 진행상의 밀도와 긴박감을 부여하여 독자로 하여금 잠시도 긴장감을 늦출 수 없게 한다. 또한, 현실의 비정함과 냉담함 속에서도 따뜻한 인간애를 추구함으로써 그 갈등을 해결하려는 데 특징이 있다. 그

---

[9] 《학원》이 전성기를 보내던 1954년 4월호를 발행할 무렵 《학생계》가 경쟁지로 등장했다. 대구 문성당이 발행한 4월호를 창간호로, 3월 20일자 학원과 동시에 판매되었는데, 판형과 편집 내용이 학원과 비슷했다. 《학생계》는 김내성의 「철가면」, 박계주의 「애꾸눈 대왕」, 최요한의 명랑소설 「태양을 향하여」 등 읽을거리와 김용환의 「수호전」, 김성환의 「빅토리 조절구」, 신동헌의 「럭키 철봉이」 등 3대 만화와 더불어 화려한 9대 연재물을 앞세우며 등장했다. 양쪽의 과당 경쟁을 막기 위해 본문 282쪽과 120환의 가격은 똑같다. 《학원》 4월호는 6만부를 발행했고, 창간 《학생계는 3만부를 발행했다고 한다. 《학생계》는 3호까지 발행하고 자금난으로 종간했다.

런데 그의 작품 속에 등장하는 아동상은 다분히 수용적이어서 환상적 아동이기보다 성인에 가까운 아동이다.

　방기환은 연상의 띠동갑 소설가 임옥인(1911~1995)[10]과 교제하다가 1953년 8월 서울 환도 후 서울에서 혼인하였다. 그후 사글세와 전세방을 전전하던 부부는 지금의 서울 강동구 둔촌동 92번지에 사둔 1,000여 평의 대지에 1970년대 초부터 집을 짓고 살았다. 이 집에는 능소화를 비롯한 많은 꽃나무가 우거져 능소원이라 불렸다. 방기환은 이 집의 한쪽 마당을 잔디밭으로 만들어 문인들의 세미나 토론장으로 제공하기도 했다. 그는 1993년 1월 9일 새벽 70세를 일기로 보훈병원에서 타계했고, 임옥인은 그보다 2년을 더 산 뒤 84세로 남편의 뒤를 따랐다. 부부의 묘는 경기도 미금시 금곡동 천주교 묘지에 있다.

---

10 두 사람의 만남은 1949년 방기환이 《소년》지의 주간을 맡고 있을 때 동화 원고 청탁을 하게 되면서 비롯되었다. 임옥인은 건국대학교 가정대학장(1970), 한국여류문학인협회 회장(1972), 서울 YWCA회장(1975), 예술원 회원(1979) 등을 지냈다.

아동문학의 영원한 노스텔지어
- 서석규 동화론

Ⅰ. 작가의 생애

　월곡(月谷) 서석규(徐晳圭, 1933~2022)는 충남 금산군 복수(福壽)면 다복(多福)리 월곡(月谷) 마을에서 5대 장손으로 태어났다. 그가 태어난 고을의 한자 이름에서도 알 수 있듯이 그는 비교적 복이 많아 89세로 영면할 때까지 다양한 복[1]을 지으며 살았다. 한학자인 조부의 영향을 받으면 성장한 그는 향리의 복수국민학교를 졸업하고, 1947년 6년제인 대전사범학교에 입학했다. 재학 중 6·25 전쟁이 일어나자 고향집으로 피난하여 나무꾼이 되어 살았다. 사범학교 시절 그는 한성기(韓性祺) 시인의 지도를 받으며 문학의 역량을 키웠다.《대사(大

---

[1] 그는 소천아동문학상, 박홍근아동문학상 운영위원장을 맡으며 윤석중, 이원수, 어효선 등을 문단의 선배로 섬겼다.

師)》라는 교지 편집위원을 맡으며 시와 소설 습작을 했다.

　1953년 대전사범학교를 졸업하고 홍성군 장곡초등학교에 발령을 받아 1년간 근무하다 사표를 냈다. 공주사범대학 국문과에 입학했다가 충남대학교 화학과로 편입하여 졸업했다. 그는 국문과 선배 이희철(李禧哲)과 교우하며 문학청년이 되었다.

　1955년 《한국일보》 신춘문예에 동화 「장날」이 당선되어 동화 작가가 되었다. 《조선일보》에도 함께 응모했는데, 최종 당선작으로 결정되기 전 동일인라는 사실이 밝혀져 취소[2]되었다. 《한국일보》 동화 심사위원은 강소천이었는데, 이를 인연으로 소천 생전 그의 일을 많이 도왔다.

　서석규는 1956년 월간 《여성계》[3] 편집기자를 시작으로 《연합신문》, 《경향신문》, 《서울신문》에서 문화부장, 경제부장 등 언론계에서 활약했다. 《농민신문》과 《새농민》의 편집인, 《주간과학》의 편집담당 임원으로 활약하는 등 주로 언론사와 출판계에 종사하였다. 언론계와 출판계의 중견으로 활동하던 1970~80년대에 그는 거의 창작활동을 하지 못했다.

　그는 1960년 강소천(회장), 최태호(부회장), 박목월(창작분과 상임) 등과 한국아동문학연구회[4] 창립에 참여하고, 1968년 한국동화문학회

---

[2] 조선일보 당선작은 김시래(金時來, 1923~2008)의 「금희와 도둑」이었다. 그는 함흥사범학교와 국민대 정치학과(1955)를 졸업하고, 초대 동해문화원장과 동해문인협회장을 지냈는데, 민속놀이 발굴에 기여했지만 동화작가로 활동하지는 않았다. 그해 한국일보 가작은 이영희(李寧熙)의 「조가비의 꿈」이었다.
[3] 6·25전쟁 중 희망사(希望社)의 대표 김종완이 중심이 되어 부산에서 창간하였다. 그후 임영신 등이 주도하여 여성계사에서 잡지를 발행, 1959년 8월까지 이어졌다.
[4] '아동문학과 교육에 뜻을 같이하는 동지가 모여 어린이 세계의 탐구와 더불어 그들이 지녀야할 참모습을 문학과 행동으로 구현하고자 창작, 지도, 평론 부문에 활동할 것이며….

⁵를 만드는 등 문단의 문단 행사와 선배를 기리는 사업⁶에 앞장서기도 했다. 그는 신춘문예 심사위원인 소천과의 인연으로 소천이 주간으로 있던 《새벗》에 동화를 다수 발표했다. 다양한 사회 활동을 하느라 정작 동화 창작에는 소홀하였다. 그가 펼친 주요 활동은 강소천의 제의로 도시와 도서 두메벽지 학교와의 결연사업인 어깨동무학교 운동, 경향교육상(사도상) 운영, 제5공화국 과학기술정책 자문위원, KBS 라디오 "쉬운과학 이야기", "서석규 칼럼" 코너 출연 등이었다. 동양방송 라디오에는 "농촌과 농촌문화" 코너에 출연하면서 과학과 전통문화에 대한 청취자들의 관심을 높였다.

지은 책으로는 동화집 『장날』(교학사, 1980), 『금붕어와 가재』(공저, 금성출판사, 1985), 『서석규 동화선집』(지식을만드는지식, 2013) 등이 있고, 『소공녀』 『소공자』 등 다수의 명작동화를 번안하였다. 1960년 독립신문기념 언론상(지역사회부문)을 수상하고, 1993년 박홍근아동문학상을 받았다.

그는 1957년 최순희(崔順姬)와 혼인하여 현곤, 현창, 현주 등 3형제를 슬하에 두었다. 직장 은퇴 후, 한국아동문학인협회 고문, 소천아동문학상 운영위원장, 박홍근아동문학상 운영위원장 등을 맡아 아동문학

일제의 질곡 아래에서도 민족의 자주독립을 믿던 소파 방정환 선생의 아동문화운동을 다시 상기하며,… 동지들이 의욕을 함께하여 힘차게 꾸준히 정진한다.'라는 취지문을 내걸었다.
5 유영희, 이관, 이주훈, 장욱순, 최인학, 서석규 등 6명이 발기인이고, 24명의 동화작가가 참여하였고, 서석규가 회장을 맡았다.
6 1964년 소천 묘소 앞에 문학비를 건립하고, 1987년 어린이대공원에 문학비를 세웠다. 1965년 소천아동문학상(발기인 조석기, 박종화, 김동리, 조지훈, 최태호, 박목월)을 제정했다.

발전에 일조하다 2022년 10월 24일 급성 혈액암으로 타계하였다.

Ⅱ. 서석규의 작품 세계

　서석규는 비교적 이른 나이인 22세에 동화 작가로 등단하였지만, 바쁜 그의 직업 특성상 작품 활동은 그리 활발하지 못했다. 그래서 60년이 넘는 문단사에 비해 빈작인 편이다.
　그의 작품 세계는 크게 세 가지로 분류할 수 있다. 1950년대 중·후기에 창작된 초기 동화는 유년 시절의 추억을 소환하여 가족의 소중함을 부각시키고 당시대 생활상을 그린 작품군이다. 「장날」, 「눈속에 묻힌 마을」, 「어머니의 사진첩」, 「작은오빠」 등이 이에 해당된다. 두 번째로는 곤궁하고 피폐했던 당시대 상황을 배경으로 아동들에게 꿈과 희망을 심어주려 한 작품군이다. 「선생님 오시던 날」, 「육지 아저씨」, 「박쥐굴의 화성인」, 「끝섬에 나타난 김 박사」 등이 여기에 속하는 작품들이다. 세 번째로는 그의 후기작이라고 할 수 있는 1980년대 이후의 작품들로 자연과 인간의 상생, 생태 의식을 담은 작품들이다. 이러한 작품으로는 「날아라 꾸꾸야」, 「다람쥐 남매」, 「한티골 토끼 동산」, 「백조」, 「흰뺨 검둥오리」 등이 있다. 일련의 작품들은 어린 시절 그가 살았던 월곡마을에서의 경험을 소재로 자연과 인간, 인간과 동물들의 상생과 조화로운 삶을 그리고 있다.

　1. 초기 작품에 나타난 사람 이야기

그의 대표작으로는 1950년대 시대상과 서정을 반영한 「장날」을 꼽을 수 있다. 이 작품은 할머니를 따라 장터에 간 주인공이 가게에 진열된 장난감에 현혹되어 할머니에게 떼를 쓰다가 돌아오는 고갯마루 진달래꽃에 빠져 마음을 푸는 이야기다. 물질의 욕구에 휘둘렸던 동심이 봄볕을 받고 피어난 진달래꽃에 의해 화사하게 살아나는 작품인 것이다.

철이는 아침밥도 먹는 둥 마는 둥 하고 할머니를 놓칠까봐 그 뒤만 졸래졸래 따라다녔습니다.
할머니께서는 장에 갈 준비를 다 마치고도 철이에게 아무 말도 않은 채 떠나려고 하였습니다. 꼭 같이 가자고 할 줄 믿었던 철이는 너무 섭섭했습니다.
"할머니! 나도 장에 갈테야, 뭐."
분명치 못한 한마디를 내뱉고 그만 철이는 울음보를 터 뜨렸습니다.
어머니와 할아버지까지 나와서 달랬습니다. 장에 가면 사람도 많고 자동차가 많이 다니기 때문에 위험하다는 것이었습니다. 그래서 이다음에 더 크거든 데리고 가 준다 는 것이었습니다.
달랠수록 더욱 가고 싶고, 또 가서 얼마나 약빠르게 구경하고 오는가를 보여주고 싶었습니다.

— 서석규 동화선집(이하 선집), 3~4쪽.

「장날」은 제목 그대로 시골 5일장이 공간적 배경이다. 50년대의 시골 장은 물건을 사고파는 시장의 기능일 뿐 아니라 소식을 주고받으며 정보를 교환하는 공동의 장인 곳이다. 딱히 사고팔 물건이 없어도 구경삼아 가는 곳이기도 하다. 주인공 철이는 5일장 날 식구들의 반대를 무릅쓰고 할머니를 따라 장[7]에 가게 된다. 할머니는 흥청거리는 장거리에서 이것저것을 구경하던 철이에게 과자를 사주지만 철이는 과자보다는 장난감 자동차를 더 갖고 싶다. 그러나 할머니는 사주시지 않는다. 철이는 자기편을 들어 줄 사람이 없다는 것을 알고 떼도 쓰지 못한 채 할머니 치마폭만 잡고 눈요기만 하다 빈손으로 돌아간다.

집으로 향하던 할머니는 잊은 게 있다면서 철이를 기다리게 하고는 장으로 되돌아간다. 할머니를 기다리다 지친 철이는 할머니를 찾으러 장으로 가보지만 할머니는 보이지 않는다. 할머니를 잃어버린 철이는 할머니의 행방을 묻지만 아무도 모른다.

    수리고개 날등까지 단숨에 뛰어 올라왔습니다. 고개 아래를 앞뒤로 번갈아 내려다보았습니다.
  "야아, 꽃!"
  철이는 저도 모르게 소리쳤습니다. 고개 왼편 산허리에 언제 피었는지 진달래가 활짝 피어 웃고 있는 것이었습니다.
  "얼마나 아름다운 꽃들이냐!"
  철이는 꽃을 꺾기 시작했습니다.
  "저기두 있구!"

---

[7] 그의 고향은 여덟 가구가 모여사는 외딴 산골 마을이었다. 남쪽으로 난 골짜기 비탈길을 걸어 산모롱이를 돌아 나가면 금성천을 만나고, 그 곳에는 커다란 네 개의 징검다리를 건너면 신작로가 있었다. 그 길을 시오리 쯤 걸으면 추부 마전장이 나왔다.

이렇게 이 포기에서 저 포기로 나비처럼 꽃포기를 쫓아 다녔습니다.
-중략-

눈물이 흘러 얼룩진 양쪽 철이의 볼은 진달래 빛처럼 불그레하고, 꽃잎처럼 연한 미소가 어려 있었습니다.

- 선집, 9쪽.

할머니를 찾아 고갯마루까지 달려온 철이 앞에 진달래가 활짝 피어 있다. 진달래꽃이 울적한 철이를 향해 손짓한다. 갖고 싶었던 장난감 자동차 대신, 기다려도 오지 않는 할머니 대신 활짝 핀 진달래꽃이 철이를 반기는 것이다. 심리적으로 분홍은 마음을 안정시켜주는 색이다. 갖고 싶은 물건도 손에 쥐지 못하고 할머니마저 잃어버린 철이의 마음은 허탈할 수밖에 없다. 이 헛헛한 마음을 진달래의 연분홍이 엄마의 치마폭처럼 반겨주는 것이다. 아동들은 한곳에 마음이 꽂히면 다른 생각은 쉽게 잊기 마련이다.

그 때, 먼저 철이가 달려오던 모습처럼 꼭 그렇게 달려오던 할머니가 고갯마루에서 사방을 휘둘러보았습니다.
꽃 꺾기에 정신이 없는 철이…….
"후휴-."
가쁜 숨을 내쉬고 할머니는 그 자리에 주저앉아 버렸습니다.
따뜻한 날입니다.
벌 한 마리가 "윙-"하고 할머니 귓가를 스쳐 철이 머리 위를 지나 저쪽 산 너머로 날아갔습니다.

- 선집, 10쪽.

기다리고 있을 줄 알았던 철이가 안 보이자 할머니 또한 마음이 조급하여 숨 가쁘게 달려온 것이다. 손자를 잃어버린 줄 알았던 할머니는 숨이 차서 고갯마루에 주저앉아 버린다. 세상 걱정은 모두 잊고 꽃 삼매경에 빠진 철이는 산골 아이 정서 그 자체이다. 할머니 귓가를 스치고 철이의 머리 위를 지나 날아간 벌은 봄날의 자연 풍치를 그린 배경 스케치로 봐도 좋다. 봄날의 상징인 벌이 순진무구한 산골 소년과 가난하지만 순박한 할머니의 관계를 이어주는 혈연의 끈으로 작용하고도 있다. 그 끈은 보이지 않는 핏줄이고, 할머니와 손자의 이심전심을 이어주는 연줄로 해석할 수도 있다. '가는 날이 장날'이라는 속담이 있다. 이 말은 어떤 일을 하려고 하는데 뜻하지 않은 일을 공교롭게 당함을 비유적으로 이르는 말이다. 그야말로 '가는 날이 장날'의 해프닝을 수채화 같은 이야기로 풀어놓은 동화이다.

「눈속에 묻힌 마을」은 1956년 《새벗》에 발표한 동화로 그의 고향을 공간적 배경으로 한 작품이다. 눈 속에 묻힌 산골 마을, 눈이 많이 내린 뒷산에서는 소나무 가지가 부러지는 소리가 들리고, 아이들은 호롱불 아래서 엎드려 책을 읽고 있다. 작가가 월곡마을에서 겪었던 겨울 풍경이다. 눈이 많이 내리자 복희 복식 남매는 덫으로 산토끼를 잡을 상상에 빠져 있다.

마을 갔다 돌아오시는 아버지 머리 위와 어깨 위에도 눈이 쌓여 수북했다. 아버지는 뜰에서 발을 탁탁 터셨다. 복희는 재빨리 방으로 들어가 비를 가지고 나왔다.

그리고 아버지 어깨 위에 쌓인 눈을 털어 드리고 복식이는 앞자락의 눈을 털어드렸다.
"굉장히 쌓이는구나. 간밤부터 오는 눈이 그칠 줄 모르는데."
아기를 재우고 누워 계시던 어머니도 일어나셨다.

— 선집, 14쪽.

남매는 아버지에게 얘기를 해달라고 조른다. 집안에 텔레비전은커녕 라디오도 없던 시절 마을 사랑방에 다녀온 아버지는 이야기를 전해주는 소식통이다. 아버지는 '오늘은 라디오도 약이 다 닳아 못 들었다'라며 '눈이 쌓였으니 며칠 동안 세상 소식이 캄캄하겠다'라고 말한다. 바느질을 하던 어머니는 출출해하는 아이들을 위해 고구마를 쪄내 온다. 아이들은 눈 쌓인 겨울밤 찐 고구마를 간식으로 먹으며 아버지가 들려주는 이야기를 듣는다. 눈이 쌓여 세상과 고립되어가는 산골 집, 오순도순 지내는 산골 가정의 그리 특별할 것도 없이 정겨운 겨울밤의 삽화이다.

「어머니의 사진첩」은 1958년 《새벗》에 발표한 작품으로 6·25 전쟁 때 고아가 된 구두닦이 소년 철이의 이야기이다. 철이는 전쟁터에서 폭격으로 부모를 잃고 왼손가락 두 개도 잘리고, 턱과 이마에 흉터를 가지고 있다. 손님의 구두를 닦고 길을 가던 철이는 고물상 진열대에 있던 자기 가족 사진첩을 발견하고 놀란다. 철이는 부모님의 결혼사진도 들어 있는 그 사진첩을 안고 달아나다 주인에게 붙잡혀 매를 맞는다.

철이는 이렇게 도둑으로 잡혀 있는 모습을 아주머니 앞에 보인다는 게 더욱 서러워 흑흑 느껴 울면서 자기 사정을 어떻게 설명해야 할지 몰랐습니다.

"이거 우리 어머니 거예요. 우리 어머니 사진이 여기 있었던 거예요."

사람들은 삥 둘러서서 뭐라고 와글거리고 있었습니다.

"경찰서로 잡아다 넣어야 돼."

-중략-

그리고 아주머니는 두 말도 않고 텁석부리 영감이 부르는 사진첩의 값 1500환을 치러 주곤 철이의 팔을 끌고 사람들 틈을 빠져나왔습니다.

- 선집, 28쪽.

열한 살 철이는 아주머니네 집으로 가 사진첩에 얽힌 사연을 털어놓는다. 아주머니는 자기 아들도 나이가 같다며 함께 살자고 제의한다. 그때 아주머니의 아들 명호가 오더니 '더러운 거지!'라고 무시하는 바람에 사진첩을 끼고 뛰쳐나온다. 철이는 자신의 처지를 비관하며 정처없이 걷고 또 걷는다. 이 동화는 전쟁으로 가정이 해체된 고아 소년의 인생 역정을 통해 전쟁의 비극을 고발한 작품이다.

「작은 오빠」는 1962년 《새벗》에 발표한 작품이다. 전쟁으로 피폐해진 1950년대와 60년대는 가난의 질곡에서 벗어나지 못하던 때였다. 끼니를 해결하지 못해 생때같은 자식을 남의 집에 보내는 일이 다반사던 시절이었다. 이 작품에도 남편을 잃고 삼남매를 키우던 젊은 엄마는 맏이만 두고 둘째인 영호와 다섯 살 순희를 큰집에 맡긴다. 어느 날 영호는 큰집에서 도망치고, 순희는 큰집에서 학대를 받으며 얹혀살다 다른 집으로 팔려 간다. 순희는 새벽같이 일어나 마을 공동 우물에서 물을 길어 나르는 일을 할 만큼 삶이 곤궁하다. 어느 저녁 무렵 열세 살 된 순희를 영호가 찾아온다.

"난 널 찾으러 얼마나 돌아다녔는지 몰라. 어머니도 네 얘기만 나오면 눈물을 흘리고 있어. 형이 일터에 나가고 어머니가 장사를 다니니까 이제 집으로 가서 같이 살아야 해."
—중략—
"이 바보야, 큰아버지가 널 여기다 팔아먹은 거야. 지금 빨리 나랑 가자."
—중략—
"전 순희 오빠여요. 순희를 데리러 왔습니다. 퍽 많이 찾아다녔어요. 큰아버지 댁에서 가르쳐 주질 않아서 그냥 헤매 다니기만 했어요. 같이 우리 집으로 가야겠어요. 순희는……."
"뭣이? 어림도 없는 얘길. 순이는 내 딸이다. 네가 누군데."
— 선집, 39~40쪽.

순희가 선뜻 따라나서지 못하자 영호는 순희의 뺨을 때린 후 밖으로 나간다. 이튿날 새벽 닭울음 소리를 듣고 물 길러간 순희를 향해 고갯마루에서 영호가 손짓을 한다. 영호는 순희를 데려가기 위해 새벽을 기다린 것이다. 순희는 영호의 손에 이끌려 고개를 넘는다. 영호는 강기슭에 미리 봐둔 나룻배에 순희를 태우고 강을 건넌다. 고개를 두 번 넘으면 큰길이 나오는데, 남매는 그곳까지 가서 버스를 타고 집으로 갈 생각이다.

> 강을 다 건넜을 때, 산마루에서 부르는 소리가 가물가물 들렸다. 거기에는 이제까지 여러 해 길러 준 아버지랑 어머니가 서 있었다.
> 순희는 손을 흔들었다.
> 고개에서도 손을 흔들었다.
> 순희는 눈물이 주룩 흘렀다.
> 눈물을 닦으며 걸었다. 걸으면서 처음으로 입을 열었다.
> "오빠! 배고플텐데!"
> 영호는 고개만 흔들었다. 그러나 아침 햇살을 받은 영호의 얼굴은 기쁨에 넘쳐 있었으며, 눈동자는 또렷또렷 반짝이고 있었다.
>
> – 선집, 44쪽.

배고프고 가난하던 시절 입 하나라도 줄이려고 자식마저 남의 집에 맡기던 시절의 슬픈 가족사를 다룬 동화이다. 함께 큰집에 맡겨졌던 작은 오빠 영호는 큰집에서 탈출한다. 영호는 가난 때문에 팔려간 동생 순희를 우여곡절 끝에 찾아 집으로 간다. 이 동화는 가족의 정과 소중함을 그리고 있다. 서석규 동화에는 피난길의 전쟁고아, 가난으로 인해 생이별한 가족사, 구차한 살림이지만 서로 위하며 정겹게 살아가는 가족 이야기가 첩첩 산골 마을을 배경으로 수채화처럼 담겨 있다.

「선생님이 오시던 날」은 1969년 《햇불》[8]에 발표한 작품이다. 이 무

---

8 한국일보사에서 간행한 교사용 종합 교양지 형태의 아동문학지(1969.1~1970.5). 통권 17호 발행.

렵 한국은 새마을운동이 태동할 무렵이다. 삶은 가난했지만 교권은 현재보다 높았던 시절이다. 도서 벽지나 오지에서 선생님의 존재는 존경받는 대상이었다. 전교생이 열한 명뿐인 갈매기섬 분교에 개학이 되었어도 선생님이 부임하지 않아 겪는 동심과 사건을 그렸다. 명수와 상준이가 다니는 학교는 전교생을 교사 한 명이 가르치는 초미니 학교이다. 그런데 새로 부임하기로 한 선생님이 안 오자 아이들이 더 안달이다. 정기여객선은 비룡도까지만 닿기 때문에 6학년 아이들은 전마선을 타고 노를 저어 선생님을 모시러 간다. 가는 도중 폭풍우를 만나 토끼섬에 배를 대었지만, 그 배마저 잃게 된다. 그때 비룡도 쪽에서 오는 배 한 척이 보인다.

"선생님이 오시나 부다."

상준이도 소리쳤다.

-중략-

둘이는 토끼 바위 위에서 소리치면서 러닝셔츠를 열심히 흔들었다. 배는 점점 가까워졌다. 가까워지면서 뱃머리를 이쪽으로 돌렸다. 배 안에서 검정 양복을 입은 분이 밖으로 나왔다.

"선생님이다."

이 외딴 섬에 양복을 입은 분이라곤 선생님밖에 찾아올 분이 없었기 때문에 둘은 금방 선생님임을 알아낼 수 있었다.

"선생님!"

둘이는 더 크게 소리쳤다.

― 선집, 132~133쪽.

선생님의 부임을 기다리던 섬 학교 6학년생 명수와 상준이가 어른들 몰래 전마선을 타고 마중을 나간다는 설정은 다소 무리 있어 보인다. 아이들은 폭풍우를 만나 조난을 당하고 토끼섬에 피항을 한다. 결국 선생님이 타고 오는 배를 만나게 되는 이야기이다. 현실적 감각으로는 무모한 사건 같지만 섬 소년들의 모험과 사제의 정을 그린 작품이다. 이러한 모험적 요소는 이야기를 진부함에서 벗어나게 하는 동력으로 작용한다.

「육지 아저씨」는 1962년 《학원》에 발표한 작품이다. 제주도에 사는 6학년 철호는 등대 밑에서 그림을 그리는 화가 아저씨를 만난다. 철호는 아버지로부터 중학교는 육지에서 다닐 수 있게 해준다는 약속을 받고 육지를 동경한다. 철호는 아저씨로부터 그림 선물을 받고 자기도 그림을 선물한다. 철호가 그린 그림은 샘물의 물을 퍼 허벅을 등에 지고 가는 아주머니들의 모습이다. 며칠 후 섬을 떠나는 화가 아저씨에게 철호는 소라와 전복 껍데기를 싼 꾸러미를 선물한다,

> 배에 오른 아저씨는 갑판으로 올라가 손을 흔들었습니다.
> 철호도 손을 흔들었습니다.
> 배는 부웅 고동을 울리며 부두에서 멀어지기 시작했습니다.
> 철호는 부두 끝 둑에 올라가 손을 흔들었습니다. 아저씨는 다시 모자를 벗어 흔들었습니다.
> 배는 점점 멀어져 갔습니다. 갑판에는 인제 멀리, 화가 아저씨 혼자서만 모자를 흔들고 있었습니다. 철호도 열심히 손수건을 꺼내어 흔들었습니다.

― 선집, 55쪽.

「육지 아저씨」의 마지막 장면이다. 섬 소년 철호가 그림 그리러 온 화가 아저씨를 만나 그림을 주고받고 선물을 준다는 내용이다. 아저씨는 철호에게 편지하거든 답장을 해달라며 머리를 쓰다듬어준다. 특별한 사건이 펼쳐지는 것도 아니고 사람 사이의 만남과 따스한 인정을 그리고 있다. 사람들의 삶에서 중요한 것은 샘처럼 솟아나는 정이다. 작가는 물질보다 중요한 것이 마음씨이고, 그 마음에서 우러나오는 정이라는 메시지를 넌지시 알려준다.

2. 동물 생태이야기

서석규의 작품 중에는 산골을 배경을 한 작품이 다수이다. 그 산골은 작가가 유년 시절에 살았던 월곡마을로 추정된다. 작품에서는 한티골[9]로 명시되어 있다. 「한티골 토끼 동산」은 한티골 할아버지 집에 마련된 토끼 동산에서 전개되는 토끼들의 생태 이야기이다. 토끼들이 굴을 파고 살아가는 이야기가 실감 나게 그려져 있다.

> 달님이 벌써 산 위로 쑤욱 올라와 마을을 내려다 보고 있습니다.
> 그 때였습니다. 가장 몸집이 큰 토끼 한 마리가 가장 높은 곳으로 가더니 앞발을 들고 뒷발로 일어서면서 귀를 쫑긋 올렸습니다. 다른 토끼들도 약속이나 한 것처럼 앞발을 들고 일어섰습니다. 귀를 쫑긋하게 일

---

9 「다람쥐 남매」, 「정처사와 그 친구」도 한티골이 배경이 된다.

으켜 세웠습니다. 모두들 달을 향해 기도라도 하듯이 한동안 서 있었습니다.

이윽고 한 마리가 뒤뚱뒤뚱 몸을 움직이면서 앞발로 너울너울 춤을 추기 시작했습니다.

- 선집, 200쪽.

이 작품에는 토끼의 귀여운 모습이 잘 묘사되어 있다. 밝은 달이 뜨면 굴속에서 살던 토끼들이 동산으로 올라와 앞발을 들고 뒷발로 일어서면서 귀를 쫑긋 세우고 춤을 춘다. 어린 토끼들은 어른 토끼의 춤을 따라 추다가 넘어지기도 한다. 또한 소리에 민감하게 반응하여 숨는 장면, 살쾡이가 아기 토끼를 물고가다 놓고 도망치는 장면 등의 묘사는 눈앞에서 그 광경이 펼쳐지는 듯 살아 있어 독자를 아름답고도 아슬아슬한 토끼 동산으로 안내한다.

"할아버지 서울로 오신다는 말씀은 편지에 없니?"
할아버지 편지를 읽고 난 효정이에게 할머니께서 물으셨습니다.
"네, 할아버지는 서울로 오실 수 없어요. 한티골에는 할아버지가 돌보셔야 할 식구가 너무 많아요."
효정이는 손가락을 꼽으며 세기 시작했습니다.
"산양이 두 마리, 닭이 다섯 마리, 그리고 토끼가……."

- 선집, 203쪽.

효정이가 할아버지로부터 온 편지를 읽자 할머니는 할아버지의 안부를 궁금해 한다. 할머니는 할아버지와 떨어져서 서울에 살고 있기 때문이다, 할아버지는 편지를 통해 여름방학 때면 토끼 식구가 스무 마리가 넘을 것이라는 것과 효정이를 위해 나비 동산도 만들어 놓겠다고 한다. 게다가 여름방학 때는 친구들을 많이 데리고 와서 놀다 가라고 이른다. 효정이는 이런 할아버지의 편지를 통해 할아버지의 사랑을 듬뿍 느낀다. 이 동화는 가족과 떨어져 한티골에서 혼자 생활하는 할아버지의 삶을 통해 친자연적 정서와 조손 혈육 간의 정을 느낄 수 있다.

「날아라 꾸꾸야」는 새장에 갇혀 있던 백문조가 어느 날 새장 밖으로 나가 자기 본성을 찾아 새로서의 삶을 살아가는 이야기이다. 꾸꾸는 현주가 기르는 새로 외삼촌이 생일 선물로 보내준 백문조이다. 어느 날 현주 동생 현성이가 새장 문을 열고 사탕을 넣어주려다 넘어지는 바람에 백문주 한쌍은 탈출을 하게 된다. 큰 꾸꾸와 작은 꾸꾸는 참새 떼들을 따라 먹이를 찾아 나선다.

하늘에도 거리의 불빛처럼 별들이 반짝거렸습니다.
"정말 넓지? 숨을 크게 들이쉬어 봐!"
작은 꾸꾸는 큰 꾸꾸가 이르는 대로 배속 깊숙이 숨을 들이쉬었습니다. 머리가 맑아졌습니다.
"앞으로 힘을 내서 살아가는 거다. 마음껏 하늘을 날면서. 참새들을 봐. 모두들 씩씩하게 즐겁게 날아다니며 살지 않니?"
"그래 나도 힘을 낼게."
으스스한 찬바람이 깃털을 일으켜 세웠으나 둘이는 몸을 바짝 붙여 앉으며 꾹 참았습니다.

- 선집. 146~147쪽.

현주네가 넣어주던 먹이만 편안히 먹던 쭈쭈는 자유를 얻은 대신 먹이를 스스로 찾아 해결해야 한다. 하지만 노력없이 편안히 받아먹던 먹이를 스스로 구하는 일은 그리 녹녹치 않다. 이 동화는 고행(苦行) 속의 자유와 자유없는 안주(安住)와의 대비를 통해 자유의 소중함을 역설하고 있다. 공리주의 철학자 존 스튜어트 밀이 말한 "배부른 돼지보다 배고픈 소크라테스가 낫다"는 말이 생각나게 하는 이야기이다. 이 동화의 에필로그는 꾸꾸의 다짐을 그리며 명쾌하지 않게 열린 결말로 맺고 있다.

「다람쥐 남매」는 깊은 산골 한티골을 배경으로 펼쳐진다. 여러 동물들의 보금자리인 한티골에 사람들이 들어와 나무를 베어가자 동물들은 하나둘 이사를 가게 된다. 특히 근처에 신작로까지 나자 '쪼르르'와 '냠냠이'라는 다람쥐 남매만 남게 된다. 겨울 양식을 준비하던 다람쥐 남매는 사람들이 흘리고 간 과자 맛을 보고 밤이나 굴밤은 거들떠보지 않는다. 그들은 맛있는 먹이를 구하러 도시에 왔다가 개에게 쫓기기도 한다. 밤이 되어 먹이를 싼 종이를 물어뜯는 순간 고양이가 나타나 혼비백산을 하고 만다.

> 하늘에는 별들이 무수히 반짝이고 있었습니다.
> "어서 집으로 돌아가거라. 어서 한티골로 돌아가거라."
> 별들이 자꾸만 속삭여 주는 것 같았습니다.
> 며칠 만이었는지 모릅니다. 아이들한테 쫓기고 사람의 발자국 소리만 나도 아무 데나 깊이 숨었다가 나오고… 길도 몇 번이나 잘못 들었

는지 모릅니다.

　쪼르르는 큰 한숨을 내쉬었습니다. 예대로 있는 골짜기를 바라보니 냠냠이 생각이 왈칵 치밀어 올랐습니다.

　-중략-

　그 때 달빛이 아직도 눈물 자국도 마르지 않은 다람쥐 남매의 두 눈을 비춰 주었습니다.

- 선집, 86~87쪽.

　아이들한테 쫓기고 개와 고양이에게 위협을 당한 쪼르르는 동생 냠냠이를 잃어버리고 한티골로 돌아온다. 보금자리인 굴에 이르러 잃어버린 줄 알았던 동생 냠냠이를 발견하고 기쁨의 눈물을 흘린다. 이 동화는 송충이는 솔잎을 먹어야 하듯 다람쥐는 도토리와 굴밤을 먹고 살아야 한다는 교훈을 담고 있다. 자연의 섭리를 거슬린 자는 망하게 됨을 역설적으로 일깨우는 동화이다.

　「흰뺨검둥오리」는 1985년 《새벗》에 발표한 동화이다. 현욱이는 낚시를 좋아하는 아버지를 따라 박달리 저수지에 간다. 그 곳에서 현욱이는 정답게 노는 오리 떼를 만난다. 아버지는 철새인 흰뺨검둥오리가 텃새가 되어 살아가게 된 이유를 자세하게 들려준다. 실제로 이 새는 우리나라에서 1950년대까지 흔한 겨울 철새였으나, 1960년대부터 번식하기 시작해 현재는 전국의 야산, 풀밭에서 흔히 번식하는 텃새로 자리 잡았다.

　"흰뺨검둥오리구나. 옛날에는 겨울에 오는 철새였으나. 이젠 이곳에서 겨울, 여름 가릴 것 없이 1년 내내 사는 텃새가 되었단다."

아버지의 조용조용 하시는 말씀을 듣고 있는 동안 오리 일가는 현욱이가 앉아 있는 언덕 가까이로 헤엄쳐 오고 있었습니다.

검은 부리의 끝 부분이 노랗고 머리 위에는 뒤쪽으로 뻗은 띠가 있는 묘한 오리였습니다.

- 선집, 167쪽.

아버지의 이야기를 듣다 낮잠이 든 현욱이는 꿈에 아기 오리를 만나 "엄마 아빠한테 열심히 배워서 혼자서 삶의 터전을 개척할 수 있도록 힘을 기른다"라는 말을 듣는다. 아기 오리가 자맥질을 하며 사라지자 병아리 한 마리가 나타나 말을 건다. 현욱이가 학교 앞에서 사서 길렀지만 이틀 만에 죽어 버린 병아리이다. 현욱이가 잘못을 사과하자 병아리는 사라진다. 이 동화는 이처럼 동물들의 생존권에 대해 은근히 고발하고 있다.

「백조」는 한구의 꿈 이야기로 시작된다. 한구는 새벽 저수지에 나가 백조들이 노는 모습을 보다가 대장 백조 등에 올라타 세상 구경을 하게 된다. 대장 백조는 한구에게 "총쟁이들이 무서워서 다른 나라로 이사를 가니 함께 가서 살자"고 한다. 한구는 깜짝 놀라 꿈에서 깬다.

한구는 백조가 걱정이 되어 저수지로 간다. 저수지 둑에는 백조를 노리는 사냥꾼이 총을 겨누고 있다. 동네 건달 달수 아저씨와 태수 아버지이다.

총소리가 났다. 큰 날개를 펼치며 백조 떼는 한꺼번에 하늘로 솟았다.

"아차, 어쩌면-"

한구는 그 자리에 주저앉았다. 눈물이 났다.

대장 옆에 있던 백조 한 마리가 '푸턱-' 날으려다가 한쪽 날개를 못 쓰고 그 자리에서 몸부림치고 있지 않은가.

"나빠요! 나빠요!"

한구는 좋아라고 떠들며 백조 있는 쪽으로 달려가는 총쟁이 두 사람을 향해 울면서 소리 쳤다.

— 선집, 158쪽.

순백색의 백조는 몸집이 커다랗고 아름답다. 눈 앞쪽에 노란 피부가 드러나 있고 다리는 검다. 떼를 지어 살며 물속의 풀이나 곤충 등을 먹는다. 고니라고도 부르는 백조는 가을에 우리나라에 날아와서 겨울을 나고 북쪽으로 돌아가는 겨울 철새이자 보호조(保護鳥)이다. 따라서 요즘은 백조를 사냥하는 밀엽꾼이 없지만 30여 년 전까지만 해도 박제를 하기 위해 노리는 사냥꾼들도 있었다. 한구는 술안주를 하기 위해 백조를 사냥하는 사냥꾼들을 향해 "나쁜 사람들이다"라고 울부짖는다. 그 절규는 어른들의 탐욕에 대한 분노이고, 지켜주지 못한 것에 대한 미안함의 표출이다.

그러나 백조는 한 마리도 보이지 않았다.
-중략-
한 일주일 동안, 새벽마다 저수지에 가 봤으나 허탕이었다. 한구는 마음 속으로 빌었다.

'나중에 우리가 어른이 되거든 꼭 찾아와 다오. 그 때에는 총도 다 없애 버려야지. 태수 아버지나 달수 아저씨처럼 그렇게 고약한 사람들이 없는 좋은 나라, 좋은 우리 고장엔 꼭 와줘야 한다.'

쓸쓸한 저수지 둑에 서서 한구는 추운 줄도 모르고 이렇게 중얼거렸다.

— 선집, 160쪽.

「백조」의 에필로그이다. 한구의 바람대로 오늘날 우리나라에서 백조를 사냥하는 총잡이들은 사라졌다. 이러한 작가의 소망이 미래에는 현실이 되는 것이다. 한 세대 전만 해도 자연보호를 외치며 동식물을 보호하자는 캠페인이 성행했다. 그 시절 장난감 취급을 당하고, 애완동물로 불리던 명칭도 반려동물이 되고 동물권의 신장까지 거론되는 오늘이다.

3. 해양 과학 이야기

서석규는 1980년대 초 지인들과 주간 《과학신문》을 창간하고 편집인이 되었다. 과학자들에게는 해외의 과학을 알리고 학생과 일반 시민들에게는 과학을 쉽게 이해할 수 있는 안내하는 성격의 신문이었다. 이처럼 그는 당시까지만 하더라도 과학기술 수준이 낙후된 한국의 과학 발전을 위해 동분서주하였다.

평소 이러한 생각을 품고 살았던 작가가 60년대 초에 과학 동화에 속하는 「박쥐굴의 화성인」과 「끝섬에서 만난 김 박사」를 발표한 것은 우연이 아니다. 이 두 작품은 1960년 발표 당시 아동문학의 미개척 분야였던 과학의 세계를 환상 동화로 다뤘다는 점에서 큰 의미가 있다.

「박쥐굴의 화성인」은 1962년 《아동문학》[10] 11호에 발표한 작품으로 화성인의 도움으로 로켓을 발사하고, 바닷속을 개척해 농장을 만들어 가는 이야기다. 성일이와 칠성이는 5학년인 사촌 형제이다. 어느 날 먹텃골 장수 바위 밑에서 자신들이 그린 설계도로 깡통을 오려 로켓을 만들려 한다. 그런데 자신들이 놓고 간 준비물로 누군가 로켓을 멋지게 만들어 놓은 걸 알고 깜짝 놀란다.

성일이와 성찬이는 박쥐굴 화성인이 산다는 것과 그 주인공이 지구에서 요양 중인 데이모스 박사라는 걸 알게 된다. 어느 날 그들은 데이모스가 사는 박쥐굴 기지에 초대를 받는다.

> 화성인들은 지구인의 눈에 보이지 않는 광선으로 몸을 감추어 눈에 띄지 않았으나 데이모스 박사의 설명에 의하면, 휴양온 사람만도 50명, 과학자들이 20명이나 된다고 했다.
> 성일과 성칠은 데이모스 박사로부터 '지구인이 볼 수 있는 광선 외의 적외선과 자외선이 있는데, 화성인들은 이것을 다 볼 수 있다는 것'도 알았다.

---

10 1962년 10월 강소천·김동리·조지훈·최태호·박목월 등을 편집위원으로 하여 창간되었다. 발행인은 조석기이며, 배영사에서 발행하였다. A5판. 80면 내외로 비정기적으로 간행하였다. 1969년 5월 통권 19호로 종간되었다.

그리고 그들은 아무 데서나 굉장한 에너지를 내는 연료로 박쥐굴 속을 큰 도시처럼 개척해 놓은 것을 보았다.

— 선집, 73쪽.

　박쥐굴은 화성인의 기지인 것이다. 그들은 칠봉산 꼭대기로는 굴을 뚫어 엘리베이터처럼 이상한 배로 오르내리며, 산꼭대기는 우주선이 떠나고 내리는 곳이라 했다. 산꼭대기는 지구인의 눈에 보이지 않는 광선으로 감싸 놨기 때문에 아무것도 보이지 않는다. 그러나 성일과 성칠은 데이모스 박사가 빌려준 이상한 안경으로 커다란 우주선을 볼 수 있다. 작가는 이렇게 화성인을 성일과 성칠만 볼 수 있도록 '광선'과 '이상한 안경'으로 설정하여 이야기의 당위성을 획득하고 있다.

　　목소리나 음파는 지구인의 귀로는 직접 못 듣기 때문에 데이모스 박사는 언제나 조그만 마이크를 통해 알아들을 수 있는 음파로 바꾸어 들려주었다.
　　성일과 성칠은 커다란 꿈에 부풀어 있다. 지구인과 화성인이 함께 산다는 것도 재미있었지만, 자기들이 최초로 화성인과 사귄 지구인이라고 생각하니 가슴이 벅찼다.
　-중략-
　"그리고 화성인들의 과학을 하루 빨리 우리가 빼앗아 내야 돼."
　"그리고 화성인과 지구인의 싸움이 없도록 하는 것도 우리 두 사람의 책임이야."
　"정말."

둘이는 이런 얘기를 하며 주먹을 꼭 쥐고 마음 속으로 맹세했다.

- 선집, 74~75쪽.

「박쥐굴의 화성인」의 에필로그이다. 이 작품은 60년 전에 창작한 SF 동화이다. 오늘날은 당시에 비해 화성에 관한 밀도 있는 연구가 이루어져 베일이 벗겨지고 있다. 화성은 예전부터 제2의 지구라 불리며 태양계에 있는 행성 중에서는 가장 지구와 닮아있다. 우선 화성의 하루는 지구와 흡사한 24시간 40분이고 지구와 비슷한 자전축을 지녔으며, 극지방과 지하에 얼음의 형태로 물이 존재한다는 점도 지구와 닮은 점이라 할 수 있다.

화성은 지구인들의 영원한 로망이다. 공상과학 소설의 배경으로 끊임없이 등장하고, 외계인이 사는 곳으로 화성이 그려진 것도 그런 로망 때문인 것이다. 최근 미국 테슬라모토스의 일론머스크 회장은 화성 식민지를 건설하겠다는 계획을, NASA는 2030년에 인류를 화성에 보내기 위한 '우주개발' 프로젝트를 세웠다. 동화나 공상과학 소설에서의 판타지는 현실로 이루어지는 동력이 된다. 서석규는 화성에 대한 관심과 미래의 과학 비전을 동화로 풀어놓았다.

「끝섬에 나타난 김 박사」는 1965년 《새벗》에 발표한 작품으로 SF동화이다. 이 작품은 육지에서 한참 떨어진 끝섬을 배경으로 펼쳐진다. 끝섬학교 5학년 창주와 3학년 창현이는 형제로 어느 날 바닷가에 나갔다가 유리 옷을 입은 이상한 사람을 발견한다. 그 사람은 바닷속 마을에서 사는 바다연구소 소장인 김상철 박사이다. 김 박사는 바다 연구에 뛰어나 외국에서도 서로 모셔가려는 석학으로 10년 전에 가족들과 행방을 감춘 인물이다. 창주는 김 박사로부터 해저 농장 마을에 대한 설명을 듣는다.

> 숲속에서 창현이가 나타났다. 창현이는 무서워서 숨은 채 형을 놀려 준다는 게 이상한 사람이 기어 나오고 형이 그 사람과 함께 앉아 얘기를 하는 데 더욱 질려 사뭇 숨어서 지켜보고 있었던 것이다.
> "너 어디 있었니? 정말 멋있어. 내일 해저 농장 마을 구경 가자. 꼭 데리고 가서 구경시켜 준댔어!"
> 창주는 다짜고짜 이렇게 수선을 떨었다.
> "거기가 어딘데, 해저 농장이 뭐야?"
> 창현이가 궁금해 물었으나 창주는 창현이의 손을 잡고 깡충깡충 뛰면서 어쩔 줄 모른다.
> "내일 구경 가는 거야. 정말 멋있지?"
>
> — 선집, 117쪽.

이 동화는 해저 자원개발의 중요성을 부각시킨 작품이다. 우리나라처럼 개발할 수 있는 지하자원이 풍부하지 않다. 세계적으로도 육상에 부존되어 있는 지하자원이 점차 고갈되어 감에 따라 천연자원의 확보가 새로운 과제로 대두되었다. 이러한 인식 아래 해저에 있는 천연자원 개발에 많은 투자가 진행되고 있다. 해저에서 발견된 천연가스의 총 추정매장량은 204조 113조㎥로 이중 절반 정도가 채굴 가능한 매장량으로 나타나 있다. 이러한 중규모의 경제성 있는 유전들이 주로 해저에 분포되어 있어서 우리나라에서도 해저 석유를 개발하려는 노력은 한층 심화될 것이다.

> 모든 원료는 바닷속에 다 있다. 바닷물과 그 밑에 깔린 갖가지 광물로 이 세상 어떤 것이나 다 만들어 낼 수 있다. 바닷물을 이용한 발전소가 있다. 원자력발전소지만 연료를 우라늄 같은 귀중한 물질 대신 바닷물을 직접 이용한다. 그 풍부한 전력으로 커다란 유리 지붕으로 덮인 마을을 만들고 그 안에서 산다.
>
> — 선집, 115쪽.

해저자원의 개발은 심해에 분포되어 있는 니켈, 크롬, 망간 등의 중금속 채광도 있고, 해저에 매장된 원유와 천연가스의 개발도 있다. 이처럼 서석규는 미래를 헤쳐나갈 동력으로 해저자원 개발을 생각하고 동화로 풀어냈다. 오늘날의 시선으로는 이론적으로 미숙한 면도 있지만 60년 전에 해저 개발의 필요성과 당위성을 주창한 것은 선각자적 의식을 갖추었다는 방증이다. 그는 미래의 주역인 어린이들이 이해하기 쉽게 동화를 통해 해저 개발의 중요성과 구체적인 방법까지 제시한 것이다.

Ⅲ. 맺는 말

서석규는 한국 동화 문단이 활성화되기 전인 1950년대 중반에 선두주자로 등단하여 60여 년간 아동문학의 발전을 위해 큰 족적을 남긴 작가이다. 한국 문단을 화려하게 선도한 신춘문예 제도는 일제 강점기 동아·조선일보에서 시행하다가 해방 후에는 1947년 경향신문에서 선행한 후 1955년부터 동아·조선·한국일보에서 본격적으로 재개하였다.

서석규는 한국일보 신춘문예로 등단한 최초의 동화 작가이자 해방 후 등단한 1세대 작가인 셈이다. 그는 등단 이듬해 월간《여성계》기자를 시작으로 연합신문·경향신문·서울신문·농민신문 등에서 오랫동안 중추적인 역할을 한 관계로 많은 작품을 남기지 못했다. 하지만 아동문학의 발전을 위해 윤석중, 이원수, 강소천, 어효선, 박홍근 등 선배 작가들의 업적을 기리고 홍보하는 일은 누구보다도 앞장서 왔다.

그가 50년대와 60년대 초에 발표한 초기 동화에는 가족의 소중함과 혈육의 정, 사람 사이에 흐르는 따뜻한 정을 주제로 한 작품이 대부분이다. 「장날」, 「눈속에 묻힌 마을」, 「어머니의 사진첩」, 「작은오빠」 등이 여기에 해당된다.

비슷한 시기에 발표한 작품군 중에는 곤궁하고 피폐했던 당시대 상황을 배경으로 아동들에게 꿈과 희망을 심어주려 한 작품들이 있다. 「선생님 오시던 날」, 「육지 아저씨」, 「박쥐굴의 화성인」, 「끝섬에 나타난 김 박사」 등이 여기에 속하는 작품들이다. 특히 1960년대에 발표한 두 편의 해양·과학소설 「박쥐굴의 화성인」과 「끝섬에 나타난 김 박사」는 당시대에 국가가 요구하는 과학 발전과 개척 정신을 녹여낸 동화였다.

1980년대 이후에 발표한 동화들은 자연과 인간의 상생, 생태 의식을 담은 작품들이 주류를 이룬다. 이에 해당하는 작품군은 「날아라 꾸꾸야」, 「다람쥐 남매」, 「한티골 토끼 동산」, 「백조」, 「흰뺨검둥오리」 등이 있다. 이러한 작품들은 어린 시절 그가 살던 월곡마을에서의 경험을 소재로 자연과 인간, 인간과 동물들의 상생과 조화로운 삶을 그리고 있다. 특히「백조」,「흰뺨검둥오리」등은 당시대 사회적 관심으로 대두된 자연보호 정신에 입각한 생태주의를 표방하고 있다.

　동화작가 서석규가 아동문학계에 남긴 공적은 선배 작가들의 업적을 기리는 일에 누구보다 앞장섰다는 점이다. 자신의 공을 앞세우는 현실에서 본인의 치적을 내세우기보다 선배들을 기리는 일에 솔선수범한 그의 품격은 한국 아동문학사에 길이 기억될 것이다.

동양적 세계관과 불교적 사유(思惟)
- 정진채 동화론

Ⅰ. 들어가는 말

정진채(鄭鎭埰)는 1936년 11월 9일(음 9.5) 경북 청도군 금천면 김전동(金田洞)에서 부 정희모와 모 박용특 슬하의 7남매 중 장남으로 태어났다. 김전국민학교를 졸업하고, 모계고등학교에 진학한 후 시인인 담임교사의 영향으로 시와 시조에 관심을 가지게 되었다. 그 후 학교 백일장에 입상하여 청마시집을 상품으로 받으면서 더욱 시에 심취하게 되었다. 1955년 고등학교 2학년 때《학원》지에 투고하여 시「그 냇가에서」로 3회 추천을 완료했다.

그는 1959년도에 향리인 금천초등학교 교사로 발령을 받아 10년간 경북 영일군 관내 초등학교에서 근무를 했다. '영일군 아동문예연구회'를 조직하고 초대 회장을 지내면서 관내 초등학교의 학생들의 문예 지도에 힘썼다. 1965년 가을 첫 시집 『꽃밭』을 김성도 선생의 추천으로 발간하고 문단 활동을 시작하게 되었다. 이어 1966년부터 1968년까지 《새교실》지에 동시 「익을 때까지는」, 「꽃눈이 텃다」, 「누나야」 등이 3회에 걸쳐 이원수에 의해 천료되었다. 1966년 포항 수산대학(야간)을 졸업하고, 1986년에는 한국방송통신대학을 졸업했다.

1967년 《영남일보》에 소년소설 「오리 감나무」가 당선작 없는 가작으로 뽑힌 후, 연차적으로 「옹달샘 둘레의 이야기」, 「감꽃이 필 무렵」이 가작으로 뽑히다, 1970년 마침내 「그 양옥집」이 당선되었다. 1970년 부산으로 전근하여 부산을 터전으로 활발한 문필 활동을 하게 되었다. 1972년 《동아일보》 신춘문예에 동화 「연밥」이 당선되어 동화 작가가 되었다. 1972년 가을 부산의 원로 이주홍과 조유로를 고문으로 추대하여 부산아동문학회를 창립하고, 초대 회장을 역임하며 회지 《부산아동문학》을 창간했다. 회장직을 연임하면서 부산 아동문학 발전에 힘썼다. 1980년대 초등학교 4학년 1학기 국어 교과서에 동시 「바닷가에서」가 수록되었고, 작곡이 되어 KBS '우리들의 새 노래'로 뽑혀 전파를 타기도 했다.

1988년 30년 동안의 교직에서 물러나 〈정진채 아동문학연구원〉을 개설하여 '꽃사슴 독서교실'을 열고 어린이 독서 지도에 힘썼다. 이후 '부산여성문예대학'을 설립하여 동화, 소설, 수필, 시 등의 강좌도 열고, 이어 '부산문예대학'을 경영하며 300여 명의 문인을 배출했다. 1990년에 아동 독서 교실의 강의록을 묶어 『아동독서지도법』(빛남출판사)을 출간했다. 1990년 동화 문학 전문지인 계간 《동화문학》(1997년 종간)을 창간했다.

아동문학에 대한 평론은 1977년부터 1988년까지 10여 년간 계간 《아동문학평론》지에 발표한 평론을 모아 『80년대의 한국동화문학』(빛남출판사)을 간행하였다. 1977년 『무화과 이야기』로 제3회 한국아동문학상, 1985년 『하얀 꽃사슴』으로 대한민국문학상, 1995년 『팔랑이의 한가위』로 제5회 방정환문학상을 받았고, 평론집 『80년대의 한국동화문학』으로 한맥문학 대상을 받았다. 한국아동문학인협회 부회장, 한국아동문학학회 부회장, 부산문인협회 회장 등을 역임했다.

출간한 책으로 동시집 『꽃밭』(1965), 『꽃동네』(1971), 동화집 『산소녀』(1974), 『무화과 이야기』(1976), 『초록빛 태양』(1985), 『하얀 꽃사슴』(1985), 『콩밭장군』(1986), 『사랑의 새』(1986), 『꿈꾸는 낙하산』(1996), 『소리를 먹는 열매』(1994), 『이야기가 그친 집』(1996), 『은방울 이야기』(2005) 등이 있다. 이론서로는 『누구나 동화를 쓸 수 있다』(1992), 『현대동화창작법』(1999), 『아동독서지도법』(2000), 『80년대의 한국동화문학』(2007) 등이 있다.

그는 정한길이란 본명을 병용했으며, 아동문학가이며 시인인 임영인과 혼인하여 1남 2녀를 두었다. 2024년 6월 3일 88세로 영면하여 부산영락공원에 잠들어 있다.

Ⅱ. 정진채의 동화 세계

1. 물과 바다로의 귀소

물은 생명의 근원으로, 세상을 이루는 가장 기초적인 물질 중 하나이다. 원형 상징으로서의 '물'은 더러운 것을 깨끗하게 하는 속성을 지녔으므로 정화와 순결을 상징한다. 물은 생명 탄생에 반드시 필요한 것이므로 생명 그 자체를 상징하는 화소이다. 또한 농업 생산량에 많은 영향을 주기 때문에 풍요의 상징이기도 하고, 홍수가 날 때에는 파괴와 재앙의 표상이기도 하다. 그런가 하면 소멸과 이별, 죽음과 부활을 상징하기도 한다. 이러한 인식과 상징성을 바탕으로 물과 관련된 신앙은 문학작품에 널리 차용되어 왔다.

정진채 동화에는 물이 중요한 화소로 등장한다. 이러한 동화로는 「그 여름 빈지늪」, 「몸빛」, 「오리여자」, 「남해바다 이야기」, 「동해바다 왕국」 등이 있다. 정진채가 작품에 물을 소재로 즐겨 사용하는 것은 카를 융이 분석심리학에서 말하는 원형(Archetype) 때문으로 파악된다. 인간의 무의식 속에는 개인의 경험, 생각, 감정이 억압된 그림자도 있지만, 태어날 때 이미 간직한 선험적인 인류 보편의 무의식도 존재한다. 이것을 '집단무의식'이라고 하는데, 이는 여러 원형으로 구성되어 있고, 원형은 인간의 가장 원초적인 행동 유형이다. 정진채에게는 어린 시절 어머니의 토속신앙[1] 때문에 물의 원형 이미지[2]가 각인되어 있다. 이러

---

[1] 태어날 적부터 어머니의 팔자에는 내가 없다하여 어머니는 나를 용왕에게 팔았고 주변 사람들은 나를 나를 용왕의 아들이라 불렀다. 「내 문학의 여정」, 『정진채 동화선집』, 지만지, 187쪽.

[2] 어머니는 보름날이나 명절에는 동네 앞 시냇물 가운데 놓인 큰 바위 옆에서 나를 데리고 용왕을 먹였는데(용왕에게 대접한다는 뜻) 그럴 때마다 나는 색 헝겊이 둘러쳐진 바위와 그 아래 시퍼렇게 맴도는 시냇물에 압도되어 부지런히 절을 올리고 좋은 사람이 되게 해 달라고 빌었다. 위의 책, 187~188쪽.

한 원형으로 인해 그는 물을 무의식적으로 작품에 끌어들인 것으로 보인다.

　내륙에서 태어난 정진채는 바다를 동경하고 선호했다. 그 때문에 바다를 배경으로 한 작품을 다수 창작하였다. 그중에는 「남해바다 이야기」(아동문예사, 1985), 「동해바다 왕국」(윤성, 1991)과 같은 스케일이 큰 장편도 있다. 「남해바다 이야기」에는 용궁과 용왕이 등장하고, 소라게, 돔, 문어, 거북, 진주조개 등이 등장하여 산호 숲이 있는 바닷속을 배경으로 '별주부전' 류의 의인화 이야기가 펼쳐진다. 정진채의 장편 동화는 바닷속 세계를 그렸다. 용왕에 대한 이야기는 서구의 신화에도 등장하지만, 우리처럼 바다 속에 인간 세계와 닮은 세상은 없다. 정진채의 장편 동화를 통해 독자들은 동양의 세계관을 엿볼 수 있으며, 한국 전래동화의 분위기를 느낄 수 있다.

　정진채는 바닷속 세계를 배경으로 한 단편도 다수 창작했는데, 「달녀와 목동」, 「동백꽃 이야기」, 「인어 이야기」, 「먹보와 문어탈」, 「몸빛」, 「바다거북 이야기」 등을 들 수 있다. 이러한 동화들은 한국의 해양문학 발전에 기여한 순기능도 있다.

　　　　산호 숲의 낮과 밤이 달랑게의 옆 걸음만큼이나 빨리 지나갔습니다.
　　　　그동안 진주조개 아주머니는 수많은 자식들을 낳았습니다.
　　　　자식들에게 온갖 정성을 다 쏟았지마는, 자식들은 자라나면 모두 엄마 곁을 떠나 뿔뿔이 흩어졌습니다.
　　　　　　　　　　　　　　　　　　　　　　　　　　－「몸빛」부분

　이 동화의 공간적 배경은 산호초의 군락지인 바닷속 산호 숲이다. 산호초는 바다에 사는 산호충의 유해나 분비물들이 얕은 바닷속에 쌓여 만들어진 석회질의 작은 암초를 말한다. 산호 숲은 산호충의 유해가 쌓여 만들어진 암초가 숲처럼 느껴져서 붙여진 이름이다.

산호숲 사이에는 물고기들이 은거하기에 좋아 즐겨 찾는 어족들도 많다. 그중에는 폭군들로부터 공격을 받아 불구가 된 바위게, 참새우, 날치도 있다. 산호 숲에 사는 진주조개는 수많은 자식을 낳아 온갖 정성을 다해 기른다. 하지만 다 자란 자식들은 어미 곁을 떠나 제 갈 길로 흩어진다. 세상 어미와 자식 간의 관계가 대부분 비슷한 결과로 이어지듯이 망운지정(望雲之情)이나 반포지효(反哺之孝)는 언감생심(焉敢生心)인 것이다.

　　진주조개는 산호 가지에서 바위 위로, 바위 위에서 땅바닥으로 굴러 떨어졌습니다.
　　번갯불이 번쩍하고, 그리고 콰앙! 그것으로 진주조개는 죽은 줄만 알았습니다.
　　그러나 목숨은 그렇게 쉽게 끝나는 게 아닌 모양이었습니다.
　　정신을 차리고 보니 모랫바다 위에 자신이 나동그라져 있었습니다. 가슴 밑 부분이 따끔따끔 저려 왔습니다.
　　그런데, 이상하게도 마음은 점점 맑아지는 것이었습니다. 그뿐만이 아니었습니다. 가슴 밑에 입었던 생채기 부분에서, 말할 수 없으리만치 커다란 어떤 기쁨 같은 것이 치솟아 오르는 것을 느꼈습니다. 그리고 그 기쁨은 바로 일곱 빛 진주의 광채가 되어 먼 이웃까지 환안하게 밝혔습니다.

-「몸빛」부분

「몸빛」은 큰 영광을 얻기 위해서는 살점을 도려내고 뼈를 깎는 고통이 뒤따른다는 메시지가 담겨 있다. 몸속에 진주의 씨앗을 품고 살을 에는 아픔으로 보석을 키우는 진주조개의 희생정신은 찬란한 광채로 빛난다. 성경에도 죽으면 살리라는 구절[3]이 있다. 살이 타들어 가는 아픔을 감내하며 자신을 희생한 삶이 찬란한 빛을 발하게 된 것이다. 이 동화에는 바위게, 참새우, 날치, 복어, 멸치 등이 차례로 등장하여 진주조개로부터 도움을 받고 위로받는다. 힘을 잃어버린 바위게의 집게발 하나, 방향 감각을 잃어버린 참새우의 왼쪽 수염 하나, 자유를 잃어버린 날치의 왼쪽 날개 하나 등이 진주조개의 마음을 아프게 한다.

이처럼 진주조개의 일생은 봉사와 자비로 이어지는 보시적 삶이다. 진주조개가 일곱 빛 광채로 빛을 내자 상실의 아픔을 겪었던, 바위게, 참새우, 날치가 찾아와 부르짖는다. "여어! 저것은 우리를 구할 때 아주머니가 보여 주던 그 몸빛이다." 결국 이들의 상처도 씻은 듯이 나으며 막을 내린다.

2. 성인을 위한 사유적 동화

정진채 동화에는 1차 독자인 어린이 용보다 2차 독자인 성인을 위한 작품들이 많다. 이야기의 중심인물도 주로 성인이 등장하는데, 미모와 신비성을 겸비한 여인들 일색이다. 어른들에게 던지는 철학적 사유가

---

[3] "누구든지 제 목숨을 구원하고자 하면 잃을 것이요 누구든지 나를 위하여 제 목숨을 잃으면 구원하리라"(누가복음 9장 24절)

깃들어 있고, 다분히 종교적 깨우침도 요구하는 작품들이다. 이는 동화의 독자층을 넓힌다는 긍정적인 면도 있지만, 어린이 독자들에게 외면 받을 수 있는 요소가 되기도 한다.

문학성과 환상성이 조화를 이루며 성인들이 공감하는 동화라도 정작 주 독자인 어린이들은 흥미를 느끼지 못할 수도 있다. 이는 어른들의 취향인 탐미적이고 관능적인 묘사를 즐겨 사용한 결과이기도 하다. 정진채 자신도 이러한 문제를 십분 인식[4]하고 있었다. 정진채 동화에 나타나는 여러 원형[5] 중에는 여성적 요소인 아니마(Anima)가 작용하고 있다. 「무화과 이야기」의 무화 선녀, 「관유와 돌각시」의 돌각시, 「오리여자」의 오리, 「애란과의 약속」의 애란, 「눈썹만 보이는 할배」의 돔궁녀, 「흑띠」의 아리따운 처녀, 「그 봄날의 꽃귀신」의 봄처녀 등을 들 수 있다.

무화선녀는 꽃보다도 더 아름다워서, 꽃 앞에서면 꽃이 빛을 잃을 정도였습니다.

– 「무화과 이야기」 부분

세상에, 깊은 산속에는 여우가 사람으로 둔갑을 한다더니 저렇게 어

---

[4] 쓰기 쉬운 듯하면서도 어려운 게 동화입니다. 동화는 아이들에게도 읽혀야 하지만, 독자층이 넓어서 어른들에게 읽혀야 하기 때문이지요. 저는 아이들만 읽는 동화는 많이 쓰지 않았습니다. 「연밥」의 마지막 장면에는 노승이 나와서 목탁을 두드리는 장면이 나오는데, 아이들은 그 심오한 뜻을 알기 힘듭니다. 그럴 땐 어떻게 하느냐 하면 어른들한테 물어 보면 됩니다. 그렇게 온 가족이 아이, 어른 없이 동화를 읽게 되는 거지요." 「하지 않을 수 없었던 나의 작업」, 션(SEAN) 브런치북 인터뷰.
[5] 원형들 중에는 아니마(Anima)와 아니무스(Animus)가 있다. 아니마는 남성의 무의식 속에 있는 여성적 요소이고, 아니무스는 여성의 무의식 속에 있는 남성적 요소이다.

여쁜 각시가 하필이면 이러한 시간에 초막에 나타날 이유가 없는 것이 었습니다.

자세히 살펴보니 분명 치마 밑으로 보여야 할 꼬리는 없었습니다.

- 「관유와 돌각시」부분

가느다랗게 비명을 울릴만큼 그 여인은 너무나 아름답고 인상적인 모습이었다.

고운 이마, 우수에 잠긴 듯한 두 눈동자, 그리고 약간은 앞쪽으로 나온 듯한 둥근 입술… 난렵한 몸매, 스물대여섯, 그런 나이였다.

- 「오리 여자」부분

그리고 이어 인기척이 났고, 한 사람의 여인이 내 곁으로 천천히 걸어왔다.

얼핏 보아도 입은 옷이며 생긴 모양이 범상치 않았다. 앉는 매무새 또한 정숙하고 고왔으며 은은한 향기도 바위 굴속을 메우리만치 독특했다.

- 「애란과의 약속」부분

달덩이같이 고운 목동의 아내가 함박꽃같이 웃으며 사뿐사뿐 걸어온다. 바람에 나부끼는 머리카락에서 향기로운 냄새가 코앞에 와 닿는다.

- 「눈썹만 보이는 할배」부분

그 때 준배 바로 앞에 아리따운 모습의 처녀가 다가왔습니다. 처녀는 먼빛에서도 미인이었습니다.

-「흑띠」부분

　　돌아다보니까 참으로 요염한 자태의 아가씨가 얼굴 가득 미소를 머금고 서 있었다.
　　연분홍의 치마저고리에 비췻빛 브로치를 앞가슴에 달고 있는 모습이 꼭 선녀 같았다.
　　-중략-
　　내가 묻자 그녀는 방긋 웃었는데 가지런한 이가 백옥 같이 예뻤다.

-「그 봄날의 꽃귀신」부분

　이처럼 선녀나 아리따운 처녀, 미소가 아름답고 요염한 자태의 아가씨, 달덩이같이 고운 여인, '비명을 지를 만큼' 아름다운 여인들이 등장한다. 동화에 이런 관능적 미인들을 등장시키는 것은 어린이 독자보다는 어른 독자들을 겨냥한 포석으로도 보인다.

　3. 변신 모티브를 통한 환상의 구현

　정진채는 변신 모티브를 통해 작품에 환상성을 불어 넣어 스토리의 흥미를 높이고 있다. 수석을 좋아하는 관유가 주워 온 돌에서 각시로 변신해 나오는「관유와 돌각시」의 돌각시, 자생란을 채취하려다 독사의 공격으로 정신을 잃은 화자가 바위굴 속에서 만난 난초의 변신 여인 애란, 수영장에서 만나 동화 작가인 화자와 함께 을숙도 갈대밭을 찾아가는 오리 여자, 「눈썹만 보이는 할배」에 등장하는 용궁의 궁녀와 옥황상제, 목동의 피리 소리를 듣고 용궁 궁녀가 변신한 바다 여인, 목동이 돌보던 점박이 염소가 변신한 하늘빛 산새 역시 변신 모티브의 화소(話素)들이다.

> 그때였다.
> 언제 물에서 나왔는지 여인이 내 앞에 슬픈 얼굴을 하고 서 있었다.
> "춥지 않아요?"
> 내가 물었다.
> "아, 아니요, 아무리 물에 잠겨도 가슴은 그냥 타는걸요."
> 말을 마치자 여인은 몸을 부르르 떨었다.
> —중략—
> '그래, 그래. 용서한다는 것은 참으로 아름다운 일이야. 그건 진정한 승리를 의미하는 것이니까.'
> 그리고 여인은 강물로 뒤뚱거리며 뛰어들었다.
> 한동안 신나게 물을 저어 강 가운데로 나가다가 드디어 물을 박차고 찬란한 아침 햇살을 받으면서 그녀는 하늘로 솟아올랐다.
> — 「오리 여자」 부분

「오리 여자」의 화자는 동화 작가이다. 수영장에서 이상한 일이 일어난다는 친구의 전화를 받은 화자는 수영장에 간다. 수영 교실에서 오리 소리가 들리고 나면 사고가 나고, 앓는 어린이들은 오리 소리를 낸다는 것이다. 화자인 동화 작가는 비밀을 밝히기 위해 잠복을 하게 되고, 어느 날 새벽 풀장에 들어와 수영을 하는 미모의 여인을 만나 대화한다.

이 동화는 오리가 여인으로 변신하는 모티브로 짜여 있어 흥미롭다. 현실에서는 존재하지 않지만 동화 속 화자의 환상 속에 나타나는 여인이다. 동화 작가는 을숙도의 갈대밭에서 일출을 보고 싶다는 여인의 요청으로 함께 을숙도로 간다. 여인은 을숙도에서 두 아이와 남편을 잃었다고 고백하고 강물에 뛰어들어 수영을 한다. 동화 작가는 그곳에서 사람들이 놓아둔 덫에 걸려 죽어간 오리들의 사체, 물고기를 먹다가 그것을 미끼로 끼워 놓은 낚싯줄에 걸려 무참히 죽어간 철새들의 사체를 보고 인간이 미워진다. 변신한 여인은 다시 오리의 모습으로 되돌아가 하늘로 날아오른다.

> 방금 바다에서 솟아오른 붉은 돔은 물을 박차고 솟아올랐다가 첨벙하고 소리를 내면서 도로 바닷속으로 잠겼다.
> 한 번, 두 번, 세 번을 그렇게 솟아올랐다가 가라앉은 붉은 돔은 놀랍게도 아름다운 바다 여인으로 몸을 바꾸었다.
> ―「눈썹만 보이는 할배」부분

이 동화는 정월 대보름날 저녁 해운대 달맞이고개를 배경으로 펼쳐진다. 동화 작가인 화자(금방울)는 허공중에 보이는 하얀 눈썹을 발견하고 대화를 한다. 금방울 작가는 하얀 눈썹의 주인공인 할배에게 암소갈비를 대접하고, 그로부터 흥미로운 이야기를 전해 듣는다.

옛날 달맞이고개에 퉁소를 잘 부는 목동이 살았는데, 퉁소 소리를 듣고 용궁의 궁녀들도 춤을 춘다. 목동은 어느 날 만난 거지 노인에게 퉁소보다 좋은 게 있다면 결혼을 하겠다고 약속한다. 목동의 퉁소 소리에 반한 용궁의 궁녀는 붉은 돔은 목동의 퉁소 소리를 듣고 아름다운 여인으로 변신하여 목동에게 다가온다. 목동은 이 바다 여인과 부부의 연을 맺고 행복하게 살아간다. 목동은 행복에 겨워 염소를 치지 않고 퉁소 부는 일도 멀리한다. 어느 날 만난 거지 노인은 목동에게 퉁소를 불면 아내의 정체를 알게 될 거라고 귀띔한다.

목동이 보름날 밤에 퉁소를 불자 목동의 아내는 물 위로 떠오른 달 속으로 들어간다. 아내를 잃고 슬픈 나날을 보내던 목동에게 새로 변한 꼬마 염소 점박이가 나타난다. 새는 퉁소를 불어주면 하늘나라에 가서 목동의 아내를 데려오겠다고 한다. 목동이 애절하게 퉁소를 불자, 하늘빛 새는 달나라로 가서 아내를 데리고 온다. 목동은 달맞이고개에서 선녀가 되어 내려온 아내를 다시 만난다.

돔이었던 궁녀가 여인으로 변신하고, 꼬마 염소는 하늘빛 새로 변신한다. 보름날 밤 달 속으로 들어가 하늘나라로 갔던 궁녀는 다시 선녀가 되어 달맞이 고개로 내려온다. 이처럼 이 동화는 변신 모티브를 활용하여 해운대 달맞이고개를 배경으로 작가가 창작한 전설담이다. 달맞이 고개에 얽힌 전설은 없다. 다만 달맞이하기에 좋은 곳이기 때문에 1980년대에 해운대 구청장이 붙인 고개 이름이라고 한다.

이러한 류의 동화에 등장한 변신 인물들은 화자가 동화 작가임을 미리 알고 그에게 희원이나 부탁, 언약을 하게 하는 공통점이 있다. 작품마다 동화 작가의 이름은 '금방울'로 설정된다. 금방울은 정진채 자신을 지칭한다. 변신의 양상은 다양한데 선녀가 나무로 변신하는 「무화과 이야기」, 식물인 난(蘭)이 사람으로 변신하는 「애란과의 약속」, 돌이 사람

(돌각시)으로 변신하는「관유와 돌각시」, 바위가 사람(돌각시)으로 변신하는「내가 만난 초록사람」, 뱀이 처녀로 변신하는「흑띠」등이다.

"인간들의 가슴에 자연을 사랑하는 마음을 샘솟게 하는 동화를 써 주세요."
-중략-
나는 얼른 오른쪽 새끼 손가락을 내밀었다. (「애란과의 약속」)

"선생님은 동화작가시고 낙동강의 을숙도를 무대로 한 〈청둥오리 일가〉라는 작품을 쓰신 분이잖아요? 나는 그 작품을 읽고 얼마나 울었는지 몰라요. 한번 만나 뵙고 싶었어요."
여인은 타월로 몸을 닦고 있었다. (「오리 여자」)

할배는 기침을 한 번 하고 나서 이렇게 말했다.
"금방울 자네는 아까 그 이야기 속에 나온 노인을 알고 있겠지. 그 노인이 바로 나야. 요즈음은 하도 믿음이 없어 몸을 감추고 다닌다네. 금방울 같은 동화작가라도 없다면 눈썹도 않아야 되겠지. 어서 옛날처럼 사람들이 참사랑을 지니고 살게 되기를 진심으로 비네. 의심하지 말고."(「눈썹만 보이는 할배」)

"금방울님, 당신은 지금 참다운 마음을 가졌기 때문에 그냥 허전할 뿐이에요. 마음이 비었다는 건, 우리의 말들을 들을 수 있다는 것만으로로도 증명이 된답니다. 마음을 비울 수 있는 기회는 그리 흔하지 않거든요." 사슴이 빙그레 웃고 있었다. (「그 봄날의 꽃귀신」)

"그래, 인간이나 동물이나 식물에 이르기까지 목숨은 소중한 것이지. 그 때 흑띠에게 한 철없던 일을 후회하고 있으니 좋은 데로 가라고 빌어. '부디 좋은 데로 가십시오!'라고."
그 때 준배는 처녀의 눈물을 보았습니다. (「흑띠」)

"욕심이 있는 편인가요, 없는 편인가요?"
나는 쉽게 대답할 수가 없었습니다. 이 세상을 살아간다는 그 자체가 욕심이라는 생각이 들었기 때문입니다.
-중략-
"욕심이 있는 편입니다."
내 대답을 들은 돌각시는,
"당신은 처음부터 잘못 찾아온 손님이었습니다. 당신이 나를 보자 '반갑습니다'라고 인사를 할 때 내 대답은 '천만에요'였던 것을 기억해 주세요. 그것이 보통 사람과 초록사람의 차이인 것 같군요. 편안히 가세요."
하고 인사를 마치자 바위 속으로 거짓말처럼 사라져 버렸습니다. (「내가 만난 초록사람」)

나는 얼른 오른쪽 새끼손가락을 내밀었다.
여인의 손가락은 찬 듯한 느낌이었으나 금방 우리는 손가락 끝에서부터 하나가 된 것처럼 가슴이 따뜻해졌다.

이름 모를 향기와 아늑한 분위기가 구름 위에 둥실 나를 뜨게 했다.

나는 너무도 황홀하여 눈을 지그시 감았다.

얼마나 지났을까? 내가 눈을 떴을 때는 애란도 바위굴도 사라지고 없었다.

내 손에는 춘란 사피가 뿌리째 들려 있었고, 노란 바탕 위에 초록빛 난점이 하르르 떨리고 있었다. (「애란과의 약속」)

그의 동화에는 시에서 특별히 요구하는 언어적 자의식(自意識)[6]과 소설 장르에서 필요로 하는 서사 구성 능력이 빈번히 감지되고 있다. 정진채 동화의 특성은 무엇보다도 언어에 대한 작가의 남다른 감각과 속도감 있는 서사의 전개 방식이다. 또한 호기심을 유발하는 사건의 치밀한 구성이다. 이는 시와 소설, 동화 장르를 두루 섭렵한 정진채의 문학적 역량이 발휘된 결과라 하겠다.

4. 불교적 사유의 철학동화

정진채는 일찍이 불교에 귀의했다. 그 때문에 그의 동화에는 불교의 정토사상이 많이 녹아있다. 「연밥」은 《동아일보》 신춘문예 당선작으로 그의 동화 세계를 밝히는데 단초가 되는 작품이다. 진흙 속에서 연잎이 솟아 나와 연꽃이 피고, 연밥이 열리기까지의 과정을 시적 판타지로 그리고 있다. 미시적 관찰을 통한 사실적 묘사가 돋보이는 작품이다. 번뇌의 굴레를 벗어난 아주 맑고 깨끗한 세상의 실현을 추구하는 불교의

---

6 타인과 구별되는 자기에 대한 의식.

정토사상을 잘 담아내고 있다.

> 활짝 열린 하늘.
> 부드러운 바람.
> 시원스레 소곤대며 내리는 빗방울.
> 빗방울로 반짝반짝 세수를 하노라면, 잎들은 정신이 초롱초롱 맑아집니다.
> 별들이 연못에 내려오는 밤이면 꿈처럼 아름답고 서러운 세상 얘기들이 연잎에 이슬로 맺힙니다.
> (무엇인가 나도 아름다운 꿈을 피워야겠다!)
> 연잎들은 안테나가 되어 진흙 속의 줄기로 생각을 내려보냅니다.
> 진흙 속의 줄기는 리시버처럼 연잎들의 얘기를 한데 모읍니다. 줄기 속은 길게 누운 여러 개의 방마다 생각들이 모입니다.
> (어떤 꿈을 내보낼까?)
> 진흙 속의 줄기는 깊은 생각에 잠깁니다.
>
> ―「연밥」부분

작가는 넓은 연잎을 초록빛 손에 비유하고, 연분홍으로 피어나는 연꽃을 피우기 위해 하늘에서 무지개가 내려온 것으로 설정했다. 주지하다시피 연꽃은 불교를 상징하는 꽃이다. 연꽃 한 송이로 불교의 궁극적 진리를 다 표현할 수 있다. 흔히 연꽃을 처염상정(處染常淨)이라는 말로 수식한다. 연꽃은 깨끗한 물에서는 피지 않는다. 더럽고 오염된 물에서만 피어나지만, 그 남루한 환경을 극복하고 아름답게 승화하는 꽃이기에 부처처럼 숭상을 받는다.

> 연못을 찾는 사람들이 날로 늘어갔습니다.
> 이즈음은 개구리의 울음소리도 멎어버린 듯 했습니다.
> 연꽃잎이 뚝 뚝 떨어져 작은 꽃잎배로 물 위를 떠다니기 시작하였습니다.
> 꽃잎의 옛 자리에는, 보살님의 은혜에 안기듯 둥근 방의 부드러운 이불 속에서 은행알처럼 흰 속살로 밤알처럼 고동색의 윤기 흐르는 껍질에 싸여 연밥이 더 높은 꿈으로 익어갔습니다.
>
> -「연밥」부분

「연밥」의 마지막 부분이다. 이 동화는 진흙 속에서 연잎이 솟아 나와 연꽃이 피고 드디어 연밥이 열리기까지의 과정을 시적인 문체로 그리고 있다. 적절한 의인화와 생태적 접근과 미시적 관찰을 통한 사실적 묘사, 철학적 메시지의 제시로 문학성을 높이고 있다. 연꽃은 화과동시(花果同時)이다. 꽃이 핌과 동시에 열매가 그 속에 자리를 잡는다는 뜻이다. 이것을 "연밥(蓮實)"이라 하는데, 꽃은 열매를 맺는 수단이며 열매의 원인인 것이다. 이 꽃과 열매의 관계를 원인(因)과 결과(果)의 관계라 할 수 있다. 인과(因果)의 진리는 곧 불교 교리의 근본이자, 가르침의 정수이다. 연꽃 봉우리는 합장한 모습과 똑같다. 사람 얼굴에서 피어나는 웃음꽃이나, 두 손을 고이 모아 가슴에서 피어나는 합장 모습은 아름다운 연꽃 그 자체이다. 합장이 피워내는 가슴의 연꽃은 부처와 중생이 하나가 되고, 이상과 현실이 하나가 될 때 피어나는 가장 향기롭고 아름다운 꽃인 것이다.

「무화과 이야기」는 무화선녀가 극락에서 지옥으로, 지옥에서 다시 인간 세상에 이르는 노정 (路程)을 통하여, 무화선녀가 한 그루 무화과나무가 되어 가난한 사람들을 위해 열매 맺기까지의 과정을 그리고 있다. 이 동화는 대승 불교적[7]이며 원효의 정토사상이 바탕을 이룬 작품이다. 정토사상은 부처의 본원력에 의지하여 정토의 실현을 추구하는 불교 교리이다. 정토란 괴로움으로 가득찬 세상인 예토의 반대 개념으로 아미타불의 서방 정토가 대표적이다. 정토는 청정한 불국토로 즐거움으로 충만한 극락세계이다. 본원력이란 불·보살이 이타적 자비심으로 세운 서원의 힘이다. 정토사상은 이 힘에 의지해 정토에 왕생하여 불퇴전의 경지에 도달함을 목적으로 하는 사상으로, 자력 신앙이 아닌 타력 신앙의 토대가 된다. 우리나라는 신라의 원광에 의해서 들어왔으며 이후 원효 등 여러 고승의 노력으로 더 깊은 의미와 체계가 갖춰진 신앙으로 이어져 왔다.

    무화선녀가 눈이 동그래져서 소리나는 쪽을 바라보니까, 연꽃 한 송이가 가만가만 흔들리고 있었습니다.
  "오! 연꽃이었구나. 그래, 왜 불렀지?"
  무화선녀는 정신이 번쩍 들 정도로 반가웠습니다.
  "하도 무화선녀님이 딱해서…."
  "딱해서?"

---

[7] 대승불교(大乘佛敎)는 대승의 교리를 기본 이념으로 하는 종교로, 자기자신만의 해탈을 목적으로 하는데 그치지 않고 많은 중생의 구제를 목적으로 한다.

"그래요. 심심해하시는 모습을 더 이상 볼 수 없었기 때문에 입을 열어서는 안 되는 줄 알면서….."

연꽃의 목소리가 가냘프게 흔들렸습니다.

― 「무화과 이야기」 부분

기아지옥의 가마솥 안으로 옥황상제의 복숭아를 던져, 불쌍한 중생을 구하려는 무화선녀의 마음을 옥황상제님은 몰라주시는 것 같았습니다.

그날, 무화선녀가 바구니에서 쏟아 놓은 복숭아들이 막 가마솥 안 사람들의 손에 닿기 전이었습니다.

"고얀지고 무화는 천벌을 받아야 마땅하다. 네가 좋아하는 꽃을 다시는 만질 수 없는 한 그루 나무가 될 것이니라."

옥황상제님의 무서운 호령이 무화선녀의 귀를 때렸습니다.

아픔이 맺혀 생채기가 진 자리마다 볼록볼록 초록빛 열매가 커 갔습니다.

마침내 무화선녀 나무의 힘줄이 거칠게 선 손바닥 위에 향기 높은 과일이 들리게 되었습니다.

무화선녀의 넋이 검은 자줏빛 열매로 익은 것입니다.

소년이 기쁜 얼굴로 노인의 꿈나무에서 열매를 따던 날, 비로소 무화선녀는 가슴이 짜릿하도록 행복해지는 것이었습니다.

― 「무화과 이야기」 부분

무화선녀는 옥황상제로부터 무화라는 이름을 받고 극락에서 행복하게 산다. 어느 날 연꽃의 이야기를 듣고 지옥 구경을 하러 옥황상제 몰래 내려간다. 지옥에 온 무리들로부터 인간 세상에는 굶주리는 사람들도 많다는 말을 듣는다. 무화선녀는 옥황상제의 복숭아밭으로 가서 복숭아를 따 구제하려다 옥황상제의 노여움을 산다. 결국 인간 세상으로 쫓겨나 꽃도 피우지 못하는 무화과나무가 된다. 이 동화에서 묘사한 극락은 늙어가는 괴로움도 없고, 병드는 아픔도 없고, 죽는 슬픔도 없는 곳이다. 배고픈 일도 배부른 일도 없이 따분한 일상이 싫증이 나자 무화선녀는 옥황상제 몰래 지옥으로 내려간 것이다.

  엄밀히 따지면 옥황상제는 도교적 인물이고 염라대왕은 불교적 인물이다. 극락은 아미타불이 살고 있는 정토를 말한다. 괴로움과 걱정이 없는 지극히 안락하고 자유로운 세상이다. 민간 신앙에서는 흔히 도교와 불교가 혼재하기도 한다. 이 동화의 스토리는 다분히 불교적이지만 무화과나무는 성서[8]에 등장하는 나무이다. 무화과나무는 성경에 60회가 넘게 나온다.

  그런데 정진채는 이 무화과 화소를 불교 이야기로 새롭게 차용하고 있다. 옥황상제의 노여움을 사 인간 세상으로 쫓겨난 무화선녀는 어느 산기슭에 내려와 한 그루 나무로 변한다. 그곳 초가에는 눈먼 할아버지와 어린 손자가 살고 있다. 무화선녀 나무는 다른 나무들처럼 꽃을 피울 수 없는 것을 슬펐지만, 참고 견디는 법을 노인과 소년에게 배운다.

---

8 창세기에 "여자가 그 나무를 쳐다보니 과연 먹음직하고 탐스러울뿐더러 사람을 영리하게 해줄 것 같아서 그 열매를 자기도 따먹고 아담에게도 주었다. 그러나 두 사람은 그들의 눈이 밝아져 자기들이 벌거벗고 있다는 것을 알고 무화과나무 잎을 엮어 치마를 하였더라"는 구절이 있다.

마침내 무화선녀의 넋이 무화과가 되어 자줏빛 열매로 익게 된 것이다.

5. 동양적 세계관과 토속 신앙

정진채 동화에는 하늘을 지배하는 옥황상제와 바다를 지배하는 용왕을 비롯하여 선녀, 신선, 신령, 귀신 등이 많이 등장한다. 이는 어린 시절 그의 가정환경과 무관하지 않다. 어머니는 민속신앙에 물든 불자로 어린 그를 냇가 바위 옆에 데려다 놓고 용왕제를 올렸다. 그 때문에 마을 사람들은 그를 용왕의 아들[9]이라 불렀다.

정진채 동화 선집을 예로 들어도 「무화과 이야기」의 무화선녀, 신선들의 귀여움을 받던 「하얀 꽃사슴」, 「관유와 돌각시」에서 학을 타고 내려오는 백발의 신선, 「애란과의 약속」에 나오는 운당 신선의 딸 애란, 「눈썹만 보이는 할배」의 하늘나라 옥황상제, 「그 봄날의 꽃귀신」의 봄처녀 귀신 등이다.

내가 손전등의 스위치를 올리고 바라본 얼굴! 그것은 분명히 처음 보는 여자였다.
"아아아아-."
하고 가느다랗게 비명을 올릴 만큼 그 여인은 너무나 아름답고 인상적

---

9 어머니의 팔자에는 내가 없다하여 어머니는 나를 용왕에게 팔았고 주변 사람들은 나를 용왕의 아들이라 불렀다. 어머니는 보름날이나 명절에는 동네 앞 시냇물 가운데 놓인 큰 바위 옆에서 k를 데리고 용왕을 먹였는데 그럴 때마다 나는 색헝겊에 둘러쳐진 바위와 그 아래 시퍼렇게 맴도는 시냇물에 압도되어 부지런히 절을 올리고 좋은 사람이 되게 해달라고 빌었다. 정진채 동화선집, 지식을만드는지식 177~178쪽.

인 모습이었다.

  고운 이마, 우수에 잠긴 듯한 두 눈동자, 그리고 약간은 앞쪽으로 나온 듯한 둥근 입술… 날렵한 몸매, 스물대여섯 그런 나이였다.

-「오리 여자」 부분

  처녀는 준배의 둘레를 세 바퀴나 돌면서 천천히, 그러나 소름이 끼치는 목소리로 말했습니다.
  "너를 해치려던 마음을 돌이키지 마. 원한은 또 원한을 낳는 거니까. 하지만 앞으로 생명은 그 어느 것이나 소중하다는 걸 잊지 말아 주렴. 잘 잊거라. 그리고 네 행복을 빌게."
  처녀는 말을 마치자 모습이 흐물흐물 무너지더니 안개처럼 사라져 갔습니다.

-「흑띠」 부분

  지금 내 기억으로는 초록사람의 바위 동굴을 나올 때는 구멍이 작아서 혼이 났다는 생각이 듭니다.
  들어갈 때는 전혀 느끼지 못했던 일이었지요.
  아무튼, 초록사람은 유별나게 사는 게 아니라, 편안하게 정말 편안하게 산다고 나는 요즈음 자꾸 그런 생각을 합니다.
  초록사람을 만난 뒤부터 나는 될 수 있는 대로 여러 가지 욕심들은 줄이기로 했습니다.
  욕심을 덜어내어 조금씩 버리니까 조금씩, 조금씩 편안해지더군요.

-「내가 만난 초록 사람」 부분

이 동화에서 초록 숲속에 사는 초록 사람은 온몸이 초록색이고 300살을 먹었는데도 어린 소년처럼 보인다. 동화의 화자가 산을 오르다 작은 단풍나무 가지 하나를 잡고 흔들었는데, 그게 초록 사람의 팔목이다. 그 초록 사람은 아기만 한 키에 아기 같은 얼굴이다. 그는 마음만 먹으면 바위 속이나 나무속은 물론 사람의 마음속도 드나들 수 있는 초인이며, 그와 함께 사는 배우자(각시) 또한 신통력을 발휘한다. 이 동화는 과욕을 부리지 말고 정직하게 살아야 한다는 교훈과 함께 오래 살고 싶으면 욕심을 버려야 한다는 주제가 녹아 있다.

할배는 기침을 한 번 하고 나서 이렇게 말했다.
"금방울 자네는 아까 그 이야기 속에 나온 노인을 알고 있겠지. 그 노인이 바로 나야. 요즈음은 하도 믿음이 없어 몸을 감추고 다닌다네. 금방울 같은 동화작가라도 없다면 눈썹도 보이지 않아야 되겠지. 어서 옛날처럼 사람들이 참사랑을 지니고 살게 되기를 진심으로 비네. 의심하지 말고."
할배는 그러고는 어디론가 사라졌다.

이는 전래동화의 전승적 판타지를 수용하여 이야기의 흥미를 높이려는 작의로 보인다. 옥황상제가 등장하는 작품으로는 「달녀와 목동」, 「반디야 반디」, 「무화과 이야기」 등이고, 용왕이 등장하는 작품으로는 「동백꽃 이야기」, 「인어 이야기」, 「먹보와 문어탈」 등이다.

정진채 동화에는 노인 캐릭터도 자주 등장한다. 차림새는 신선처럼 고상하거나 단아하지 않고 거지 형상이다. 하얀 수염이 길고 눈썹이 하얀 모습이다. 대표적인 작품이 「동백꽃 이야기」와 눈썹만 보이는 할배이다. 「동백꽃 이야기」에서 눈썹이 하얀 거지 노인은 아버지인 용왕의 병을 낫게 해달라고 간절히 비는 인어 공주의 소원을 들어준다. 지팡이를 바위에 꽂고 치료법을 알려준다. 인어공주는 결국 동백꽃이 되고 그들의 소원은 이루어진다. 「인어 이야기」에서 공주의 병을 고쳐주는 인물도 거지 노인이다. 거지 노인은 행색은 남루하지만, 거지로 변장한 도인이나 초인이라 할 수 있다.

6. 생태 환경과의 상생 모색

정진채 동화 세계의 또 다른 특징은 인간과 자연생태의 상생, 더 나아가 생태환경에 대한 애호 사상이 깃든 작품이 많다는 점이다. 이러한 주제를 수용한 작품들은 주로 1990년대를 전후해 발표한 동화에서 발견된다. 예를 들면 인간들의 가슴에 자연을 사랑하는 마음을 샘솟게 해달라는 메시지를 담은 「애란과의 약속」, 생태 환경 훼손에 대한 경각심을 환상과 현실의 조합으로 엮어낸 「오리 여자」, 환상적 상상력을 매개로 인간이나 동물이나 식물에 이르기까지 목숨은 소중한 것임을 강조한 「흑띠」, 사육에 길들여져 야생의 본성을 잃은 새에 대한 안타까움과 인본주의를 질타한 「새를 사랑하는 사람」 등이다. 그의 동화에는 방울새, 콩새, 딱새, 박새, 어치, 까치, 메새, 종다리, 할미새, 때까치, 산솔새, 황여새, 크낙새, 팔색조, 개개비, 지빠귀, 오목눈이, 휘파람새, 딱따구리, 뜸부기, 물닭, 물총새 등 수많은 새가 등장한다.

"난 죽을 때까지 내 뿔을 지킬거야."

아기 사슴은 다시 한 번 아빠 사슴의 뿔을 쳐다보았습니다. 무지개 한쪽 끝이 스르륵 풀려 아빠의 뿔 속으로 빨려 들어갔습니다. 그 때였습니다.

"넌 꼭 뿔을 지켜라. 아무에게도 주어서는 안 돼!"

아빠 사슴이 울부짖듯 말했습니다.

바로 그때, 사슴 목장의 관리실 앞으로 자가용이 미끄러져 들어갔습니다.

-중략-

그렇게 숨 막히는 시간이 흐르자, 아빠 사슴이 비틀거리면서 자리로 돌아왔습니다.

"흐윽, 아빠아... 뿔!"

아기 사슴은, 뿔을 잃어버린 아빠 사슴의 머리 위에서 새빨갛게 응어리져서 번져 나오는 분노를 읽었습니다.

- 「하얀 꽃사슴」 부분

꽃사슴 목장에서 하얀 아기 사슴이 태어났다는 소문이 사방에 퍼졌습니다.

-중략-

사람들이 하얀 꽃사슴을 구경하려고 구름처럼 울타리 곁으로 몰려들자, 꽃사슴들은 약속이나 한 듯 하얀 아기사슴을 에워쌌습니다.

-중략-

"와아!"하고 울타리 안으로 사람들이 몰려들자, 사슴들은 때를 만난 듯 울타리 넘어 초록빛 산등성이로 치달렸습니다.
　꽃사슴의 무리 앞에 개선장군처럼 하얀 꽃사슴이 눈에 띄었습니다.
"야아, 하얀 꽃사슴이다!"
　사람들이 외치는 소리가 골짜기를 쩌렁쩌렁 울렸습니다.

—「하얀 꽃사슴」부분

　「하얀 꽃사슴」은 녹용을 채취하러 사슴목장에 몰려드는 인간들이 이기심을 고발한 작품이다. 아기 사슴은 관리인에게 끌려가 사슴을 잃고 바틀거리는 아빠 사슴을 목도하고 분노한다. 사람들은 건강에 좋다는 속설을 믿고 녹용을 잘라 피를 마시고, 보약을 한다며 뿔을 채취해 간다. 그러자 사슴들은 자신들의 뿔을 지키게 해달라고 하늘을 향해 기원한다. 얼마 후 사슴목장에 털빛이 하얀 꽃사슴이 태어난다. 사슴들은 하얀 꽃사슴을 귀하게 여기며, 자신들의 명예를 지켜주는 사슴이 되기를 기대한다. 사람들이 하얀 꽃사슴을 구경하기 위해 한꺼번에 몰려드는 바람에 울타리가 무너지고 만다. 그러자 갇혀 있던 사슴들은 하얀 꽃사슴을 앞세우고 산등성이로 치달리며 막을 내린다.

"자아, 이제 너희들은 저 하늘 높이 마음껏 날 수도 있고, 저 초록빛 들판에서 마음 놓고 먹이를 찾아 먹을 수 있다. 어서 날아가거라."
　나무꾼은 남몰래 좋은 일을 할 때처럼 기뻤습니다.
　조공이 아버지의 장례식을 마치고 산비탈의 움막으로 돌아왔습니다.
　조공은 새가 보고 싶어서 잠도 자지 않고 계속 움막까지 달려왔기 때문에 무척이나 피로하였습니다.

"아, 사랑하는 내 형제들아, 그동안 잘 있었니? 얼마나 보고 싶었는지 모를 거야. 너희들이 나를 마중하러 나왔구나."

-중략-

조공의 말을 듣는지 마는지 새장 안팎에 즐비하게 널린 새들은 움직이지도 않고 울지도 않았습니다. 새들이 그사이 혼자 살아가는 방법을 잊어버렸기 때문이었습니다.

-「새를 사랑하는 사람」부분

이 동화에는 새를 몹시 사랑하는 조공(鳥公)이라는 사람이 등장한다. 조공은 어릴 적부터 새를 좋아하여 형제들보다 새하고 놀기를 더 좋아했다. 집에서 잡은 참새를 가지고 놀거나 대숲에서 잡은 굴뚝새를 가지고 밥 먹는 것도 잊은 채 즐겁게 노는 인물이다. 조공은 결혼은 생각도 하지 않고 숲속의 움막 근처에 크고 작은 수많은 새집을 지어 놓고 새를 기른다. 조공은 꼭두새벽부터 일어나 새들에게 줄 먹이를 구하러 다닌다. 낱알이나 산 열매, 여러 곤충이나 벌레, 물고기까지 잡아다 나른다. 마침내 조공은 새들의 말을 알아듣게 되고, 새들도 조공의 말을 알아듣게 된다.

세월이 흘러 조공이 아버지상을 당하자, 나무꾼에게 새들을 부탁하고 장례를 치르러 간다. 늙은 부모와 처자를 돌봐야 하는 나무꾼은 새를 돌볼 수가 없게 된다. 나무꾼은 새들을 굶겨 죽이는 것보다 날려 보내자는 아들의 제안을 받아들여 새장 문을 연다. 하지만 새들은 혼자 살아가는 법을 잊어버려 날아가지 않는다. 이 동화는 길들여지는 것의 무서움을 경고하고 있다.
그의 동화는 자연 앞에서 겸손하다. 우리의 주변에서 흔히 볼 수 있는 자연 대상물을 소재로 한 그의 작품들은 언제나 자연에서 배우고 자연과 함께 호흡한다. 인간의 자연에 대한 배려란 곧, 인간 자신에 대한 배려임을 그의 동화는 이미 알고 있는 까닭이다.

Ⅲ. 나오는 말

정진채 동화의 주제를 집약하면 생명에 대한 경외와 사랑의 정신이다. 정진채는 동식물의 생명과 삶의 터전이 경시되는 인간 중심적 사고를 비판적인 시각으로 바라보고 있다. 불교적이고 민속 신앙적 성찰을 통해 인간의 원죄를 깨닫고 수양하도록 유도하고 있다. 또한 자기희생과 더불어 살아가는 나눔과 배려의 실천이야말로 가치 있는 삶임을 역설하고 있다.
정진채 동화에는 인간과 동물이 공존하거나, 비현실적인 캐릭터와 초인이 등장하고 있다. 여기서 인간들은 파괴적이고, 폭력적이며 이기적인 존재로 설정되고 있다. 생명을 경시하거나, 욕심이 가득한 인물로 그려져 있다. 초인 혹은 작가가 창조한 캐릭터나 동물은 그런 인간을 응징하거나, 뉘우치게 하며, 용서해 주는 인물로 등장한다.
정진채가 작품 속에 설정한 공간적 배경은 오염되지 않고 깨끗한 순수의 공간으로 바닷속, 산골, 골짜기, 저수지, 전원 등이 가장 많이 나타나 희망적인 상황을 연출한다. 그의 동화는 부조리하고 이기적인 세상사를 고발하면서도, 궁극적으로는 진실된 인간성의 회복과 삶의 참된 가치를 추구하는 데 할애하고 있다. 「무화과 이야기」, 「몸빛」을 비롯해서 인간의 부질없는 욕심과 헛된 욕망에 대한 경계의 내용을 담고 있는 「관유와 돌각시」, 「하얀 꽃사슴」, 「내가 만난 초록사람」 등이 여기에 해당한다. 이 작품들은 인간 사회의 제반 문제를 작가 특유의 동화적 상상력으로 풀어내고 있다.

정진채의 동화는 인간의 욕심과 부조리로 얼룩진 세상을 설파하고 치유하려는 내용을 많이 담고 있다. 이기적이고 사악한 세상인심을 적시하면서도, 궁극적으로는 인간의 본성에 대한 신뢰의 끈을 놓지 않고 있다. 또한 인간과 자연은 종속관계가 아닌 더불어 살아가야 하는 공생 관계임을 부각시키고 있다.

그의 동화 제목에는 '이야기'라는 보조 명사가 붙은 작품이 많다. 「동백꽃 이야기」, 「남해바다 연꽃이야기」, 「인어 이야기」, 「꽃사람 이야기」, 「덕보 이야기」, 「무화과 이야기」, 「바다거북 이야기」, 「작은 새 이야기」, 「마남 이야기」, 「하늘사람 이야기」 등이다. 이는 서사가 풍부한 동화 창작을 선호하였기 때문으로 파악된다. 그는 서정적인 소재로 독자의 마음에 따뜻한 위안을 줄 수 있는 장르는 아동문학이라고 믿었다. 그중에서도 동시보다 동화 집필에 중점을 둔 이유는 언어를 축약하고 꾸밈말이 중요한 동시에 비해, 표현하려는 바를 솔직하게 풀어쓸 수 있는 동화가 더 적합하다고 보았기 때문[10]이다.

---

10 「하지 않을 수 없었던 나의 작업」, 앞의 글.

지순한 동심이 피워 낸 그리움의 꽃
- 정채봉 동화론

Ⅰ. 들어가는 말

  정채봉은 1946년 11월 전남 승주에서 부친 정용석과 모친 허정순 사이에 일남 일녀 중 장남으로 태어나 2001년 1월 9일 지병인 간암으로 타계하였다. 그의 어린 시절은 불우하였다. 어머니는 그가 네 살 때 병사하고, 아버지는 이듬해 일본으로 건너가 새 가정을 꾸리게 된다. 그 때문에 그는 어린 누이와 함께 조부모의 품에서 자라야 했다. 초등학교 2학년 때 할아버지마저 별세하자 할머니와 함께 광양으로 이주한다. 광양동초등학교를 졸업하고 광양중학교와 광양농고를 졸업한 후 군에 입대하여 제대 후 1971년 동국대 국문과에 입학한다. 1975년 대학을 졸업한 후에는 잡지사와 섬유회사 등에 잠시 근무하다가 1978년 샘터사에 입사하여 2000년까지 근무하게 된다.

그는 1973년《동아일보》신춘문예에 동화「꽃다발」이 당선되어 문단에 데뷔하였고, 이듬해에는《소년중앙》동화현상 모집에「무지개」가 당선되어 문학적 역량을 확인시켜 주었다. 그는 문단에 나온 지 10년 만인 1983년 7월에 첫 동화집『물에서 나온 새』를 샘터사에서 상재한다. 이 책으로 그 해에 대한민국문학상(아동문학 부문 우수상)을 수상하게 된다. 1986년 9월에는 제2동화집『오세암』(창작과 비평사)을 상재하여 새싹문학상을 받는다. 1987년 10월에는 월간《한국문학》에 연재했던『초승달과 밤배』를 한국문학사에서 펴냈으며, 같은 해 12월에는『멀리 가는 향기』를, 이듬해 10월에는『내 가슴속 램프』를 각각 샘터사에서 펴냈다. 또, 같은 해 12월에는 동화집『숨쉬는 돌』을 제3기획에서 펴냈으며, 1989년 6월에는 동화집『꽃그늘 환한 물』(문학아카데미)을 펴냈다. 이듬해에는『바람과 풀꽃』(대원사, 1990)으로 세종아동문학상을 수상하고, '생각하는 동화'『향기 자욱』(샘터, 1990),『나』(샘터, 1991)로 동국문학상을 받게 된다. 계속해서 '생각하는 동화' 시리즈를 펴내『이 순간』(1992),『참 맑고 좋은 생각』(1994),『나는 너다』(1995) 등을 상재하였다. 이어 동화집『돌 구름 솔 바람』(샘터, 1993),『입 속에서 나온 동백꽃 세송이』(샘터사, 1997),『푸른 수평선은 왜 멀어지는가』(햇빛출판사, 2000) 등을 상재하였는데,『푸른 수평선은 왜 멀어지는가』는 그에게 생애 마지막 상인 소천아동문학상을 안겨주었다.

정채봉의 동화를 읽으면 한 폭의 투명한 수채화를 보는 듯한 느낌이 든다. 이것은 간결하고 절제된 문장 구사와 독특한 그의 문체에 있다. 그의 대표작이라고 할 수 있는「꽃다발」,「물에서 나온 새」,「노을」,「오세암」등에서 나타나듯이 서술이 절제된 묘사나 대화로 형상화된 극적 구성과 군더더기 없는 깔끔한 문체는 각기 독특한 미적 구조와 표현에 의해 작품에서 다루고자 하는 삶의 의미와 동심의 구현을 형상화하였다. 작가가 창작한 작품은 그 자신의 삶과 가치관에 있어서 규정적인 구실을 하게 된다. 그러면 정채봉 동화에 담긴 창작정신과 그 기조는 무엇인가?

> 흔히들 동심을 아이 마음으로 말하나 나는 한걸음 나아가 영혼의 고향이라고 생각한다. 이 동심으로 우리는 악을 제어할 수 있으며, 죄에서 회귀할 수 있으며, 신의 의지에로 나아갈 수 있다. 이 영혼의 고향(童心) 구현이 나의 작품 세계의 기조이다.[1]

이러한 그의 말은 그의 창작태도와 작가정신을 잘 드러내 주는 말이다. 그는 또, "문학의 가장 위대한 기능은 우리네 삶을 위로해 주고 승화시키는 것"[2]이라는 점을 신조로 삼고 글을 쓴다고 고백하고 있다.

한국 동화문단은 80년대를 거치면서 동화에서도 예술성을 중시해야 한다는 견해가 지배적이었으며 작가들 나름대로 이를 구현하려 애쓰고 있다. 정채봉 역시 예술성을 중시하는 입장에 서서 문학적으로 세련되지 못한 동화들을 질타하고 있다.

> 동화는 문학 작품이고 문학은 엄연한 예술이기 때문에 무엇을 어떻게 쓸까 하고 고민할 때는 예술의 향기가 우선되어야 하지 않을까요?

---

1 정채봉,「왜 동화를 쓰느냐고 물으신다면」,『물에서 나온 새』, 샘터, 1983, 5쪽.
2 정채봉,「부끄러움 속에서」,『오세암』, 창작과 비평사, 1985, 3쪽.

서구에서도 '삭막해져 가는 현대생활에 환상을 주사함으로써 인간 실존에 기여한다'는 동화문학이 이 땅에선 주저앉아 버린 데는 여러 탓이 있겠지만 일차 책임은 우리들 작가에게 있다고 봅니다.[3]

정채봉의 동화에는 기본적으로 이러한 의식이 짙게 깔려 있다. 그는 현실에 뿌리를 둔 스토리를 바탕으로 서정적 환상을 시적인 문체로 구사하고 있다.

Ⅱ. 회화적 정경 묘사로 끌어낸 시적 환상

「노을」은 교도소에서 출소한 밀짚모자 아저씨가 아내와 아들이 기다리는 고향집을 찾아가는 이야기가 서정적인 문장으로 형상화된 동화이다. 그의 대표작이라고 할 수 있는 이 작품에 나타난 시적 환상의 양상을 살펴보자.

> 간이역의 지붕 위에 흰구름이 한 송이 걸려 있었다. 철로변에 있는 대추나무에는 올해도 대추꽃이 한창이었다.
> -중략-
> 두 사람이 나루터에 도착했을 때는 해가 뉘엿뉘엿 질무렵이었다.
> 하늘에 번져 있는 노을이 물 속에는 더 진하게 퍼져 있었다. 나룻배는 건너편 둑을 출발해서 빨갛게 깔린 비단 같은 노을 위로 천천히 다

---

3 「오늘의 아동문학을 진단한다」, 『文學思想』, 1991.5. 142쪽.

가오고 있었다.

　-중략-

　밀짚모자를 가리키는 아이의 손을 좇아서 고개를 돌린 여인의 얼굴이 순간 석고처럼 굳어졌다. 그러나 이내 두 뺨에 노을이 번졌다.

　그는 천천히 뒷주머니 속에 든 손수건을 꺼내었다. 그리고는 두 손으로 얼굴을 문지르며 아내와 아들이 있는 나룻배 쪽으로 다가갔다.

　호수 속에 비친 세 사람의 모습을 노을이 환하게 감싸안고 있었다.[4]

　이 작품을 통해서도 알 수 있듯이 그의 대부분 작품은 서정적인 문장으로 포장하여 환상적인 분위기를 자아낸다. 그의 이러한 문장은 서정적이고 시적인 문체(style)로 확장된다. "문체는 곧 그 사람이다"라고 한 뷔퐁(Buffon)의 주장은 바로 문체의 중요성을 시사하는 말이다. 그런데 이 작품은 압축된 구조 속에 인생의 단면을 형상화했다는 점에서 동화라기보다 소설이라고 보아도 무방할 것이다.

　이 작품의 압권은 '밀짚모자'가 아이의 아버지라는 사실을 숨긴 채 결말을 향해 이끌어 가는 구성력과 뛰어난 묘사력이다. 동화에 있어서 묘사(description)는 작가가 객관적인 위치에서 인물, 배경, 장면 등을 구체적으로 드러내는 표현 방법이다. 그러므로 묘사는 독자들의 눈앞에 구체적 심상(image)을 생생하게 재현시켜 준다. 정채봉 동화의 특징 중의 하나가 바로 이 한 폭의 수채화 같은 회화적 정경 묘사라고 할 수 있다.

---

4 정채봉, 『물에서 나온 새』, 샘터사, 1993, 66~78쪽.

이와 같은 회화적 정경 묘사는 시적 환상을 형성하게 된다. 그런데 이 동화에는 작품의 제목이기도 한 '노을'이라는 낱말이 4번이나 나타나 작품의 형상화에 걸림돌이 되고 있다.

「물에서 나온 새」는 황룡사 노송 벽화에 얽힌 설화와 정경 묘사에서 우러난 시적 환상을 바탕으로 동심의 기조를 밀도 있게 구현한 동화이다. 주인공 반달이는 동네 아이들에게 구박을 받는 고아 거지지만 순진무구한 동심과 희망을 잃지 않고 살아 나간다. 그는 황룡사 법당 안의 벽화를 그리고 있는 화가 아저씨를 만났을 때도 이렇게 말한다.

전 울지 않아요. 어머니의 말씀처럼 달처럼 둥글게 살아요.[5]

황룡사의 벽화를 그리고 있는 화가 아저씨는 그림을 붓 끝으로가 아닌 깨달음으로 그리려는 진짜 화가이다. 그는 어서 그려 달라고 스님이 재촉할 때마다 깨달음이 없어 그리질 못한다면서 자신도 안타까워한다. 그러던 중, 보잘것없는 거지 소년 달반이를 통해 생생한 소재를 찾아내게 된다. 달빛이 비치는 연못 속에는 늙은 소나무가 있고, 새 두 마리가 놀고 있다. 화가가 다가왔을 때 달반이는, 세 마리가 있었는데 한 마리는 물 밖으로 나가 버렸다고 한다. '연못 속에서 날아간 새', 화가는 그 생생한 모습을 그림으로 재현시켜 살아있는 벽화를 창조해 낸다.

벽화가 그 모습을 드러내었습니다. 벽화는 꼭 살아 있는 것 같았습니다. 달이 있고, 늙은 소나무가 있고, 그리고 물안개도 있었습니다.

---

[5] 앞의 책, 39쪽.

살아 있는 듯한 벽화를 보고 입을 다물지 못하던 사람들이 아, 하고 비명에 가까운 함성을 질렀습니다. 벽화의 소나무 가지 위에 앉아 있는 새 두 마리 사이로 포로롱 날아 들어가는 새 한 마리를 보았던 것입니다.

"맞아요. 연못 속에서 날아간 새예요."

달반이는 저도 모르게 소리를 질렀습니다.

"맞아요. 연못 속에서 날아간 새예요."

달반이의 목소리가 메아리 되어 울려 퍼지는 골마다 눈부신 아침 햇살이 줄기줄기 번지고 있었습니다.

- 위의 책, 47~48쪽.

마치 그림을 보는 듯한 시적 환상의 전개가 아닐 수 없다. 달반이의 맑고 투명한 동심의 눈은 화가의 닫힌 심령을 활짝 열게 하여 마침내 살아있는 그림을 창조하게 한 것이다. 결국 때 묻지 않은 원초적 동심, 사심 없는 정념만이 위대한 예술을 낳을 수 있다는 진리를 깨닫게 해 주는 동화이다.

Ⅲ. 지순한 동심이 피워 낸 매직적 환상

정채봉의 또 다른 대표작이라고 할 수 있는 「오세암」은 매직적 환상을 기조로 하여 지순한 동심의 세계를 그리고 있다. 이 동화 역시 「물에서 나온 새」처럼 전설을 모티브로 하여 능숙한 장인정신으로 깔끔하게 형상화해 낸 정채봉 동화의 백미이다. 다섯 살배기 길손이의 순진무구한 동심은 장님 누나의 눈을 뜨게 하고, 자신은 열반하게 된다. 비록 다섯 살밖에 살지 못한 짧은 목숨이었지만, 그는 아름답고 지순한 영혼을 소유하였기 때문에 영원을 살게 된다.

이 동화는 떠돌이 고아 남매인 길손이와 감이 누나의 천진미 넘치는 대화가 동심의 실체를 투명하게 제시하여 준다. 그들의 대화나 길손의 독백을 통해 명경지수와 같은 동심을 만나게 된다. 「오세암」의 압권은 누나와 떨어져 설정 스님과 함께 살아가는 길손이가 관음암 골방에서 관음보살의 탱화를 보며 어머니를 느끼는 데에 있다.

"계곡의 고드름이 하늘에서 늘어뜨린 동아줄 같아요. 스님은 김치를 꺼내다가 얼음 조각에 손가락을 베었어요. 보살님도 춥지요? 가만 있어요. 내가 솔가리 긁어와서 군불 넣어 드릴게요."

-중략-

이래도 가물가물 웃고, 저래도 가물가물 웃는 그림 속의 보살님이 길손이는 마냥 좋았다.

"엄마라고 불러도 돼요? 나는 엄마가 없어요. 엄마 얼굴도 모르는 걸요. 정말이어요. 내 소원을 말할게요. 아무한테도 말하지 말아요.

-중략-

엄마…엄마라고 불러도 돼요?"

이렇듯 길손이는 탱화 속의 관음보살을 어머니로 여기며 대화의 상대로 삼고, 그리움과 외로움을 달랜다. 스님은 길손을 혼자 남겨 두고

양식을 구하러 관음암을 떠난다. 양식을 구해 암자로 돌아가던 스님은 큰 눈에 길을 잃고 쓰러져 나무꾼에게 발견되고 앓아 눕게 된다. 가까스로 자리에서 일어난 스님은 관음암을 떠난 지 50일째 되던 날 큰 절에 있던 감이를 데리고 관음암을 향해 다시 오른다. 설악에 아무리 큰 눈이 왔고 미끄러운 빙판길이 가로막더라도, 다섯 살 난 어린아이가 양식도 떨어진 암자에 혼자 갇혀 있는데 50일 동안이나 아무런 수를 쓰지 않았다는 것은 필연성이 부족해 보인다. 하지만 그것은 결말 부분에서의 진한 감동을 자아올리기 위한 계산된 허점인지도 모른다.

길손이는 마음을 다해 관세음보살을 부르면 보살님이 온다는 스님의 말을 믿고 관세음 보살에 매달린다. 이는 관세음 보살과 어머니를 동일시하는 마음의 눈을 가졌기 때문이다. 지극 정성을 다해 관세음 보살을 갈망했기 때문에 기적이 일어나게 된다.

　　　　스님은 놀란 입을 다물지 못했다.
　　　　"엄마가 오셨어요. 배가 고프다 하면 젖을 주고 나랑 함께 놀아 주었어요."
　　　　길손이의 말이 떨어졌을 때였다.
　　　　뒷산 관음봉에서 하얀 옷을 입은 여인이 소리도 없이 내려오는 것을 스님은 보았다.
　　　　여인은 길손이를 가만히 품에 안으며 말하였다.
　　　　"이 어린 아이는 곧 하늘의 모습이다. 티끌 하나만큼도 더 얹히지 않았고 덜 하지도 않았다. 오직 변하지 않는 그대로 나를 불렀으며 나뉘지 않는 마음으로 나를 찾았다. -중략- 과연 이 어린 아이보다 진실한 사람이 어디에 있겠느냐. 이 아이는 이제 부처님이 되었다."

이와 같은 일은 종교적 이적일 수밖에 없다. 관세음 보살의 시현은 매직적 환상이다. 이러한 매직적 환상은 조금도 어색하지 않게 작품 속에 녹아 있다. 전혀 꾸며낸 이야기 같지 않고 실제 상황처럼 느껴진다. 현실이 곧 환상이고 환상이 곧 현실인 것이다.

이 동화의 절정은 감이가 눈을 뜨는 대목에 있다. 마치 심청전에서 심 봉사가 눈을 뜨는 장면을 연상케 한다. 감이가 받은 개안의 시혜는 심 봉사의 그것보다 훨씬 극적이고 감동적이다. 이것은 대화로 형상화된 극적 구성과 개연성을 수반한 탄탄한 플롯, 군더더기가 없는 미려한 문체(style) 때문이다.

"정말, 관세음 보살님이 파랑새로 몸을 바꾸어 날아가고 있구나. 그런데 눈이 먼 감이 네가 어떻게 보느냐? 아니, 이게 웬일이냐? 감이 너 눈을 떴지 않느냐?"
"네, 스님. 모든 게 보여요. 햇빛도 보이고, 스님도 보여요. 마루 위에 잠이 들어 누워 있는 길손이도 보여요."

「오세암」은 독자들에게 커다란 감동을 줄 수 있을 만큼 예술적으로 형상화되어 있지만, 다음과 같이 교훈적인 문장이 드러나 있어 감동을 제어하는 빌미가 되고 있다.

스님들은 한때 길손이를 구박했던 자기들의 순진하지 못했던 점에 대해 깊이 깊이 뉘우쳤다.

비록 짧은 부분이기는 하지만 '작가의 의식적인 사상이 주관적이고 직접적인 양상으로 나타날 때 그 작품은 예술 작품으로서의 가치를 손상당하게 된다'[6]고 한 구인환(丘仁煥)의 지적에 동의할 수밖에 없다. 앞에서 언급했듯이 그는 누구보다도 동화가 가장 경계해야 할 요소로 교훈성을 꼽았다. 그런 그가 교훈성이 직접 드러나는 문장을 구사했다는 것은 결점이 아닐 수 없다.

> 그리고 스님들은 이 암자의 이름을 아예 바꾸기로 하였다. 다섯 살짜리 아이가 부처님이 된 곳이라 해서 이후부터는 오세암이라고 부르기로 하였다.
> -중략-
> 오후가 되어 장작불이 타올랐다. 연기는 곧게 하늘로 올라가서 흰구름과 함께 조용히 흘러갔다. 스님들은 모두 염불을 하였고 다른 사람들은 일제히 절을 하였다. 감이만이 울면서 중얼거리고 있었다.
> "저 연기 좀 붙들어 줘요, 저 연기 좀 붙들어 줘요…"

「오세암」의 끝부분이다. 정채봉의 동화에는 우의적 환상의 속성을 지닌 흰구름이 자주 등장한다. 흰구름은 한없이 자유롭고, 영원불멸하고, 꿈과 동경의 대상이며, 끝없이 유랑할 수 있다는 존재론적 의미가 있다. 흰구름은 불교 윤회사상의 상징일 수도 있고, 오로지 자연의 한 개

---

6 구인환,『소설론』, 삼지원, 1996, 130쪽.

체일 수도 있다. 정채봉 동화에 나타나는 종교적 색채는 기독교적인 경우도 많지만, 흰구름이 등장할 때에는 다분히 불교적[7]이다. 따라서 흰구름은 때로 상징적 의미로 구현될 때가 많다.

Ⅳ. 흰구름이 조형해 낸 시적 환상

정채봉 동화에는 꽃, 새, 바람, 물, 돌, 나무, 풀과 함께 흰구름이 자주 등장한다. 그런데 이 흰 구름은 때로 내레이터가 되어 이야기를 이끌어 가기도 한다. 그 대표적인 작품들이 「오세암」 제1부에 나오는 7편의 연작 동화이다. 「강나루 아이들」은 이 연작의 프롤로그에 해당한다. 「꽃그늘 환한 물」을 비롯한 6편의 동화 모두 허두를 "흰구름이 말하였습니다"로 시작하고 있다. 흰구름은 화자가 되어 방백으로 이야기를 이끌어 나간다. 이러한 구조는 안델센의 『그림 없는 그림책』을 떠오르게 한다.

『그림 없는 그림책』의 화자는 달이지만, 정채봉의 7편의 연작 동화에 나오는 화자는 흰구름이다. 달은 밤의 세상을 여행하지만 흰구름은 낮의 세상을 여행하게 된다. 따라서 달이 조명의 이미지라면 흰구름은 관조의 이미지이다. 달은 높이 떠서 어두운 곳을 조명해 주고 빛을 필요로 하는 자에게 시혜를 할 수도 있다. 하지만 흰구름은 시혜와는 거리

---

[7] 그의 작품 중 기독교적 동화로는 「저 들 밖에서」, 「성모님의 유치원」, 「별이 된 가시나무」, 「메리 크리스마스」, 「별 담은 바구니」 등이 있고, 불교적 동화로는 「물에서 나온 새」, 「오세암」, 「꽃그늘 환한 물」, 「지평선의 꿈」 등이 있다.

가 먼 존재이다. 달이나 흰구름이나 모두 불교적 이미지이긴 하지만 흰구름이 더욱 강하다.

달이 어른의 이미지라면 흰구름은 어린이의 이미지이다. 달은 가변적이기는 하지만 일정한 형체가 있다. 흰구름은 일정한 형체도 없을 뿐만 아니라 시공적으로도 제약을 받지 않는다. 따라서 흰구름은 훨씬 자유자재로 이동할 수 있고, 누구에게도 구속받지 않는다. 하지만 흰구름은 자유의지가 없어 자신이 의도한 대로 이동하거나 출몰할 수는 없다. 그저 세상을 떠돌아다니며 보고 들은 이야기를 구술하는 것이다. 이러한 구름은 아무런 욕망을 갖지 않고 순수하고 맑은 심령으로 세상을 본다. 이러한 구름의 자세가 곧 어린이의 영혼과 상통하게 되는 것이다.

이와 같은 흰구름은 그의 여러 작품에서 산견된다.

간이역의 지붕 위에 흰구름이 한 송이 걸려있었다.[8]

하늘엔 솜털 같은 흰구름이 목화송이처럼 둥둥 떠갔습니다.
-중략-
환이의 눈동자에도 흰구름이 환안히 비치고 있었던 것입니다.[9]

작은 돌은 하늘가로 흐르는 흰구름을 쳐다보며 자기 신세를 한탄하였습니다.[10]

---

8 「노을」, 『물에서 나온 새』, 66쪽.
9 「무지개」, 위의 책, 108~109쪽.
10 「숨쉬는 돌」, 위의 책, 159쪽.

여름날 파란 하늘에 떠가는 흰구름 조각 같은 새하얀 옥양목 수건으로 장군님의 무릎이나 발등을 씻고 온 날이면…[11]

"너 흰구름 타고 싶지 않니? … 흰구름 타고 여기저기 구경하면 얼마나 좋겠니? 그런데 흰구름은 너무 푹신해서 잘 걸을 수가 없다지 뭐니?"[12]

수평선 쪽의 흰구름 속에서 은하의 모습이 떠올랐습니다.[13]

풀씨의 이 조용한 한마디에 개미는 말문이 막히고 말았습니다. 하늘의 흰구름이나 쳐다보고 있었습니다.[14]

백합은 흰구름이 지고 피는 수평선을 바라보면서 '진짜 사랑'이 무엇인가를 생각하였습니다. 수평선 너머에서 흰구름이 뭉게뭉게 떠올라오기 시작하였습니다.[15]

이상에서 알 수 있듯이 흰구름은 '꿈', '희망', '맑음', '동경', '그리움'이라는 밝음의 이미지이다.

11「첫눈 오시는 날」, 위의 책, 114~115쪽.
12「천사의 눈」,『오세암』, 81쪽.
13「모래성」, 위의 책, 107쪽.
14「왕릉과 풀씨」, 위의 책, 107쪽.
15「진주」, 위의 책, 136~140쪽.

「강나루 아이들」은 아름다운 강나루를 배경으로 과수원집 손자와 나룻배 사공 손녀와의 풋풋하고 지순한 동심적 사랑을 그렸다. 사내아이와 여자아이는 병원놀이를 한다. 사내아이는 환자가 되고, 여자아이는 간호사가 된다. 여자아이는 귀를 다쳤다고 말하는 사내아이에게 다른 데는 다 다쳐도 좋으나 귀는 다치지 말라고 하며 그 까닭을 내 말이 들리지 않으면 슬퍼지기 때문이라고 했다. 이번에는 두 눈을 다쳐서 아무것도 안 보인다고 말하자, '다른 데는 모르지만 눈만은 다치지 마라. 내 얼굴이 안 보이면 난 어떡해' 하며 눈물을 흘린다.

「꽃그늘 환한 물」은 한 스님이 개울의 한쪽 귀퉁이에 있던 이끼 낀 돌을 집어다, 추운 겨울 동안 승방에서 보호했다가 이듬해 봄에 다시 원래의 위치에 갖다 놓는다는 줄거리이다. 이끼와 같은 하찮은 미물을 등장시켜 생명의 소중함과 삶의 외경을 느끼게 하는 동화이다. 어떻게 보면 작위적일 수도 있는 스님의 이러한 행동은 이미 복선 구조로 깔아놓은 빈틈없는 구성 때문에 조금도 겉돌지 않는다. 스님은 겨울 산짐승들이 먹도록 하기 위하여 갈무리해 둔 무를 한 삼태기 담아 숲이 짙은 뒤란 쪽에 흩어 놓는다.

「풀꽃 꽃다발」은 고아원 아이들이 신부인 보모에게 들녘과 산비탈에 피어난 제비꽃과 진달래, 냉이꽃, 민들레를 엮어서 만든 꽃다발을 선물하는 내용으로 물질보다는 정신의 소중함을 일깨운 동화이다.

「하늘나라 우체부」는 빈 편지 가방에 강가의 금모래를 담아다 어린이 놀이터에 쏟아 놓을 만큼 어린이 사랑이 지극한 집배원의 이야기이다. 하늘나라에 간 아빠에게 보내는 딸의 편지를 맡아 전해주고, 아빠 대신 답장까지 써서 보내주는 따뜻한 사랑의 실천을 그린 동화이다.

「위문 온 매미」는 위문편지 속에 나타난 아이의 소원을 들어주기 위해 병영 안의 매미를 한 봉지 잡아 서울의 초등학교 운동장의 나무 위로 날려주는 병사의 이야기를 담았다. 그런데 이 동화는 아무리 도심 복판에 있는 학교의 운동장이라 할지라도 한여름에 매미가 없는 곳이 없는 현실에 비추어 볼 때 리얼리티 확보에 실패했다고 하지 않을 수 없다.

「신호등 속의 제비집」은 도시의 네거리 중앙에 있는 신호등 위에 지은 제비집과 그 집에 사는 제비 가족을 위해 베푸는 시민들의 사랑을 그린 동화이다. 이 동화의 장점은 미소를 자아내게 하는 재미성에 있다.

'이 신호등에는 제비집이 있습니다. 신혼이니 놀라지 않게 해주십시오.'
'축. 제비 순산하다.'
'축 제비 강남길 환송연.'[16]

애드벌룬에 달려 있는 리본 글의 내용은 독자들로 하여금 잔잔한 미소를 자아내게 한다. 하지만 다음과 같은 대목에서는 작위성이 드러나 동화의 품격을 떨어뜨리는 결과를 낳았다.

"아, 그 제비네는 새끼가 다섯 마리나 된다는군요."
"다복하기도 해라. 그들한텐 산아제한 하라는 캠페인이 없는 모양이

---

[16] 위의 책, 43~45쪽.

지요."[17]

「저 들 밖에서」는 크리스마스 이브날 지하도 입구에서 성가를 부르며 바이올린을 연주하는 장님 부부를 위해 도움을 주는 음악가 부부의 이야기이다. 유명한 음악 교수인 중년 부부는 장님부부 곁을 지나다가 이들을 위해 크리스마스 캐럴을 부르고 연주한다. 일종의 자선음악회를 열어 장님 부부를 돕는 것이다.

이처럼 '흰구름' 시리즈에 해당하는 일련의 동화는 관찰자인 흰구름을 내레이터로 내세워 구술하는 독특한 형식을 취하고 있다. 정채봉은 이러한 작품들을 통해 소외되거나 어둡고 그늘진 곳을 배경으로, 보잘 것없고 참으로 하찮은 것들에게도 따뜻한 손길과 애정어린 눈길로 사랑을 베풀고 있다. 이러한 작품군들은 '흰구름'이라는 화자의 입을 통해 구술되는 시적 환상이라고 할 수 있다.

V. 「나팔꽃」에 숨겨진 몽환적 환상

「나팔꽃」은 부모와 함께 자던 리태가 건넌방에서 처음으로 혼자 자면서 꾼 꿈을 형상화한 몽환적 환상이다. 꿈을 소재로 쓴 동화라고 해서 모두가 판타지가 될 수는 없다. 70년대 이전의 작가들이 남용했던 꿈의 도입은 백일몽적인 진부한 틀과 안이한 수법으로 인하여 대부분 환상으로 형상화하는 데 실패하였다. 그런데 「나팔꽃」에서는 꿈으로 진입하

---

[17] 위의 책, 44쪽.

는 과정이 숙련된 기법으로 감추어져 있기 때문에 몽환적 환상이 갖기 쉬운 예술성의 폄하를 극복하고 있다.

"오늘부터 리태의 방은 여기야. 리태도 이젠 혼자서 자고 혼자서 일어나는 버릇을 들여야 해요."
"싫어 싫어. 나는 엄마방에서 엄마 팔 베고 자는 게 좋아."
-중략-
리태는 살며시 마루로 나와서 안방 문 앞을 기웃거려 보았습니다. 순간 전깃불이 꺼져버렸습니다. 리태를 내쫓고서 엄마 아빠만 정말 잠을 자는 모양입니다. -중략- 건넌방으로 돌아온 리태는 유리문가에 앉아서 눈물을 손등으로 훔치다 말고 보았습니다.
마당 가운데 있는 꽃밭. 그 꽃밭에는 보름달빛이 환히 뿌려지고 있어서 꽃 색깔이 연하게 떠오르고 있습니다. -중략- 꽃 이름을 하나 하나 알아맞혀 가는 동안에 리태의 마음은 저도 모르게 조용히 가라앉았습니다.
-중략-
"리태야! 여기야, 여기!"
리태는 그제야 저를 부르는 소리가 꽃밭에서 나고 있는 것을 알았습니다.

꽃밭에 환히 뿌려지는 보름 달빛은 수면제의 구실을 한다. 리태는 달빛 젖은 꽃을 보며 꽃 이름을 알아맞혀 가는 동안에 서서히 잠에 빠져드는 것이다. 작가는 이러한 상황을 독자가 눈치채지 못하도록 하기 위하여 "리태의 마음은 저도 모르게 조용히 가라앉았습니다"로 표현하고 있다.

리태를 부르는 소리의 주인공은 나팔꽃이다. 그 나팔꽃은 지난봄에 리태가 마당에서 고무줄놀이를 하다가 씨앗을 잃어버린 후 그곳에 만든 꽃밭에서 태어난 것이다.

> 꽃씨를 찾지 못한 리태는 제가 뛰어 놀던 마당 자리에 둥글게 금을 그어 놓았습니다. 꽃씨가 밟혀 죽을까봐 아무도 그 안으로 못 들어가게 하였습니다. 그래서 쓰레기를 버리러 가시는 아빠도 콩나물을 사오시는 엄마도 저만큼 금 바깥으로 돌아다녀야 했습니다. 끝내는 리태의 떼에 못 이겨 엄마 아빠가 그 마당의 귀퉁이를 일구어 꽃밭을 만들었습니다.

리태가 꿈속에서 만난 나팔꽃은 바로 리태가 흘러버렸던 그 씨앗인 것이다. 잃어버린 꽃씨가 밟혀 죽을까 봐 금을 긋고 아무도 못 들어가게 한 리태의 동심은 판타지를 창조해 낼 수 있는 작가만이 지닌 심미안으로만 그려낼 수 있다. 나팔꽃과 리태는 원초적 동심 속에서 만나고 그 동심은 독자를 환상이라는 꽃밭으로 안내한다.

> "나는 네가 아니었다면 다른 사람들 발에 밟히거나 아니면 물을 못 먹어서 말라 죽고 말았을거야. 나는 그날 얼마나 울었는지 몰라. 그런데 너는 오늘 왜 울었니?"
> -중략-

"밤인데 그럼 무서워서 혼자 어떻게 잔단 말이니?"

"바보같이, 밤이 뭐가 무섭다고 그래. 이리 와서 밤에 열심히 일하는 아침나라 식구들을 보렴."

리태는 나팔꽃이 하라는 대로 나팔꽃 뒤에 눈을 대고 멀리 내다보았읍니다.

아침나라 식구들은 동해 너머 빈 산에 있었습니다.

이처럼 이 동화는 꿈을 매개로 한 몽환적 환상 속에 나팔꽃을 의인화한 우의적인 환상을 결합하여 환상의 지경을 넓히고 있다. 리태는 동해 너머 먼 산에 있는 아침나라 식구들을 구경한다. 푸른 깃을 가지고 어둠을 뚫는 먼동을 본 후, 무지개 폭포를 향한다.

거기에는 수만 개의 이슬 방울들이 유리 구슬보다 맑게 몸을 씻고 있었습니다. 티 하나 없게 하여 무지개가 찬란히 일어야만 합격한다는 것이었습니다.

다음으로 리태가 본 아침 식구는 해님이었습니다. 해님은 빈 산의 꼭대기에서 불을 집어먹느라 땀을 뻘뻘 흘리고 있었습니다.

-중략-

"리태야 보았지? 이렇게 밤은 아침나라 식구들이 준비하며 지내는 시간이야. 그러니 무서울 게 하나 없어."

나팔꽃이 일러 주는 말에 리태는 부끄러워 얼굴을 두 손바닥으로 가리고 웃었습니다. 엄마와 아빠가 리태의 웃음소리를 듣고 안방에서 건너와 보니 리태는 유리문가에 코를 대고 잠이 들어 있었습니다.

리태가 꿈속에서 나팔꽃과 함께 아침나라를 구경하는 장면이 사실적으로 묘사되어 있다. 리태가 잠들어 있는 곳을 유리문 가로 설정함으로써 잠들기 전 꽃밭을 보았던 상황과 일치시키고 있다. 이러한 상황의 일치는 빈틈없는 구성에서 온 결과로 판타지의 리얼리티를 획득시켜 주고 있다. 또한 이 동화는 꿈의 환상에서 깨어나지 않도록 잠들어 있는 상태로 끝맺음으로써 사실성과 함께 환상의 효용을 높이고 있다.

Ⅵ. 다양한 주제의 우의적 환상

정채봉 동화에는 작고 보잘것없는 것, 열악하고 그늘진 곳에서 살아가는 소외된 개체들이 주인공으로 많이 등장한다. 그것은 「제비꽃」, 「코스모스」, 「풀꽃 꽃다발」에 나오는 '꽃들'이나, 「별이 된 가시나무」에 나오는 '가시나무', 「지평선의 꿈」의 '솔이끼', 「별 담은 바구니」의 '인동초', 「숨쉬는 돌」의 '작은 돌', 「비누방울 하나」의 '빨래 비누' 등과 같이 다양하다.
정채봉은 이러한 주목받지 못하는 개체나 그늘진 곳에 있는 보잘것없는 물상에 애정을 갖고 맑은 영혼의 아름다움을 우의적 환상으로 형상화하고 있다.

비누는 비로소 그가 누구인지 알아보았다. 비누가 이 세상으로 막 나오던 날 서로 눈이 맞았던 탄광촌의 아이. 비누는 가슴에 빈 데 없이 온통 하이얀 거품이 가득 이는 것을 느꼈다. 비누는 조용히 기도하였다.
"저를 이 땅으로 오게 해주신 주님. 저는 이제 이곳에서의 삶을 마치며 살 한 점, 피 한 톨 남김 없이 쓰고자 하니 주님 허락하소서. 그리하여 마지막에 제 가슴속의 마지막 작은 방울 하나 훨훨 날아 우리의 고향 무지개 터에 이르게 해 주신다면 더 바랄 원이 없겠습니다."

비누를 의인화하여 자신의 소명을 다하는 삶이 가치 있고 아름다운 삶임을 토로한 「비누방울 하나」의 마지막 부분이다. 공장에서 태어난 빨랫비누가 마침 견학을 와 처음 보았던 아이가 사는 탄광촌 마을로 가 그 아이를 다시 만나게 되기까지의 과정이 우의적 환상 속에 리얼하게 펼쳐져 있다.

순간 허수아비는 엉큼한 생각을 하였어요. '매가 바보새들과 병신새들을 잡아 먹어버리게 하자. 그렇게 되면 어린새 혼자서 물을 많이 먹고 어서어서 자라게 될거야.'
허수아비는 일부러 한눈을 팔고 있었어요. 먼 산 소나무나 보고 고개 넘어가는 구름이나 보았어요.
-중략-
이장은 들고 있던 낫으로 허수아비의 발목을 찍었어요. 그리고는 허수아비의 옷을 벗겨버리고 허수아비의 머리며 가슴을 헤쳐버리는 것이었어요. 허수아비는 결국 진짜가 되지 못하고 이 세상에서 사라지고 말았어요. 이뤄질 듯한 꿈을 순간의 잘못으로 영영 놓치고 만 것이에요.
며칠 후, 허수아비가 서 있던 밭 가운데 거북이 등을 한 작은 새 한 마리가 부리를 땅에 박고 있었어요. 이 새가 봉황리가 났다가 채 자라지 못하고 죽은 봉황새라는 것을 아는 사람은 아무도 없답니다.

　봉황이 나타나면 가짜 허수아비도 진짜가 된다는 곰보영감의 말을 들은 허수아비는 어린 새(봉황) 혼자서 물을 많이 먹고 자라게 하기 위하여 욕심을 부리다가 사라지게 되었다는 「어린 새」의 마지막 부분이다. 이 동화에 나타난 환상의 유형은 전승적 환상과 우의적 환상이다. 이 작품 역시 현실과 환상을 질서 있게 조화시켜 자칫 허황되기 쉬운 이야기를 거부감 없이 엮어냈다.

　　마침내 작은 돌이 하수구를 치는 청소부 아저씨의 삽 위에 얹혀서 땅 위로 나온 날, 하늘에서는 펑펑 눈이 내렸습니다.
　　작은 돌은 흐느끼면서 가만 가만히 기도하였습니다.
　　"하느님, 감사합니다. 저를 당신의 뜻대로 하세요."
　　그러자 울음이 왈칵 터졌습니다. 그렇게 많은 눈물이 작은 돌 속의 어디에 있었는지 도무지 알 수 없는 일이었습니다.
　　돌 속의 무거움이 모두 눈물과 함께 빠져 나오는 것 같았습니다, 작은 돌은 솜처럼 가벼운 마음으로 스르르 눈을 감았습니다.

　「숨쉬는 돌」은 돌을 의인화하여 환상적 수법으로 처리하였다. 돌이 눈물을 왈칵 터뜨리며 눈물을 많이 흘렸다는 장면은 언뜻 리얼리티 확보에 실패한 것처럼 보일지도 모르나, 그 이전에 장치한 '하늘에서 내린 눈'으로 인하여 허황의 덫에서 빠져 나올 수 있게 된 것이다.

그 곳은 산굽이를 돌아가는 여울자락 언저리였습니다. 그리고 홀로 외로이 서 있는 돌부처님의 새끼발가락 틈이었습니다.
　　그는 부끄러움에 그렇잖아도 작은 몸을 더욱 움츠리었습니다.
　　"죄송해요, 부처님, 제가 너무 말을 많이 했어요."
　　아기 솔이끼를 내려다보는 부처님의 입가에 미소가 번졌습니다.

　「지평선의 꿈」은 엄마 곁을 떠난 솔이끼가 도랑물을 따라 새로운 보금자리를 찾아가서 겪는 이야기를 우의적 환상으로 엮어낸 동화이다. 도랑물을 따라가다 용케 미끄러져 나온 곳은 바로 돌부처의 새끼발가락 틈이었던 것이다. 그는 이 동화에서 농촌의 현실 문제를 삽화로 처리하였다.

　　거기 귀퉁이에는 아늑한 기운이 있었습니다. 캄캄한 밤인데도 새 울음소리가 간혹 들려오기도 하였습니다.
　　-중략-
　　"어디서 오셨소?"
　　"저기 저 안골 밭언덕에서 왔어요."
　　"오오, 요즈음 들어 땅들이 자주 우는 거기에서 오셨군."
　　"네, 그래요. 거기서는 밭들이 어찌나 우는지 견디기가 어려웠어요. 밭들이 왜 우는지 알아요?"
　　"…"
　　"농부들이 우니까 따라 우는 거예요. 고추 풍년이 들면 고추값이 헐

값이고, 양파 풍년이 들면 양파값이 거저먹기고 배추 풍년이 들면 또 품삯도 나오지 않는걸요. 오죽했으면 지난 유월 보리 벨 때에는 그냥 보리밭에 불을 놓고 말았을까요."

"그래 그 마음 알지."

「지평선의 꿈」에 나오는 솔이끼와 돌부처의 대화이다. 정채봉은 이처럼 우의적 동화 속에 때때로 강한 현실 의식을 주입하기도 하였다. 강한 현실 의식이 작품에 투영될 때 주제는 선명해지지만 자칫 문학성이 훼손될 우려가 있다.

Ⅶ. 맺는 말

정채봉의 동화는 순진무구한 동심을 바탕으로 인간성 회복이라는 커다란 메시지를 깔끔하고 미려한 문장으로 담담하게 전달하고 있다. 그는 종교적 깨달음까지도 용해시켜 감동적인 동화 예술로 승화시키고 있다. 또한「물에서 나온 새」나「오세암」,「바다 종소리」,「아버지의 방아」에서와 같이 전설이나 야담, 사료에서 소재를 취하여 소재의 폭을 확장시키는 데 기여했다.

그의 동화의 외양적 특성은 서술이 절제된 묘사나 대화로 압축된 극적 구성, 군더더기 없이 깔끔한 문체를 기반으로 한 시적 환상성을 들 수 있다. 그는 숙련된 기법으로 사물을 의인화하여 나타내어 환상의 수용도 별 무리 없이 성공을 거두고 있다. 그의 작품 세계는 범 종교적이어서 기독교적 사랑과 불교적 자비 정신이 융합되어 있다.

그는 그늘지고 소외된 곳에서 아픔을 딛고 살아가는 모든 이웃들을 따뜻한 시선과 애정으로 바라보며 물질보다는 정신의 소중함을 작품에 형상화시키고 있다. 또한 80년대 이후에 불어닥친 제반 사회 상황의 현실 인식을 바탕으로 동화 문학을 정신 혁명을 전제로 한 문학 장르로 보고, 동화의 영역을 확장시키고 있다.

물신주의가 날로 팽배해져 가는 현실에서 정채봉 동화는 동심으로 인도하는 맑은 치유제가 될 것이다. 하지만 그의 동화는 정작 주 독자가 되어야 할 어린이들에게는 다소 이해하고 소화하기에 버거운 작품들도 많다는 사실에 유의해야 한다. 그 때문에 그의 동화는 마땅한 읽을거리가 빈곤한 청소년들이나 동심을 향유하려는 어른들에게 더욱 많이 읽히는 결과를 낳았다. 그에 반하여 권선징악과 동심 예찬의 매너리즘, 황당무계한 우화성을 경계하며 한국 동화의 위상과 품격을 한껏 끌어올린 공은 평가받아야 마땅할 것이다.

한국 공상과학소설의 독보적 개척자
- 한낙원 동화론

Ⅰ. 들어가는 말

한낙원(韓樂源, 1924~2007)은 1924년 1월 14일 평안남도 용강군 서화면 자복리에서 부친 한희룡(韓羲龍)[1]과 모친 정희화(鄭羲嬅) 슬하 2남 중 차남[2]으로 태어났다. 1943년 3월 평양의 사립 명문인 숭인상업학교를 졸업했다. 1943년 일본으로 건너가 메이지대학 영문과에서 2년 동안 수학했다. 1945년 해방과 더불어 1946년 5월까지 평양방송국 아나운서로 근무했다. 1946년 8월부터 1950년 8월까지 평양공업전문학교(야간) 전임강사로 근무하며 월간지 《공업지식》을 편집했다.

---

[1] 국가 독립유공자로 1990년 광복절에 정부에서 '건국훈장 애족장'을 추서함. 1993년 6월 1일에는 국가에서 '국가유공자증'을 수여함.
[2] 형은 25세 때 사망함.

1948년 11월 평양제2여자중학교 국어 교사로 근무하던 다섯 살 연하의 이춘계(李春桂)와 혼인하였다. 1949년 9월 장남 권일(權一)[3]이 태어났다. 1950년 6·25 전쟁이 발발한 후 평양이 수복되자 10월 평양방송국 방송부장으로 재건 사업에 참여했다. 12월에 월남하여 1952년 3월까지 공군 제1전투비행단 작전처 번역문관으로 근무했다.

　1952년 4월부터 1954년 5월까지 주한 유엔군 심리 작전처 공보 교육국(CIE) 방송부장, 한국민사원조처(KCAC) 방송 고문으로 근무했다. 1953년부터 KBS, CBS 등을 통해 과학방송극「100년 후의 월세계」,「화성에서 온 사나이」,「별의 고향」 등을 발표하는 등 1960년대까지 방송극 분야에서 활발하게 작품활동을 하였다. 1953년 2월 차남 권식(權植)[4]이 출생하였다.

　1954년 5월부터 1957년 12월까지 월간《농민생활》주간으로 근무했다. 1957년부터《새벗》에「이상한나라의 엘리스」를 번역 연재하고,「우리들의 과학」시리즈를 59년 2월호까지 연재했다. 1957년 8월 딸 애경(愛卿)[5]이 출생했다.

　1959년부터《새벗》에 장편『화성에 사는 사람들』을 1년간 연재하고, 연합신문에 장편『잃어버린 소년』을 88회 연재했다. 그 후 1990년대까지《학원》,《학생과학》,《소년》,《새벗》,《소년동아일보》등 각종 잡지와 신문에『우주항로』,『우주벌레 오메가호』,『스그마X』,『해저도시 탐험대』,『타이탄 구조대』,『세글자의 비밀』,『등재 밑의 비밀』등 과학소

---

[3] 도미하여 풍력발전회사 지사장으로 근무함.
[4] 현재 인력 채용 회사인 헤드헌터에서 일함.
[5] 서울대에서 영문학박사를 받고 한국기술교육대학교 교수로 근무하였다. 사위 송진호는 서울대에서 공학박사 학위를 받고 한국원자력연구소 책임연구원으로 일했다.

설을 비롯해, 모험 추리소설을 연재했다. 그뿐 아니라 쥘 베른의 『바다 밑 2만 리』(1974), H.G. 웰스의 『우주 전쟁』(1982) 등을 번역 출간해 국내에 소개하는 데도 크게 기여했다. 『금성 탐험대』는 1962년 12월부터 1964년 9월까지 《학원》에 연재된 '과학모험소설'로 한낙원의 대표작 중 하나로 꼽힌다.

1960년 6월부터 3년 동안 기독교복리회 한국연합회(CCF) 상무이사 겸 《동광》지 주간으로 일했다. 1964년 4월부터 사회복지법인 〈계명원〉 이사를 맡아 2000년대까지 일했다. 1968년 8월부터 1975년 2월까지 국제라이온스클럽 한국본부의 《라이온》지 한국어판 편집을 맡았다. 1975년 3월부터 1983년 12월까지는 인제의과대학 백병원 원장비서실장 겸 홍보실장으로 일했다. 이러한 성과에 힘입어 1989년 대한출판문화협회가 주는 제10회 한국어린이도서상(『돌아온 지구 소년』), 1992년 제2회 방정환문학상(『페기별의 타임머신』)을 받았다.

한낙원은 서울에 거주할 때 중구 신당동에서 살다, 서대문구 창천동, 강서구 신월동 등으로 이주해 살았다. 수영과 등산을 좋아했던 그는 2007년 3월 12일 갑작스럽게 건강이 악화되어 83세로 타계했다. 경기도 파주시 탄현면 법흥리에 있는 동화경모공원에서 영면[6]하고 있다. 2014년 유족들에 의해 〈한낙원과학소설상〉이 제정되어 시행[7]되고 있다.

---

6 그의 묘비에는 "한국공상과학소설의 선구자"라고 새겨져 있다.
7 《어린이와 문학》이 공모와 시상을 주관하고 사계절출판사에서 작품집을 펴내고 있다.

Ⅱ. 한국 공상과학소설의 개척자

한낙원은 한국공상과학소설의 개척자이자 대부이다. 그가 쓴 공상과학소설의 특징을 집약하면 다음과 같다. 주인공은 보통 2인 이상의 청소년이 등장하며 여성은 주체가 아닌 보조자로 포함시켰다. 이는 흥미를 더하는 요소이기도 하지만 남성 중심의 시각이라는 비판을 받기도 한다. 등장인물을 복수로 설정한 것은 우주여행을 하기 때문에 기계를 작동할 때 협업이 필요하기 때문이다. 한낙원 과학소설에는 미래 세계에 펼쳐지는 사건을 비판적 시각이 아니라 우호적이고 평화적인 시각으로 접근하고 있다.

이는 미개척 분야인 우주과학에서 해결해야 할 과제로 제시하여 관심을 집중시키기 위한 포석으로 보인다. 미래에 펼쳐질 우주 시대를 상정하여 문명 간의 대화와 타협 없는 충돌은 파멸로 이어질 수밖에 없는 점을 인식시키기 위한 집필 의도이다. 그 때문에 전체적으로 외계인과의 관계를 대립이 아닌 우호적인 관계로 설정하여 평화적으로 이끌어 나가고 있다.

1. 한국 청년이 펼치는 우주 대모험, 『금성 탐험대』

『금성 탐험대』[8]는 한낙원의 대표작이자 한국 공상과학소설[9]의 서막을 연 작품이다. 끊임없이 전개되는 서사가 흥미진진하고 우주로 향한

---

[8] 이 작품이 잡지 《학원》에 연재된 것은 1962년 12월부터 1964년 9월까지이다.
[9] 과학적인 지식을 토대로 하여 시간과 공간의 테두리를 벗어난 일을 주제로 한 소설.

꿈과 도전이 풍부하다. 외국 과학소설과 달리 한국인 청소년들이 중심 인물로 활약하는 데서 동질감과 친화력을 느낄 수 있다. 독자들은 소설 속 주인공들과 함께 우주선을 타고 여행을 떠난 듯한 상상을 맛보게 된다. 과학적 상상력으로 펼치는 세계는 여전히 청소년 독자들에게 지적 호기심과 정서적 자극을 안겨 준다.

『금성 탐험대』는 미국 소련 간 우주 개발 경쟁이 치열했던 냉전 시대를 배경으로 한 작품이다. 우수한 파일럿들이 연쇄 살해당하는 일이 발생하자 미국은 금성 탐험호를 비밀리에 쏘아 올릴 계획을 세운다. 하와이 우주 항공 학교의 한국인 학생인 고진과 최미옥도 우주로 향할 꿈에 부풀지만, 고진은 출발 직전 괴한에게 납치되고 만다. 고진이 도착한 곳은 바닷속 어느 원자력 잠수함 안이다.

다채로운 여정 가운데 열혈남아 고진이 보여 주는 가식 없는 열정과 패기는 복고적 멋과 설렘을 느끼게 하기에 충분하며, 마치 TV 만화 연속극에서처럼 꼬리에 꼬리를 물고 이어지는 사건들은 지금 읽어도 손에서 책을 내려놓을 수 없을 만큼 흥미진진한 긴장과 재미를 선사한다.

이 시대는 달에 인류의 발자국이 찍히기도 전이었으나 한낙원은 작가다운 관심과 상상력으로 '금성 탐험'이라는 새로운 우주 개척담을 빚어냈다. 한낙원은 과학소설 창작의 이유를 "학생들에게 모험심을 기르고 어려운 난관에 부딪치더라도 이겨 낼 수 있는 지혜와 담력을 길러 주기 위해"[10]라고 밝혔을 만큼 어린이와 청소년들에게 도전 의식을 일깨우고자 했다.

한낙원은 작품을 통해 낯선 세계의 토양을 조사해 지질학적 분석을

---

10 「본지 학생 기자의 5분간 인터뷰」, 《학원》, 1968.5.

내놓는다. 또한 나비의 움직임을 관찰해 방향을 찾는 장면 등에서도 과학에 대한 지식과 애정을 선보인다. 이는 대체로 과학 기술의 한계를 제기하는 요즘 SF와는 거리가 있는 부분으로, 초창기 과학소설이 지닌 고전적 재미와 순수함을 느끼게 한다.

『금성 탐험대』가 미·소의 대립이라는 시대적 상황에서 창작된 이야기임에도 화해와 평화의 가치를 전한다는 점은 주목할 만하다. 이 작품은 소련 우주선에 한국인이 탑승한다는 설정으로 냉전 시대이던 당시대 독자들에게 신선한 충격을 던져준다. 이 작품은 당시 청소년 사이에 많은 인기를 끌었다.

연재를 시작하기 1년 전인 1961년 5월 미국 케네디 대통령은 미의회 연설에서 "향후 10년 안에 사람을 달에 보낼 것"이라고 '아폴로계획'[11]을 발표했다. 대부분의 세계인은 "터무니없는 허언"이라고 비웃었으나, 이 예언은 1969년 아폴로 11호가 달에 착륙하며 닐 암스트롱이 달에 첫발을 딛게 됐다. 우주가 막연한 동경의 대상이던 시절 한낙원 또한 우주 개척을 예언한 선지자인 셈이다.

『금성 탐험대』는 미국과 옛 소련 간의 우주 개발 경쟁이 뜨겁던 냉전시대를 배경으로 한다. 미국 정부가 금성을 탐험할 우주선을 쏘아 올릴 예정인 가운데 하와이 우주항공학교의 제10기 한국인 학생 고진과 최미옥도 우주로 향할 꿈에 부푼다. 하지만 발사 직전 고진은 괴한에 납치돼 어디론가 끌려간다. 최고의 우주 조종사인 고진을 잃은 채 출발하

---

[11] 미국이 우주 개척 분야에서 소련에 연이은 굴욕을 당하자 1961년에 취임한 존 F. 케네디 대통령은 1970년까지 인간을 달에 보내겠다는 아폴로 계획을 발표하였다. 이를 위해 우주발사체 전용 발사장이 필요했고, 이에 따라 미국 공군기지 인근에 별도의 우주기지를 지었는데 이것이 케네디 우주센터이다.

게 함으로써 독자들의 불안감과 궁금증을 사로잡게 한다.

> 태평양 한복판의 거센 파도가 흰 거품을 일으키며 하와이 해안의 고운 모래를 깨물고 있었다.
> 야자와 종려 잎들이 해풍에 설레었다.
> 바나나와 사탕수수 잎들이 뙤약볕을 가려주었다. 열대의 짙은 빛깔의 꽃들이 활짝 피어 지나는 손을 반겼다.
> 소풍을 나온 젊은 남녀들은 손에 손을 잡고 야자수 우거진 해변 길을 거닐었다.
> 여기 낭만이 가득한 하와이에 세계적인 로켓 우주공항이 생기고, 또한 우주항공학교가 선것은 동남아의 젊은이들에게는 요행이 아닐 수 없었다.
> 누구나 치열한 경쟁에 이기기만 하면, 중학을 나오자 이곳 우주항공학교에 입학할 수 있는 것이다.
> 고진이란 부산중학 출신과 최미옥이란 서울 출신의 두 젊은 한국의 남녀가 호놀룰루 우주항공학교에 와서 공부한 지도 벌써 4년이 지났다.
> – 『한낙원 과학소설 선집』, 261~262쪽. (이하 선집)

이 작품에서 작가는 미국우주항공학교가 있는 배경을 하와이주 호놀룰루로 설정했다. 하와이 제도(Hawaiian Islands)를 구성하는 섬 중에 가장 큰 섬의 이름이 하와이이므로, 대부분의 사람이 전체 섬들을 흔히 하와이로 통칭한다. 하와이 제도의 주도인 호놀룰루는 세 번째로 큰 오하우섬에 있다. 한낙원이 미 항공우주국과는 전혀 무관한 하와이를 배경으로 설정한 것은 일제강점기에 한국인들이 사탕수수 농장에 이주했기 때문에 한국인들에게는 비교적 친숙한 이름이기 때문이다.

하와이 정부는 사탕수수와 파인애플 농장을 경영하기 위해 외국인 노동자들을 불러들였다. 처음에는 중국인이 그다음으로 일본인 노동자의 이민이 시작되었으며, 초반엔 가장 큰 노동 집단이었으나 파업을 일으키고, 농장에서의 이탈도 많아지자 대체 이민 노동자로 1903년부터 한국인들을 받아들이게 된다. 또한 4·19혁명으로 실각한 이승만 대통령이 하와이로 망명하여 한국인에게 익숙한 지명인 것도 이유가 될 것이다. 그런데 정작 미국 최대 항공 우주기지는 텍사스주 휴스턴에 있다.

"그래서 실은 고 군을 부른 거야. 고 군은 전자공학에 뛰어난 성적을 나타냈고, 또 우수한 파일럿이기도 하니, 군의 힘을 좀 빌리려고 하는데 어떤가?"

"제가 할 수 있는 일이라면 무엇이든 하겠습니다."

"고마워. 그럼 내일 모레 아침 금성탐험호를 탈 준비를 해주게."

-중략-

"그렇지만 저는 달에는 가봤지만 금성엔 못 가본걸요."

"누군 가봤나. 모두 처음이지."

홉킨스 소장은 지금까지 진행해온 금성 탐험을 위한 유인 우주선 발사 계획을 대충 설명하였다.

- 선집, 265쪽.

월리엄은 고진과 최미옥이 재학하는 우주항공 학교의 교관이다. 우주항공 학교 유니폼은 하늘색이고 스쿨버스의 색깔도 하늘색이다. 월리암 교관은 두 후보생을 우주공항 사령관이 호출하였다고 전한다. 홉킨스 소장은 고진 후보생을 반갑게 맞이한다. 홉킨스 소장은 공항에서 달로 떠난 우주선 3척의 조종사가 모조리 죽었다고 말한다.
　홉킨스의 말에 의하면 금성 탐험을 위한 유인 우주선 발사 계획은 1962년부터 시작되었다 한다. 그동안에 5, 60회에 걸쳐 무인 우주선을 발사하여 금성에 관한 자료를 수집했고, 드디어는 유인 우주선을 발사하게 된 것이다. 홉킨스는 고진에게 금성 탐험호를 타고 금성을 탐험하라는 제의를 한다. 고진은 달 착륙의 경험이 있는 우주인으로 통신원으로 최미옥과 동행하기를 원한다. 스미스 중령은 기장이 되고, 고진은 부기장이 되어 금성 탐험을 하기로 결정된다. 하지만 발사 시각이 다 되어가는데도 스미스와 고진이 탑승하지 못한다. 결국 월리암 교관이 기장이 되고, 박철 후보생은 부기장이 되어 금성 탐험호가 발사된다.

　　　고진 후보생은 사방을 두리번거렸다.
　　　그는 비로소 자기가 우주선을 타고 있다는 것을 깨달았다. 고진후보생은 자기 앞에서, 우주선을 조종하고 있는 니꼴라이 중령을 보았다. 그리고 중령의 옆에 앉은 여자 통신원을 보자, 모든 기억이 되살아났다.
　　　'저 여자가 니꼴라이 중령이 말하던 한국계 소련 처녀로구나.'
　　　고진 후보생은 블라디보스토크 우주공항에서, 니꼴라이 중령이 하던 말이 생각났다.

처녀가 방긋이 웃으며 고진 후보생을 돌아보았다. 그 때서야 니꼴라이 중령도 고진 후보생을 돌아다보았다.

- 선집, 297~298쪽.

스미스 중령은 잠수함으로 고진을 납치하여 소련의 브라디보스톡에 간다. 스미스 중령은 소련의 스파이였던 것이다. 이 작품은 첩보영화나 드라마 등에서 자주 접하는 작법인 스릴과 서스펜스(suspense)를 활용하고 있다. 고진은 스미스를 따라 소련 우주공항 사령관실로 간다. 사령관은 스미스를 니꼴라이 중령으로 부른다. 결국 고진은 스미스 중령과 함께였던 것이다. 전체를 위해 개인의 희생은 당연하다고 생각하고 폭력을 정당화하는 니콜라이 중령의 모습에는 당시 소련의 모습이 투영되어 있다. 동시에 윌리엄 중령의 모습에서는 소련과의 우주전쟁에서 우위를 점하는 것이 무엇보다 중요했던 미국의 모습도 엿보인다.

니꼴라이 중령은 우주모를 쓰고 우주선 밖으로 나갔다. 고진 후보생도 그 뒤를 쫓아 나갔다. 캄캄한 우주의 하늘은 먹칠을 한 것처럼 펼쳐져 있다. 그러나 우주선의 한쪽을 쪼이는 강력한 햇빛은 뜨거운 열을 사정없이 우주선 한쪽에 퍼붓고 있다.

니꼴라이 중령은 그 뜨거운 우주선을 더듬으며 열쇠를 찾아다녔다.

"열쇠가 어디 갔어? 우주선의 인력으로 열쇠가 우주선에 붙은 것은 틀림없을 텐데."

-중략-

니꼴라이 중령은 고진을 한참동안 노려보다가 다시 입을 열었다.

"이렇게 하는 수밖에 없다. 자네가 그 열쇠를 찾아내야 해…. 만일 못 찾으면 우주선 안에는 들여놓지 않을 테니까, 알았지? 자기가 한 일에 대해선 책임을 져야 해."

니꼴라이 중령은 분풀이를 하듯이 우주선 안으로 들어가 문을 잠가 버리고 말았다.

— 선집, 310~311쪽.

『금성 탐험대』는 이렇게 시대 현실을 반영한 상상의 이야기가 펼쳐진다. 1960년대 미소 냉전체제에서 우주산업 경쟁이 한창인 시기에 출간되었기에 우주가 등장할 수밖에 없다. 미소 시대, 냉전체제와 우주전쟁 현실을 잘 묘사한 부분이 인상 깊다. 눈앞의 새로운 별을 떠나 금성으로 향하는 모습에서는 우주 탐사의 본질이 무엇인지 생각해 보게 한다.

이 작품은 미·소 두 진영의 대립을 바탕으로 이야기가 전개되는데, 그러한 상황에서도 긍정적이고 진취적인 한국인 인물들이 활약은 더욱 도드라진다. 이는 "지구는 하나야…….", "모든 민족은…… 적이 될 수 없어……. 형제야……. 싸워선 안 돼……."(383쪽)라는 니꼴라이 중령의 마지막 전언을 통해서도 확인할 수 있다. 비록 냉전시대 논리의 한계를 뛰어넘었다는 할 수 없지만, 미래 세대에게 전할 가치에 대해 고민했던 작가 의식이 각인된 작품이다.

또한 우주선, 괴조, 용, 알파인, 공룡 등 여러 소재가 단순히 주인공의 모험 방해물로 나열되고 있을 뿐 역할이 없다는 것은 이 작품의 완성도를 떨어뜨리고 있는 단초가 된다.

2. 국격을 높인 SF『잃어버린 소년』

사이언스 픽션(Science Fiction)은 과학적 사실이나 가설을 바탕으로 우주 공간이나 미래 세계를 배경으로 펼쳐지는 이야기를 담은 과학소설을 말한다.

『잃어버린 소년』은 세계연방정부가 수립된 미래 시대를 배경으로 삼는다. 이 작품은 연합신문[12] 어린이연합판에 실렸으며, 삽화는 신동헌 화백[13]이 함께했다. 우주기지는 한국의 제주도로 설정되어 있는 것이 흥미롭다. 세계는 유엔이 발전하여 세계연방이 된다. 각 나라 대표가 모여 세계연방 정부를 만들고 연방 정부 원수를 뽑는다. 한국은 우수한 과학 선도 국가가 되어 원일박사와 같은 노벨 물리학자도 탄생한다.

제주도에 자리 잡은 한라산 우주과학연구소의 소장은 원일 박사로 세계적인 전자물리학자이다. 이곳에서는 우주여행에 필요한 새로운 에

---

[12] 1949년 1월 22일 양우정이 창간했다. 1953년 국제간첩단사건으로 주필 정국은이 군사재판에 회부되어 사형을 당한다. 발행인이었던 양우정도 체포되어 실형을 선고받음으로써 신문발행이 불가능해졌다. 이후 1954년 3월에 부사장이었던 김성곤에게 인수되어 계속 발행되었다. 기사 위주로 된 편집체제와 적극적인 가두판매 방식으로 대중적인 인기를 모으기도 했다. 4·19혁명 이후인 1960년 7월 11일자부터 《서울일일신문》으로 제호가 바뀌어 발행되다가 1962년 1월 1일 자진 폐간했다. 《어린이연합》판 12. 20일자부터 연재되었다.
[13] 신동헌은 김용환, 김성환 등과 함께 해방 이후 한국만화를 개척한 대표적인 '1세대 만화가'이다. 1927년 함경북도 회령에서 출생했다. 1947년 「스티브의 모험」을 통해 데뷔한 이후 여러 신문과 잡지에 작품을 발표하며 한국 만화 초기 역사를 개척했다. 특히, 그의 이름은 만화가로 거론되면서 동시에 한국 애니메이션의 초기역사를 개척한 애니메이터로도 널리 알려져 있다. 1967년에 한국 최초의 극장용 장편 애니메이션 「홍길동」을 발표했으며, 같은 해 「호피와 차돌바위」도 선보이면서 한국 애니메이션의 선구자로 꼽힌다. 1994년에 타계한 신동우와 함께 형제만화가로도 유명하다.

너지를 연구한다. 특별 훈련생 용이와 철이, 현옥 세 젊은이[14]가 특별 임무를 띠고서 우주선에 올라 우주정거장을 향해 이륙하면서 이야기가 펼쳐진다. 그러나 우주선이 보이지 않는 힘에 의해 어딘가로 끌려가고 주인공들은 유리 바가지를 쓴 우주 괴물들과 싸움을 벌인 끝에 폭발하는 우주선을 탈출해 지구로 귀환한다.

현옥이가 뇌까리며 먼저 우주복을 갈아입기 시작했다. 온통 옆으로 주름이 잡힌 아래 위가 잇달린 옷이다. 그 위에 장갑과 장화를 신고 안테나가 달린 헬멧 모자를 썼다. 등 뒤에는 물론 비상용 산소 탱크가 메어져 있었다.

-중략-

발사대에는 만반의 준비를 갖춘 X·50호가 대기하고 있었다. 그것은 상어처럼 날씬한 몸집을 하고 있었다. X·50호는 X·15가 발달한 자그마한 로켓 비행기였다. 그래서 큰 우주선 몸집 안에 들어갈 수도 있게 마련이었다.

세 훈련생은 이 애기에 올라탔다. 사다리가 떼어지고 문이 닫혔다.

용이가 제일 앞머리 조종사석에 앉고 철이는 그 옆의 부조종사석에 앉았다. 현옥이는 그 뒷자리 레이더 조종석에 앉았다.

- 선집, 100~102쪽.

용이는 월세계에서 낳고 월세계에서 자란 소년이다. 아버지가 월세

---

14 현옥의 나이는 열셋, 철이는 열다섯, 용이는 열여섯으로 설정되어 있다.

계 우주선 기지의 기사로 일하기 때문에 1972[15]년에 가족도 따라 그곳으로 이사를 했기 때문이다. 아버지는 용이가 열세 살 때 로켓 폭발 사고로 순직을 했다. 철이는 열한 살 때 고등수학을 푼 천재이다. 철이와 그의 누나, 용이는 한라산 우주과학연구소에서 특별 훈련을 받고 있었다. 어느 날 원박사는 세 훈련생에게 큰 비밀 편지를 가지고 우주정거장 코레아호에 가 있는 허교수에게 전하라는 긴급 명령을 내린다.

그 때 용이는 급해서 꼭꼭 잠근 문 안으로 날아들어 온 노란 봉투의 괴상한 편지를 주머니에 넣은 채 꼬마 우주선에 탄다. 또 현옥이는 우주선 레이더에 빨간불이 켜진 것을 본다. 위험하다는 신호다. 그러나 웬일인지 곧 제대로 되어 우주선 X·50호는 그대로 떠나고 만다.

  그 종소리는 로켓배가 제일 위험할 때 울리는 마지막 경종이었다.
  "째르르릉---"
  철이는 다시 눈을 치뜨고 속도계를 보았다.
  "앗! 7만마일! 마지막이다! 용이! 얘, 현옥아!"
  철이는 소리를 질렀다.
  -중략-
  속도는 차차 7만 마일에서 6만 마일… 그리고 드디어는 3만 마일까지 내려가고야 말았다. 이제야 비로소 제 속도를 얻은 것이었다. 이 배는 한 시간에 3만 마일의 속도로 공기가 있는 대기권을 뚫고 나가게 되어 있다.

---

15 59년 12.20~ 60.4.7 되었다. 불과 12년 후인 72년을 시공적 배경으로한 것은 시기 상조이다. 70여년 후 쯤으로 설정했더라면 하는 아쉬움이 남는다.

세 훈련생은 인제야 조금씩 간신히 정신이 들기 시작했다.

−중략−

'그 파란 불빛이 괴물이다! 보이지 않는 괴물…'

용이는 뿌예져가는 자기 정신 한구석에서 이런 생각을 하고 있었다. 그러나 꼬마 우주선 X·50호는 정신을 잃은 세 훈련생을 싣고 자꾸만 더 속력을 내서 어디론지 솟아오르고 있었다.

− 선집, 111~119쪽.

서기 1995년 크리스마스 전날 한라산 우주과학연구소에서는 큰 사고가 일어난다. 소장인 원일 박사의 긴급명령으로 우주선 코레아호로 떠난 X·50호는 웬일인지 미칠 듯한 속력으로 길을 헛가고 있었다. 이 꼬마 우주선에는 용이와 철이, 그리고 철이의 누나 현옥이가 타고 있다.

대원들과 눈싸움을 즐기다 지하실의 비밀실로 들어간 나 기사는 보이지 않는 괴물들이 비밀 설계도를 훔쳐가는 것을 발견했다. 그는 비행판을 타고 바다로 쫓아갔다. 나기사와 괴물은 목숨을 건 전투를 벌인다. 나 기사는 비행접시 광파무기의 단추를 누르려 한다. 그러나 그는 괴물의 공격으로 바다에 떨어져 죽고 만다. 이런 사실을 알게 된 원 박사는 한없이 슬퍼했다. 그러나 세 훈련생은 아직도 괴물에게 끌려 헛길을 가고 있었다. 그런데 그들 앞에 괴물은 차차 얼굴을 나타내기 시작한다. 결국 세 훈련대원은 이 문어를 닮은 괴물의 우주선으로 잡혀가게 된다.

두 남매가 총대를 쥐고 옥신각신 다투고 있는데 또다시 무슨 힘이 그들을 끌어당기는 것을 느꼈다. 보자 짙은 파란빛이 그들을 감싸는 것이었다. 그 빛줄기 안에서 두 남매와 용이의 몸은 괴물의 큰 배 있는 쪽으로 끌려가는 것이었다.

　두 남매는 그 빛 속에서 벗어나려고 버둥거려보았다. 그러나 버둥거리면 거릴수록 그 파란 빛은 짙어지고 그들을 끌어당기는 힘은 더 세지는 것을 느꼈다. 인제는 세 소년의 몸이 무슨 노끈에 묶인 것처럼 움직이지도 못하고 자꾸만 괴물의 배 있는 곳으로 끌려갔다.

— 선집, 160쪽.

　우주 개척자가 되려는 꿈을 가졌던 철이는 무기력하게 죽게 되는 것이 억울하고 분하다. 그는 총의 방아쇠를 마구 당긴다. 그러다가 정신을 잃는다. 세 훈련생은 어떻게 끌려갔는지 어느새 그 둥근 괴물의 배 안에 들어가 있었다. 철이와 현옥이가 그것을 안 것은 얼마쯤 뒤였다. 그들은 모두 우주복이 벗겨진 채 스키복 같은 자기 속옷을 입고 있었다. 철이가 좀 떨리는 손으로 테이블 옆 조종판 같은 곳의 단추를 누르자 문어 모양의 괴물은 네 다리로 덥석덥석 방안에 들어왔다. 그 괴물이 유리 바가지 같은 헬멧을 벗자 울퉁불퉁하고 맨숭맨숭한 머리에 세 눈방울이 디굴디굴 굴었다.

　'그렇지, 먼저 용이가 죽었는지 살았는지 알아볼 것, 그 다음에는 내 우주복을 다시 찾을 것, 그 다음에 이 배가 어떻게 만들어졌는지 조사하고 도면을 그려둘 것, 할 수만 있다면 이 배를 빼앗아가지고 지구로 돌아갈 것.'

이까지 생각하자 철이는 마치 자기가 읽던 과학모험 소설의주인공이 된 것같이 신바람이 나기 시작하였다. -중략- 현옥이는 그 빨강 딸기 같은 것을 다 먹고 침대에 뒹굴고 있었다. -중략- 그러자 이번에는 다른 괴물이 노랑 포도알 같은 것을 담아가지고 들어왔다. -중략- 그것을 보고 철이도 두어 알 입에 넣었다. 정말 그 맛은 별난 것이었다.

- 선집, 166~167쪽.

외계인들이 먹는 그 포도알 같은 음식은 입에 들어가자마자 혓바닥에서 녹는다. 인단[16]처럼 시원하면서도 꿀처럼 달고 향긋한 음식이다. 이 우주선에는 우주복을 입지 않고도 견딜 수 있게 설계되어 있었다. 철이는 초록빛으로 빛나는 지구를 바라보자 문득 우주과학연구소가 생각나고 부모님이 그리워진다. 철이는 괴물이 나 기사로부터 탈취한 설계도 봉투를 들고 있는 것을 보고 빼앗으려 한다. 괴물은 설계도 봉투를 감싸안고 함장실로 간다. 그곳에는 죽은 줄 알았던 용이가 있어 반갑게 재회한다. 괴물은 설계도의 비밀을 알려고 두 대원을 심문하지만 입을 열지 않는다.

우주정거장 코레아호에 있던 허진 교수는 X·50호 같은 꼬마 우주선이 우주정거장을 밑으로 지나 딴 길로 달리다가 지구의 인력에 끌려 지구를 도는 인공위성이 되려는 것을 쫓고 있었다. 허 교수는 원 박사의 호출을 받고 부랴부랴 한라산 기지로 돌아온다. 세계의 신문은 우주의

---

16 일본 삼하남양당(森下南陽堂)에서 개발한 약으로 창업자 모리시타 히로시가 1895년 대 만에 군인으로 출병했다가 현지인들이 복용하는 것에서 착안해 감초, 계피, 생강 등 13가지 약재로 제조한 생약이다. 원래 붉은색이었는데 은으로 감싼 은립(銀粒) 형태로 바뀌었다. 우리나라에 처음 들어온 것은 1907년 무렵이며 주로 은단으로 불렸다.

괴물이 내습한 사실을 알리고, "잃어버린 세 특별 훈련생", "가까워오는 지구 최후의 날!" 등의 제목으로 앞다투어 보도한다. 뉴욕에 있는 세계 정부는 긴급회의를 소집하여 원일 박사를 '지구방위위원회' 위원장으로 뽑는다. 원 박사는 지구를 지키기 위하여 세계정부가 가지고 잇는 모든 우주선을 동원하여 적을 격퇴시킬 준비를 한다. 원 박사는 허 교수에게 설계도를 복사해 둔 필름을 건넨다. 원 박사는 세계정부 재판소에서 보이지 않는 괴물이 지구를 쳐들어왔다는 유언비어를 퍼뜨렸다는 죄목으로 재판을 받게 된다. 허 교수는 새로운 우주선을 완성하기 위해 심혈을 기울인다. 원 박사는 증거자료를 통해 무죄 선고를 받고 한라산으로 돌아오고 세계는 더욱 공포에 싸이게 된다. 세 대원은 괴물들이 밥 먹는 시간을 이용해 배에서 도망치려는 계획을 꾸민다. 마침내 나 기사가 빼앗겼던 비밀 설계도와 괴물 우주선의 설계도까지 빼앗아 괴물들이 타던 유리 바가지를 타고 달나라로 탈출한다.

　　　용이는 벌써 저만치 앞서서 달을 향하고 있었다. 현옥이는 그 뒤를 따랐다. 그러자 괴물 우주선에서 괴물들이 탄 유리 바가지가 연거푸 날아나왔다. 잠시 동안에 하늘에는 벌 떼처럼 유리 바가지의 꽃이 피었다. 괴물의 유리 바가지는 두 소년을 뒤쫓았다. -중략- 철이는 다이얼을 돌리고 그 벽장에서 설계도를 꺼냈다. 그것을 움켜서 가슴 속에다 집어넣었다. -중략- 철이가 유리 바가지 있는 데까지 와서 바가지에 탔을 때는 온몸이 비에 젖은 것처럼 땀이 배어 있었다.
　　　　　　　　　　　　　　　　　　　　　　　　- 선집, 193~195쪽.

트럭터가 필코 산 밑으로 가자 현옥이는 벌써 죽은 듯이 팔다리가 축 늘어져서 허우적거리며 떨어지고 있었다.
　　터럭터 안에서 우주복을 입은 구호반 두 사람이 재빨리 문을 열고 나와서 현옥이의 몸을 트럭터 안으로 안아 들였다.
　　-중략-
　　"아니, 저런 알몸뚱이로…"
하며 구호반은 재빨리 달려가서 두 소년도 트럭터 안으로 끌어들였다.
　　세 훈련생은 트럭터 안에서 응급 치료를 받으며 한 시간에 3백 마일씩 달리는 속도로 땅 밑에 지은 기지로 달려왔다.

- 선집, 201쪽.

　　기지의 병원에서 정신을 차림 철이는 옷 속에 숨겨온 비밀 설계도를 텔레비전을 통해 한라산 우주과학 연구소에 보낸다. 이윽고 세계정부에서는 달나라 상공에서 원자탄을 터뜨린다고 했다. 달나라 지상에서 일하던 사람들은 지하사무실로 대피하라는 명령이 떨어진다. 허진 교수가 지휘하는 우주선 30척이 달나라 상공에 도착하여 원자탄을 떨어뜨리려 하지만 괴물의 방해 공작으로 실패하고 만다. 용이와 철이는 무게 없는 우주 공간에서 허 교수와 극적으로 합류한다. 그런데 우주선이 모스크바와 아프리카에 떨어지고, 뉴욕에서는 로켓비행기가 석 대나 행방불명된다. 괴물들은 지구 곳곳의 도시를 공격하여 지구 멸망이 눈앞에 다가오고 있다. 용이와 철이 현옥은 허 교수와 함께 괴물의 배 안으로 끌려 간다.

철이와 허 교수가 먼저 괴물의 배 안에 들어왔다.

용이가 현옥이를 이끌고 뒤따라 들어왔다. 입구에 여러 놈의 괴물이 지키고 있다가 네 사람을 둘러쌌다. 그리고 한 사람에 두 놈씩 붙어서 네 사람을 선장실로 데리고 올라갔다. −중략− 선장은 그제야 괴상한 웃음을 지으며 자기 옆의 담벽으로 갔다. 그 벽에는 수많은 단추며 스크린이며 구멍들이 보였다. 선장이 스크린 옆의 단추를 누르자 스크린 위에 괴물 한 놈이 나타났다. −중략− 괴물 선장은 골이 잔뜩나서 외치며 문어발로 철의 목을 감았다. 숨이 답답했다. 철이는 침대 있는 방으로 끌려가고 있었다. −중략− 허 교수가 선장의 눈퉁을 내리쳤다. 다시 엎치락 뒤치락 서로들 맞붙어서 뒹굴었다. 그러는 동안에 현옥이가 흰 단추를 눌렀다.

− 선집, 236∼240쪽.

괴물의 배는 단추로 명령이 하달된다. 흰 단추를 누르면 유리 바가지를 타고 우주선 밖으로 날아간다. 노란 단추는 옆방과 트인 벽이 닫히는 스위치이다. 파란 단추를 누르면 유리 바가지들이 돌아오라는 신호이다. 금빛 단추는 우주선의 바깥을 거울처럼 반사시키는 단추로 통행을 방해하는 역할을 한다. 이렇게 단추를 통해 명령이 이루어지기 때문에 단추를 잘 못 누르면 엉뚱한 일이 벌어지기도 하는 것이다. 허 교수와 싸우다 발 다리가 떨어져 나간 괴물 선장은 입으로 기관실을 폭파시키는 도화선을 물고 있었다. 용이는 괴물의 입에서 꼭지를 뺀 후 유리 바가지를 타고 탈출을 시도한다.

잠시후 세 대의 유리 바가지가 불꽃처럼 괴물의 우주선을 튀어나왔다. 세 유리 바가지는 한라산으로 방향을 잡고 전속력으로 달렸다.
　　그들이 괴물 우주선에서 한참 멀어지자 연거푸 일어나던 폭발하는 빛이 한층 더 빛났다. 선장실이 폭발하는 빛이었다.
　　-중략-
　　"철이! 바다는 왼쪽이다! 몸을 외로! 몸을 외로 기울엿!"
　　용이가 자꾸만 뒤에서 소리쳤다. 그제야 철이는 억지로 몸을 외로 털었다. -중략- 철이와 현옥이는 비행기 편으로 한라산 병원에 돌아왔다. 용이와 허 교수도 타가온 유리 바가지를 찾지 못했다.
　　　　　　　　　　　　　　　　　- 선집, 245~251쪽.

　유리 바가지를 타고 괴물 우주선을 탈출한 세 대원과 허 교수는 바다로 떨어진다. 철이와 현옥이는 독도 근방으로, 용이와 허 교수는 제주도 남쪽 바다에서 발견된다. 철이와 현옥이는 고기잡이하던 그물에 걸려 살아나고, 용이와 허 교수도 헬리콥터가 구조하여 한라산 병원에 입원하게 된다. 고령의 원 박사는 건강이 악화되지만, 괴물의 습격이 사라진 세계는 평온을 되찾고, 세 대원은 세계적인 영웅이 된다. 세계 우주과학자들은 원 박사의 우주선을 완성하도록 연구 자료를 보내온다.
　세 훈련생은 허 교수와 함께 원 박사의 우주선을 완성하는 총책임자가 된다. 신문에서는 '세계정부가 4월 10일을 지구의 평화와 자유를 되찾은 기쁨을 축하하는 날로 정하고 공로 표창과 상금을 1억 달러를 준다'라고 보도한다. 용이는 장거리 텔레비전 전화로 심사위원장에게 호의는 고맙지만 상은 받을 수 없다고 거절한다. 위원장은 용호의 제안을 받아들여 세 대원 외에 원 박사와 허 교수, 나 기사, 비밀 연구 결과를 보내온 일본 후지산 연구소의 야마다도 공동 수상자로 결정한다.

  대통령이 단 앞으로 나왔다.
  "독재하던 괴물의 과학문명은 우리 지구의 젊은 세 소년을 당하지 못하고 망해버렸습니다. -중략- 우리는 이들 세 소년과 우주 개척에 이바지한 분들에게 공로상을 드리게 되 넜을 행복하게 생각합니다."
  이 말을 듣자 청중들은 위뢰 같은 박수를 보내왔다.
  식은 원박사의 시상식을 위하여 한라산 병원으로 옮겨졌다. 텔레비를 보는 사람들은 장면이 바뀌지만, 국제연합 강당에서는 벽의 스크린을 지켜야 했다. 이 스크린에 한라산의 시상식 광경이 비치는 것이다.
  -중략-
  원 박사는 갑에서 금빛 열쇠를 한 개 꺼내 들었다.
  "이 열쇠로 우주의 비밀을 열어주십시오!…. 이것은 내 서류 금고의 열쇠입니다…."
하고 원박사는 열쇠를 쳐들었다. 천지를 진동하는 박수와 만세 소리가 세계를 뒤흔들었다.
  "우리 소년 영웅 만세! 우리 희밍 만세!"
  이 소리는 특별 훈련생의 노래와 함께 전파를 타고 우주의 한끝으로 퍼져나갔다.

- 선집, 259-260쪽.

  이 장편 소설의 에필로그이다. 시상식장은 국제연합 빌딩의 대강당으로 정해지고, 라디오와 텔레비전은 각국 언어로 세계와 달나라와 화성에 중계한다. 세계 방방곡곡에는 꽃 글씨와 네온이 반짝이는 아치문들이 장식되고 불꽃놀이를 벌인다. 달나라와 화성에 간 개척단에서도 축하의 메시지가 날아온다. 세계 시민들의 눈과 귀는 텔레비전으로 국제연합 빌딩 대강당으로 쏠린다. 단상 오른쪽에는 세 대원과 허 교수, 야마다와 나 기사의 유가족이 앉고, 그 왼쪽에는 세계정부대통령과 사회를 맡은 심사 위원장이 앉아 있다. 이 작품은 한국전쟁의 폐허에서 벗어나기 위해 몸부림쳤던 1950년대 말 청소년들에게 과학강국에 대한 희망과 기대를 불어넣었던 작품이다.

Ⅲ. 나오는 말

한낙원은 한국 과학소설 분야에서 선구적으로 활동한 개척자이다. 일찍이 1950년대 말부터 과학소설 창작에 매진하여 잡지《학원》, 《학생과학》, 《새벗》, 《소년》 등과 어린이신문《소년동아일보》, 《소년한국일보》 등에 많은 작품을 발표했다. 첨단 과학 및 우주 개발에 대한 호기심을 불러일으키는 그의 작품들은 당시 아동·청소년 독자에게 큰 사랑을 받았으며, 그를 대중과 함께 호흡하는 작가로 자리매김하게 했다.

『잃어버린 소년』(연합신문)은 1959년『화성에 사는 사람들』(새벗)과 함께 한낙원이 연재한 공상과학소설이다. 이 작품은 해방 이후 최초의 창작과학소설로 새연방정부가 수립된 미래 시대를 배경으로 삼는다. 한낙원의 대표작으로 꼽히는『금성 탐험대』는 미국과 소련이 벌이는 우주 개발 경쟁과 함께 로봇을 부리는 외계인과의 싸움을 그린 우주 활극이다. 『별들 최후의 날』은 문명이 고도로 발달한 은하계의 두 별 사이의 우주 전쟁을 그렸다.

이 밖에도 『우주 항로』, 『해저 왕국』, 『별들 최후의 날』, 『미래소년 삼총사』, 『UFO 기지를 찾아라』, 『특명! 지구 대폭발 구출작전』 등과 과학방송극 『달에서 들리는 소리』, 『화성에서 온 사나이』, 『우주 소년 이카러스』를 비롯해 중단편소설 25편, 장편 38편, 방송극 35편 등이 있다.

2014년 한낙원의 유족에 의해 그의 문학정신을 기리는 〈한낙원 과학소설상〉이 제정되어 2024년 현재 제11회를 시상하고 있다.

발표 지면

1부

동심 평화주의 민족시인 - 권태응 동요시론, 《창조문예》, 23. 11~12.
한국 아동문학의 숨은 별 - 목일신 동요시론, 《창조문예》, 23. 3~4.
새벽달이 부르는 희망의 노래 - 서덕출 동요시론, 《창조문예》, 24. 4.
동심의 꽃밭을 일군 목자(牧者) 시인 - 이태선 동요시론, 《창조문예》, 24. 3.
연하고질과 천석고황의 시인 - 이희철 동시론, 《창조문예》, 24. 7.
꽃가지를 향한 그리움 엄마 목소리 - 정완영 동시조론, 《창조문예》, 24. 10.
친자연적 서정성과 그리움의 미학 - 최계락 동시, 《창조문예》, 24. 5.
향토적 음악성과 한국인의 정서 - 최순애 동요시론, 《창조문예》, 24. 6.

2부

환상의 추구와 사랑의 구현 - 박성배 동화론, 《창조문예》, 24. 8.
작고 여린 것에 대한 노스텔지어 - 박화목 동화론, 《창조문예》, 25. 1.
동화와 소설을 접목한 아동문학가 - 방기환 동화론, 《창조문예》, 25. 7.
아동문학의 영원한 노스텔지어 - 서석규 동화론, 《창조문예》, 25. 8.
동양적 세계관과 불교적 사유(思惟) - 정진채 동화론, 《창조문예》, 25. 4.
지순한 동심이 피워낸 그리움의 꽃 - 정채봉 동화론, 《창조문예》, 25. 6.
한국 공상과학소설의 독보적 개척자 - 한낙원 동화론, 《창조문예》, 25. 5.